王夏刚 主编

中国古代社会与思想文化研究论集

第六辑

學苑出版社

图书在版编目（CIP）数据

中国古代社会与思想文化研究论集．第六辑 / 王夏刚主编．-- 北京 ：学苑出版社，2022.4
ISBN 978-7-5077-6391-1

Ⅰ．①中… Ⅱ．①王… Ⅲ．①古代社会－中国－文集②思想史－中国－古代－文集 Ⅳ．①K220.7-53
②B215-53

中国版本图书馆CIP数据核字(2022)第047909号

责任编辑：杨　雷
出版发行：学苑出版社
社　　址：北京市丰台区南方庄2号院1号楼
邮政编码：100079
网　　址：www.book001.com
电子信箱：xueyuanpress@163.com
联系电话：010-67601101（销售部）　67603091（总编室）
经　　销：新华书店
印 刷 厂：英格拉姆印刷(固安)有限公司
开本尺寸：700×1000　1/16
字　　数：230千字
印　　张：13.25
版　　次：2022年4月第1版
印　　次：2022年4月第1次印刷
定　　价：60.00元

目　录

思想文化史研究

东北史研究

学术活动

思想文化史研究

黄老学三才思想考论*

葛志毅

三才与五行是中国古代思想文化史上较早提出的两个有代表性概念，它们是对世界万物和宇宙社会结构及其运行法则的概括，进而形成“三五之运”这样著名的命题。随着社会文化思想的进一步发展，人们对宇宙世界认识的深入，概括出关于世界结构框架及其发展变化原因的更高认识，即阴阳五行思想体系。它相当于完成在当时条件下，人们对自己生活于其中的宇宙社会性质之堪称近于完美切实的认识理解。①若进而分析阴阳五行思想首先会发现，三才概念中的天地阴阳乃世界存在变化的基本要素，人则为天地之最贵者；继则人融入五行世界并重新被置于其核心地位，亦作为主体在五行四时的流转中生生不已，把握自身，创化世界。对此阴阳五行思想的表述，宋代周敦颐《太极图说》最称完善，值得深入借鉴探究。其次，通过对三才、五行思想的分析考求，那么，数称天地人三才的《黄老帛书》，其产生不会晚于战国末以迄秦汉之际。以下试本此旨分析阐释其义，用就正于雅士方家。

一、三才之道发端于《周易》

三才是古代关于宇宙社会结构形式的一种认识，天地人三者的结合是其基本内容框架。如从形式上看，天地人犹云上中下，《荀子·礼论》：“上取象于天，下取象于地，中取则于人。”故天地人犹上中下，象征世界的屋宇结构框架及其内涵。三才概念较早见于《周易》。如《系辞下》：“《易》之为书也，广大悉备，有

---

* 本文为国家社科基金重大项目“黄老道家思想史”阶段性成果，批号：16ZDA106。

① 葛志毅：《试论先秦五行世界图式之系统化》，《大连大学学报》2003年第1期。又收入《谭史斋论稿续编》，哈尔滨：黑龙江人民出版社2004年。

天道焉，有人道焉，有地道焉，兼三才而两之故六，六者非它也，三才之道也。”《说卦》：“是以立天之道曰阴与阳，立地之道曰柔与刚，立人之道曰仁与义。兼三才而两之，故易六画而成卦。”是天地人三才之道蕴于易卦六爻之中，并成为易理精蕴，易卦体系亦借助卦爻形式表现三才精义。三才又称三极，《系辞上》：“六爻之动，三极之道也。”《逸周书・成开》有关三极的记述可供比较，曰：“三极，天有九列，别时阴阳；地有九州，别处五行；人有四佐，佐官维明。”此三极与《说卦》三才之天道阴阳、地道柔刚、人道仁义相校，《成开》唯天别时阴阳与之略同，其余地、人二者并异。马王堆帛书易传《要》亦述三才之道曰：“故易有天道焉，而不可以日月星辰尽称也，故为之以阴阳；有地道焉，不可以水火金木土尽称也，故律之以柔刚；有人道焉，不可以父子、君臣、夫妇、先后尽称也，故要之以上下。”[①]其所述天地人之道略详于《说卦》，所谓天道阴阳、地道柔刚二者略同，人道上下则异于《说卦》之人道仁义；此外，其地道水火金木土与《成开》地别处五行同。考上举天地人三才、三极之义相互有如此的出入不同，亦仅可以传闻异辞视之。诸说相比，当以《说卦》天道阴阳、地道柔刚、人道仁义为近正可取之义，其余皆乃以此为据增饰演绎而成的传闻异辞。帛书易传《要》与《说卦》相比，不仅语言略详于后者，且同中有异，若参校相关记载，《要》亦非全然无据。此可举《文子・下德》为证，其曰：“天爱其精，地爱其平，人爱其情。天之精，日月星辰，雷霆风雨也；地之平，水火金木土也；人之情，思虑聪明喜怒也。”[②]与《要》相校，所述天地二者属性可谓相近，其唯人道二者相异；《下德》说以思维情感，《要》说以人伦等级，二者差异较大。与《说卦》之人道仁义相比，《要》变为人伦之先后上下，仍与《说卦》之仁义相近，与《下德》之人情思虑聪明喜怒略相远。察《下德》所言乃道家三才说，与《要》之儒家三才说相比，同中有异。应该提出者，乃以《要》与《下德》相较，可见《要》所述非全然无据，二者所言相近，可证《要》或者别有所据。《下德》所述仅可提供其来源考察线

---

① 本文所引马王堆帛书之文，俱出裘锡圭主编：《长沙马王堆汉墓简帛集成》（共七册），北京：中华书局2014年。不另出注。

② 又见《淮南子・本经》，《太平御览》卷二亦引此文。

索，非必可认为《要》一定与《下德》间存在直接的相袭关系。综之，以《说卦》与《要》及《成开》《下德》相校，可见三才说流传之广，虽互有异同出入，却反映出三才之道在流传中，其意义内涵应经历不断被丰富乃至加工润饰的演绎过程。据此可以说，三才之道应以《易经》为代表，是关于宇宙社会结构形式之较有影响的概念。

《易纬乾凿度》有一段记述极具比较参证意义，其曰："孔子曰：易有六位三才，天地人道之分际也；三才之道，天地人也。天有阴阳，地有柔刚，人有仁义，法此三者，故生六位。六位之变，阳爻者制于天也，阴爻者系于地也。天动而施曰仁，地静而理曰义。仁成而上，义成而下；上者专制，下者顺从，正形于人，则道德立而尊卑定矣。此天地人道之分际也。"①首先，此据《说卦》述三才之义，即天有阴阳，地有柔刚，人有仁义。其次，此明言易有六位三才之道，出于孔子所言，乃据孔子作《易传》为说，此为古人所首肯，宋儒乃对此质疑。复次，概括六位三才之道的象征代表意义，即阳爻动而制于天施仁，阴爻静而系于地理义，仁成而上专制，义成而下顺从；天地阴阳正形于人而立道德尊卑之序；由此天地人三才的分际之义为纲纪，汇成造就宇宙社会的伦常秩序与道德义理。可以说，此一方面以天地、阴阳、动静之易理道法为说，另一方面则结合儒家上下、主从、尊卑之人伦大义立论，而且天地阴阳分别体现的仁义之道，最终汇于人道伦常的秩序内，可谓乃深有得于易学三才之道的义蕴，极具启发价值。

三才实乃圣王治世理民、成就王道的纲纪大法，对圣人之治具有王道成功的实践指导意义。此可举《黄老帛书》之例明之，《经法·国次》："天地无私，四时不息，天地立，圣人故载。"《十六经·观》："天道已既，地物乃备，散流相成，圣人之事。"《称》："知天之所始，察地之理，圣人弥纶天地之纪。"《称》："天制寒暑，地制高下，人制取予。取予当，立为［圣］王；取予不当，流走死亡。"此乃谓天地既立，乃有圣人出而统理经营万事万物，以维护自然与社会的运行秩序，此不啻是讲，天地既成，圣人乃致治成功的关键性因素。此实乃三才思想主导下

① 安居香山、中村璋八辑：《纬书集成》（上），石家庄：河北人民出版社1994年，第19—20页。

的圣人史观，古代有谓天地生圣人，圣人理天地，实乃三才史观的典型代表。其后董仲舒更明言三才之道即王天下之道："三画而连其中，谓之王。三画者，天地与人也，而连其中者，通其道也。取天地与人之中以为贯而参通之，非王者孰能当是。"（《春秋繁露・王道通三》）后来《说文》发挥其义曰："王，天下所归往也。董仲舒曰：古之造文者，三画而连其中谓之王。三者，天地人也，而参通之者，王也。孔子曰：一贯三为王。"①是乃从文字构形上，解三才之义与王道的关系，并从董仲舒上溯至孔子。谓通三才者乃可为王，实乃发挥易理之义，如《易纬乾凿度》曰："故易者，所以经天地，理人伦，而明王道者。"②三才之道乃蕴于卦爻体系中的易理根本，其效用在致治天下，究明王道，董仲舒深明其理，故揭示通三才之道者必王天下之义。《说苑・辨物》："《易》曰：'仰以观于天文，俯以察于地理，是故知幽明之故。'夫天文、地理、人情之效存于心，则圣智之府。"③此亦由易道紬绎出三才之道与圣智修养的关系。三才之道蕴于卦爻易理之内，因其具王业政治之效，故广为各家博取申论。如《国语・越语下》："死生因天地之刑，天因人，圣人因天；人自生之，天地形之，圣人因而成之。"此出范蠡，具阴阳家言的性质。《管子・霸言》："立政出令用人道，施爵禄用地道，举大事用天道。"此乃齐法家之言④。《吕氏春秋・序意》："上揆之天，下经之地，中审之人，若此则是非可不可无所遁矣。天曰顺，顺维生；地曰固，固维宁；人曰信，信维听。三者咸当，无为而行。"此显系道家依托三才思想的无为之治。《荀子・天论》："天有其时，地有其财，人有其治，夫是之谓能参。"是乃儒家人与天地参的理念，所谓人主要指圣人，即圣人之治与天时、地财相参，是乃世界存在秩序的理想状态。《春秋繁露・立元神》："天地人，万物之本也。天生之，地养之，人成之。天生之以孝悌，地养之以衣食，人成之以礼乐。三者相为手足，合以成体，不可一无也。"此以孝悌、礼乐分别为天人所生，显系儒家的礼乐天伦观念。综

---

① 段玉裁：《说文解字注》，上海：上海古籍出版社1981年，第9页。

② 安居香山、中村璋八辑：《纬书集成》（上），石家庄：河北人民出版社1994年，第6页。

③ 向宗鲁：《说苑校证》，北京：中华书局1987年，第442页。

④ 有学者谓《霸言》乃齐法家军事著作，"齐法家常讲天地人之道"，可见三才之道对齐法家之影响。见胡家聪：《管子新探》，北京：中国社会科学出版社1995年，第273页。

之，三才思想广为各家瞩意采纳，足见其影响之广。但其主要应属于儒家思想体系，乃其天人论范畴的概念。如三才又称三德，与儒家吸纳阴阳家思想而提出的太平政治相关。上博简《三德》："天供时，地供财，民供力，明王无思，是谓三德"，又"知天足以顺时，知地足以固材，知人足以会亲"①。是天地人三才又称三德，此三德实即圣人辅治下的天地四时自然生养之功。察此本应与阴阳家理想之天人合和之序有关，但又被儒家取以论太平政治之象。《大戴礼记·四代》："子曰：有天德，有地德，有人德，此谓三德。三德率行，乃有阴阳，阳曰德，阴曰刑。"上引上博简注者谓："是以三才之德配阴阳刑德。"②阴阳刑德本应为春生夏长秋收冬藏的自然农时生养之功。如《黄老帛书·十六经·观》："春夏为德，秋冬为刑，先德后刑以养生。"又曰："夫秉时以养民功，先德后刑顺于天。"③儒家理想的太平致治吸纳了阴阳家影响，亦以四时调顺，祥瑞并呈，天人和谐，万物繁祉为太平致治之自然衬托之象。如汉代晁错曰：五帝"处于法宫之中，明堂之上，动静上配天，下顺地，中得人，故众生之类亡不覆也，根著之徒亡不载也；烛以光明，亡偏异也；德上及飞鸟，下至水虫草木诸产，皆被其泽。然后阴阳调，四时节，日月光，风雨时，膏露降，五谷熟，妖孽灭，贼气息，民不疾疫；河出图，洛出书，神龙至，凤鸟翔，德泽满天下，灵光施四海。此谓配天地，治国大体之功也"④。此重在从天地四时合和，日月山川风雨顺畅，人物繁盛的自然层面论述太平致治，偏于阴阳家性质。再如董仲舒论曰："今陛下并有天下，海内莫不率服，广览兼听，极群下之知，尽天下美，至德昭然，施于方外，夜郎、康居，殊方万里，说德归谊，此太平之致也。"⑤是乃从海内率服，德及方外，万里归义等社会德化感召广被的层面，论太平致治。太平致治虽在后世主要被视为儒家理想而论及，

---

① 马承源主编：《上海博物馆藏战国楚竹书》（五），上海：上海古籍出版社2010年，第288、300页。

② 马承源主编：《上海博物馆藏战国楚竹书》（五），上海：上海古籍出版社2010年，第287页。

③《管子·四时》及《势》亦有相近记载可校。又《庄子·说剑》："制以五行，论以刑德，开以阴阳，持以春夏，行以秋冬，"此显系阴阳家之四时阴阳刑德说。

④ 班固：《汉书》卷49《袁盎晁错传》，北京：中华书局1975年，第2292页。

⑤ 班固：《汉书》卷49《袁盎晁错传》，北京：中华书局1975年，第2511页。

但其实乃以阴阳家天地四时自然和谐为素地衬托，儒家在此基础上更向社会治道太平的层面引申宣染而成。应该关注者，无论阴阳家还是儒家，皆以天地人三才作为太平理想的基础框架来构设，此无他，归根结底乃因天地人三者以最简单明白的形式，提供了宇宙社会的存在模式，于此无出其右者。

中国古代的数字多被赋予特定的意义象征[①]，三才概念之重要，与三被赋予成功之数的意义有关。如《史记·律书》："数始于一，终于十，成于三。"此以三为成就之数。又如《春秋繁露·官制象天》："何谓天之大经？三起而成日，三日而成规，三旬而成月，三月而成时，三时而成功。寒暑与和，三而成物；日月与星，三而成光；天地与人，三而成德。由此观之，三而一成，天之大经也，以此为天制。"此指出三在宇宙世界、天地自然各方面被作为成功之数的具体概念例证。事物成功以三为节度标志，是即"三而一成"，由此形成三为"天之大经""天制"，从而指明三在事物发展中起到的关键性节度标志意义；"天地与人，三而成德"之三才，乃此以三为成数诸概念之最高标志。三才概念之重要，还在于古代认为，天地人三者既立，于是宇宙社会以此为创生开端，亦即所谓天开于子，地辟于丑，人始于寅之三才开辟说。其他如夏商周称为三代，又称三王，其制度被模式化为三统、三正概念，并举而为后世制度典范，此在概念上亦与三为"天之大经""天制"相关。

二、黄老与三才之道

《黄老帛书》多以天地人并称之例，亦即以自然、社会并举的方式，讲述其对宇宙世界的整体性看法，同时亦以之作为说明问题的宏观背景，突出天地人三才关系在宇宙社会中的特殊地位。黄帝曾以三才称述其志业行事，《十六经·立［命］》："吾受命于天，定位于地，成名于人。"即其志业行事之成功，建立于天地人三才基础上。不仅如此，《立［命］》通篇记事，乃以天地人三才作为黄帝叙事背景，如："唯余一人，［德］乃配天……允地广裕，吾类天大明，吾畏天爱地

① 后文将论此。

亲［民］……吾爱民而民不亡，吾爱地而地不荒。”又如《观》曰：“天地已成而民生……黄帝曰：……夫民之生也，规规生食与继，不会不继，无与守地；不食不人，无与守天。”是天地人三才关系成为黄帝布政施德，治国理民，乃至实现其致治活动的成功基础，亦用于作为其活动范域的代称，三者相关联共存，缺一不可。银雀山汉简《孙子兵法·黄帝南伐赤帝》：黄帝“已胜四帝，大有天下……皆得天之道，［地］之［理］，民之情”①。是将黄帝战胜四帝的原因，归结为有得于三才之道。可以说，三才之道已成为黄帝志业及治绩成功的基础。

《黄老帛书》中直托黄帝君臣之名的记述，集中于《十六经》，《十六经》中亦出现较多三才概念。首先，以天地人作为整体分别各称，以为其成功进行政道治化对象之范域代表。如《果童》：“观天于上，视地于下，而稽之男女。”又曰：“夫民仰天而生，待地而食，以天为父，以地为母，今余欲畜而正之，均而平之，谁适由始？”按“男女”“民”皆即与天地并称之概念人。《易纬乾凿度》：“男女之始，夫妇之道也。人道之始，必由夫妇，所以奉行祖宗，为天地主也。”②是男女代指与天地并称三才之人。还有更广被普适的说法，即《十六经·成法》：“五帝用之，以扒天地，以揆四海，以怀下民，以正一世之士。”此天地乃上下高深，其四旁广及四海，以尽显宇宙空间之宏阔；又以“下民”及“一世之士”当三才之人，实乃指以士为首的四民。此显以三才为原型而愈加增广的宇宙世界概念。《十六经》中其他类似之例如《兵容》：“兵不刑天，兵不动；不法地，兵不可措；刑法不人，兵不可成。”《三禁》：“行非恒者，天禁之；爽事，地禁之；失令者，君禁之。”如此天地人分别并举，乃以之代表自然和社会全方位论事，似不如此称举世界则有欠完备。又《前道》：“上知天时，下知地利，中知人事。”《行守》：“天恶高，地恶广，人恶苛。高而不已，天阙士［之］；广而不已，地将绝之；苛而不已，人将杀之。”此皆详举天地人分别称之，以示所涉世事包揽无遗。《十六经》之外，他如《经法》之《六分》：“王天下者之道，有天焉，有人焉，有地焉，

① 银雀山汉简：《孙子兵法》，北京：文物出版社1976年，第101、102页。

② 安居香山、中村璋八辑：《纬书集成》（上），石家庄：河北人民出版社1994年，第15页。

三者参用之。"《四度》:"当者有［数］，极而反，盛而衰，天地之道也，人之理也。""日月星辰之期，四时之度，［动静］之位，外内之处，天之稽也；高［下］不蔽其形，美恶不匿其情，地之稽也；君臣不失其位，士不丧其处，任能毋过其所长，去私而立公，人之稽也。"此皆天地人并举或分别各述其详，以示世事之兼览，靡不兼赅。

此外可注意者，乃于天地人之外增添鬼神概念，如《前道》:"圣［人］举事也，合于天地，顺于民［理］，祥于鬼神。"《行守》:"天有恒干，地有恒常，与民共事，与神同方。"相关记载亦可见此天地人与鬼神同称之例。如《意林》卷一录《太公六韬》:"圣人恭天，静地，和人，敬鬼。"①《管子·枢言》所称更广，其曰："天以时使，地以材使，人以德使，鬼神以祥使，禽兽以力使。"是天地人鬼神之外兼数及禽兽，是对世界构成及社会生活的认识扩及于自然生命，是社会与自然联系进一步密切的反映。天地人之外数及鬼神，乃由于社会文化事业之发展，对宗教祭祀更加重视所致，对宗教祭祀利用的需要增加了。《礼记·礼运》:"故圣人参于天地，并于鬼神，以治政也。"此明显证明鬼神祭祀的社会意义不可轻忽。此固不可简单等同于文明进化，但却是社会生活复杂深化的反映，且久已成为一种社会传统。如《国语·楚语下》:"于是乎有天地神民类物之官，是谓五官，各司其序，不相乱也。民是以能有忠信，神是以能有明德，民神异业，敬而不渎。故神降之嘉生，民以物享……乃命南正重司天以属神，命火正黎司地以属民。"此天地之外，以民神对举，乃三才概念的增衍变化，即在民人之事外，又增加同样需重视的鬼神祭祀之事。同书又谓"古者民神不杂"，尤反映民事与神事的各自独立地位，乃宗教祭祀极受重视的社会习俗之反映。《左传》亦多民神并称之例，如《左传》桓公六年"所谓忠于民而信于神也……夫民，神之主也，是以圣王先成民而后致力于神……以致其禋祀，于是民和而神降之福"。庄公二十二年:"吾闻之，国将兴，听于民；将亡，听于神。神，聪明正直而一者也，依人而行。"此虽神民对举，但显然民重于神。春秋时民本思潮已然兴起，但此时国家犹有浓重神权性

① 王天海:《意林校释》(上)，北京：中华书局2014年，第10页。

质，祭祀亦无与伦比重要，故有所谓“国之大事在祀与戎”。此民神并称，实乃神权浓厚的同时伴有民本意识的二元对立思想之反映。此“天地神民”之说由春秋传于后世，亦见于《黄老帛书》，恰反映了这种社会传统的存在，于是有此天地人之外兼数鬼神之例，实乃三才观念增衍变化的表现。

《黄老帛书》多称天地人以论的现象，应从其与春秋范蠡思想间的影响关系来探求，较早已有学者指出《黄老帛书》与范蠡间的联系[①]。《国语·越语下》记范蠡对越王勾践讲：“夫人事必将与天地相参，然后乃可以成功。”又曰：“持盈者与天，定倾者与人，节事者与地，”并本此旨谋划败吴之策。可以说，此称天地人以论的形式反复出现在《黄老帛书》中，绝非偶然，与范蠡思想言议间必具有某种渊源影响关系。考天地人三才概念本出《易传》，由此决定其与阴阳家及儒家之联系[②]，早期道家老庄书中天地人三才概念则不甚显[③]。可以说，三才宇宙观较早与阴阳家有关，后亦主要成为儒家思想。《黄老帛书》中习称天地人三才，主要应受自阴阳家或儒家。范蠡思想之阴阳家性质极明，那么，《黄老帛书》与范蠡间的渊源影响联系，首先应与肯定，上举《国语》之例，可为证佐。

天地人本作为宇宙社会创生之初的组合结构形式之概念概括，继则以天地人为据，综括出三皇、三统、三正等称举其时社会文化制度模式的概念，更多则被用于对自然与社会整体性概念的称举方式，同时亦相当于对天人合一理念的最早表述方式。此外，若从思想史发展线索上考察，天地人三才概念的渊源影响，仍有值得深究者。前文已指出，三才概念本包蕴于易卦体系之内，其观念应源于画

---

① 唐兰曾举《黄老帛书》与《国语·越语下》相近语句16例，见其《马王堆出土〈老子〉乙本卷前古佚书的研究》，载《考古学报》1975年第1期。后我亦曾指出《黄老帛书》之天道阴阳观，更近于范蠡，见葛志毅：《〈黄老帛书〉与黄老之学考辨》，载《炎黄文化研究增刊》1997年第4期；收入《先秦两汉的制度与文化》，哈尔滨：黑龙江教育出版社1998年。

② 《周易》与阴阳家之关系及阴阳家与儒家之关系，可参葛志毅：《黄帝与黄帝之学》，载《炎黄文化研究增刊》1996年第3期；又收入《先秦两汉的制度与文化》，哈尔滨：黑龙江教育出版社1998年。

③ 《老子》唯二十二章曰：“天地尚不能久，而况于人乎？”《庄子·盗跖》曰：“天与地无穷，人死者有时，操有时之具，而托于无穷之间。”《说剑》：“上法圆天，以顺三光；下法方地，以顺四时；中和民意，以安四乡。”《庄子》中此两处明显可断为天地人三才说性质，但此两篇俱在《杂篇》，一般认为乃出庄子后学之手，时间较晚。

八卦的伏羲。《易·系辞上》:“古者包牺氏之王天下也，仰则观象于天，俯则观法于地，观鸟兽之文与（天）地之宜，近取诸身，远取诸物，于是始作八卦，以通神明之德，以类万物之情。”是取法三才之道者，远托伏羲，伏羲作八卦，于是三才之道包蕴于易卦体系之内，是后神农、黄帝、尧、舜继承伏羲观象设卦之法，作为易理的三才之道亦得传衍下来。《系辞》外，其他记载亦有述及，如《新书·修政语上》:“故黄帝职道义，经天地，纪人伦，序万物，以信与仁为天下先。”《史记·太史公自序》:“维昔黄帝，法天则地，四圣遵序，各成法度。”此谓黄帝施政设教取法三才之道，五帝其余四帝各自仿效。《尸子·仁意》:“尧问于舜曰：何事？舜曰：事天。问何任？曰：任地。问何务？曰：务人。”①《淮南子·泰族》:“昔者五帝三王之莅政施教……仰取象于天，俯取度于地，中取法于人。”此说明，黄帝之后，以三才作为设教施政之大法纲纪，已成为五帝三王的传统。《黄老帛书》托黄帝之口对三才的推阐，与此皆相契合。《尚书大传》以遂人、神农、伏羲分别托于天地人称为三皇，且曰:“天地人之道备，而三五之运兴矣。”②按“三五之运”，三五即三皇五帝。《尚书大传》之说可与《史记·秦始皇本纪》之天、地、泰三皇相证，只不过《尚书大传》具名遂人、神农、伏羲分别与天、地、人相配。托三才与三皇相配，用天地人解释三皇之发生，对阐释上古文明之创生由来，对阐释三才作为宇宙创生之原初意义，皆具极佳的社会历史阶段解释作用。此外，与夏商周三代相关的三统、三正概念，也分别与天地人三才相配，乃三才概念对王朝与历法体制的渗透影响。三才说被借鉴用于社会历史解释的另一极好例证，是受其影响转换成的礼三本论。《荀子·礼论》:“礼有三本。天地者，生之本也；先祖者，类之本也；君师者，治之本也。无天地，恶生？无先祖，恶出？无君师，恶治？三者偏亡，焉无安人。故礼，上事天，下事地，尊先祖而隆君师，是礼之三本也。”察荀子礼三本之说，乃出于对三才的分析，即天地二者合为生之本，人分析为先祖类之本与君师治之本二者。其实乃儒家尊天敬祖的宗教崇拜意

① 汪继培辑:《尸子·仁意》,《二十二子》，上海：上海古籍出版社1996年，第371页。

② 《风俗通义·皇霸》所引，见王利器:《风俗通义校注》（上），北京：中华书局2011年，第3页。

识借鉴三才说转化而来①。

与礼三本相关的礼制信仰，可举《周官》之天神、地祇、人鬼祭祀礼制明之。其《大宗伯》职曰："掌建邦之天神、人鬼、地祇之礼，以佐王建保邦国。"此以人鬼与天神、地祇相对，人鬼即亡故的先祖，《礼记・祭法》："人死曰鬼。"②此天神、地祇、人鬼祭祀礼制，乃三才说在祭祀上的引申推演，构建起宗教世界的想象秩序，目的在崇祀神祇，和谐人鬼，为现世祈福。《大宗伯》在叙及礼乐祭祀功能时，有曰："凡礼乐全天地之化，百物之产，以事鬼神，以谐万民，以致百物。"是天地、万民之外，又及鬼神、百物。《说文》示部，神，"天神，引出万物者也"；祇，"地祇，提出万物者也"。天地提引生养万物，人乃天地万物中最贵者，《说文》人部，人，"天地之性最贵者也。"③是《周官》建立起对天地神鬼的祈祭制度，使人神和谐，百物滋殖，万民歆享福祉。察《周官》构建起的宗教世界秩序，包括对天神、地祇、人鬼为主体的全部神鬼，除以祭祀报答天地先祖恩德外，同时希冀得其福佑庇护。可以说，通过祈祭活动，对神灵世界的全方位恳请动员，是对福佑庇护的最大化期盼。可以认为，三才说乃古代构造宇宙社会模式及阐释其运行发展方式时，堪称最佳的主体框架参照系，亦为对宇宙社会体系较有代表性的较早认识，其影响是多方面的。

《黄老帛书》借黄帝之口提出太极元气化生天地人三才，非常值得关注。《黄老帛书》以天地人三才为世界模式本原，同时包括元气化生宇宙世界说，只不过大体上仍偏向于阴阳家之阴阳—天地—四时—万物之世界化生模式，《称》之"凡论必以阴阳明大义"一章，有助于证此。《十六经・观》亦记黄帝曰："群群［沌沌，窈窈冥冥］，为一囷。无晦无明，未有阴阳。阴阳未定，吾未有以名。今始判为两，分为阴阳，离为四［时］，［刚柔相成，万物乃生］，［德虐之行］，因以为常。其明者以为法，而微道是行。行法循［道］，［是为］牝牡。牝牡相求，会刚

① 《礼记・礼运》："故天生时而地生财，人其父生而师教之，四时君以正用之，故君者立于无过之地也。"此论天地父师君之言，明显可见其脱胎于三才说的痕迹。

② 《说文》鬼部："人所归为鬼。"见段玉裁：《说文解字注》，上海：上海古籍出版社1981年，第434页。

③ 段玉裁：《说文解字注》，上海：上海古籍出版社1981年，第3、365页。

与柔。柔刚相成，牝牡若形。下会于地，上会于天。得天之微，若时［者时而恒者恒，地因而养之］；特地气之发也，乃萌者萌而孳者孳，天因而成之。弗因则不成，［弗］养则不生。夫民之生也，规规生食与继。不会不继，无与守地；不食不人，无与守天。是［故］赢阴布德，［重阳长，昼气开］民功者，所以食之也；宿阳修刑，重阴长，夜气闭地孕者，［所］以继之也。”[①]此谓天地之初未有阴阳晦明，继则由“一囷”判生阴阳，离析四时，阴阳四时循法运行有常，万物各成其序，故牝牡刚柔相求相成，天地上下交合生生。“乃萌者萌而孳者孳，天因而而成之”，乃谓大道天地因阴阳四时之化，萌蘖孳生万物民人之造化功夫；“赢阴布德”“缩阳修刑”则谓天地借阴阳刑德之力继养会成民人之功。应予指出者，此阴阳刑德与上文“其明者以为法而微道是行”相呼应，即阳明为德，阴微为刑，阴明与阴微互辅相错而行，共成此自然生化之功。其中最可注意者乃阴阳晦明之前的所谓“一囷”，由此引出太极元气化生三才万有之说[②]。“一囷”即混沌窈冥的始初元气[③]。此可与《黄老帛书·道原》相校，其曰：“恒无之初，洞同太虚，虚同为一，恒一而止。湿湿梦梦，未有明晦。神微周盈，精静不熙。故未有以，万物莫以。故无有形，大洞无名。”又曰：“唯圣人能察无形，能听无声。知虚之实，后能太虚。乃通天地之精，通同而无间，周袭而不盈。”此亦于明晦之前的湿湿梦梦之中，存在所谓“恒无”、“太虚”或“恒一”的元气本体，它无形无名。“神微周盈”谓元气本体神秘微弱，却充满宇宙；“精静不熙”谓元气本体精微静谧而不动。此元气本体无形无名，却兼具虚实之性，通于天地精微之质；它虽充贯宇宙而无空隙，却又似周延而不满盈；对元气本体的这种性质状态，唯圣人可以切实感觉到。可以说，《观》之“一囷”，《道原》之“恒无”“太虚”或“恒一”，实相当于《易》生两仪之太极，此太极相当于混沌元气。《河图括地象》：“易有太

① 陈鼓应：《黄帝四经今注今译》，北京：商务印书馆2007年，第210、217页。

② 班固：《汉书》卷21，《律历志》：“太极中央元气”，又曰：“太极元气，函三为一。极，中也；元，始也。行于十二辰，始动于子……此阴阳合德，气钟于子，化生万物者也。”北京：中华书局1975年，第981、964页。

③ 此处原缺6字，陈鼓应读群群为“混混”，且补足其字读为“混混［沌沌，窈窈冥冥］，为一囷”，可参。见其《黄帝四经今注今译》，北京：商务印书馆2007年，第210—211页。

极，是生两仪，两仪未分，其气混沌。”又曰：“元气无形，汹汹蒙蒙”[①]。是太极又相当于混沌元气，呈迷离浑蒙之状。《易纬乾凿度》谓天地之初有太易、太初、太始、太素，“气形质具而未相离，故曰浑沦。”[②]《观》之“一囷”与混沌或浑沦相当，皆元气未分之始初状态，或曰太极混沌元气。《汉书·律历志》：“太极元气，函三为一”，颜注引孟康曰：“元气始起于子，未分之时，天地人混合为一，故子数独一也。”[③]是太极元气始起未分之时，天地人混合为一，故可称之为太极混沌元气。又《道原》：“人皆以之，莫知其名；人皆用之，莫见其形。一者其号也，虚其舍也，无为其素也，和其用也。”按道无名无形之外，“虚其舍也，无为其素也，和其用也”，乃在强调道即此太极混沌元气若有若无、虚寂难识，却又于混冥之中发挥着无为有用的切实功能。此外如《经法·道法》曰：“虚无形，其裻冥冥，万物之所从生”，又曰：“故能至素至精，浩弥无形，然后可以为天下正。”此所谓“虚无形，其裻冥冥”，“至素至精，浩弥无形”，俱谓此太极混沌元气的初始存在状态，即虽似冥秘无存，但却以精素广大的形态，弥满于天地之间。道家主有生于无，无即此太极混沌元气，它冥冥虚寂似不存，实则“虚其舍也，无为其素也，和其用也”，即在虚寂之中含其质素合和之大用。可以说，因《黄老帛书》之三才说，使之与《易》相近。但《庄子·天下》谓“《易》以道阴阳”确不可易，《易传》谓“太极生两仪”，即以天地阴阳为重。《易》虽尚中，却无明确的中和之气说，故《易传》又不似道家那样有阳气浮为天、阴气凝为地、和气生为人之说。但《易传》以天地与圣人并言，《系辞上》：“故天生神物，圣人则之；天地变化，圣人效之；天垂象，见吉凶，圣人象之。”《易》重阴阳，阴阳化生天地四时，四时生万物，万物中人最贵，是乃儒家三才说。儒家以圣人与天地并立，且参天地化育，为万物宗统。故《易传》虽提出天地人三才说，但实际如儒家天地生圣人，圣人理天地，圣人与天地参，《荀子·王制》：“故天地生君子，君子理天地，君子者天地之参也，万物之总也，民之父母也。”又《大戴礼

---

① 安居香山、中村璋八辑：《纬书集成》（下），石家庄：河北人民出版社1994年，第1029页。
② 安居香山、中村璋八辑：《纬书集成》（上），石家庄：河北人民出版社1994年，第11页。
③ 班固：《汉书》卷21，《律历志》，北京：中华书局1975年，第964、965页。

记·曾子天圆》:“是故圣人为天地主,为山川主,为鬼神主,为宗庙主。”是儒家以圣人至高无上,总理天地万物。相比儒家以圣人礼义为最高,道家则以天地自然为世界本原,无物可比,那么,二家绝不相同。如老子道家亦存在类似三才说话语,《老子》二十三章:“天地尚不能久,而况于人乎?”又二十五章:“故道大,天大,地大,人亦大。域中有四大,而人居其一焉。人法地,地法天,天法道,道法自然。”儒家虽尊天道,但以圣人与天地参,为天地主;道家于天地人之上有道,道法自然,在四大中人地位最低。四十二章曰:“道生一,一生二,二生三,三生万物。万物负阴而抱阳,冲气以为和。”道为万物本体,万物含阴、阳和三气。《列子·天瑞》谓“清轻者上为天,浊重者下为地,冲和气者为人”,亦谓阴、阳和三气分别生天、地、人三才。人充其量只是自然元气的生化物之一,与天、地、道相比,没有儒家人与天地参那样崇高地位。但《黄老帛书》中的圣人自有一定地位,如《十六经·观》:“天道已既,地物已备,散流相成,圣人之事。圣人不巧,时反是守。优未(昧)爱民,与天同道。圣人正以待天,静以须人。”《称》:“知天之所始,察地之理,圣人弥纶天地之纪。”故圣人非无地位可言,只是圣人须以天地的运行存在为前提,当辅顺天地之时宜而行,绝与儒家所谓圣人与天地参,为天地主不可同日而语。故虽同称三才,但儒道两家不同。《黄老帛书》三才与《易传》三才相近,与《老子》道家所言又不尽同,是黄老道家特征所在。《观》托黄帝之口道出“一囷”混沌元气化生天地人三才,指明黄老宇宙生成论之本旨,乃黄老思想根本所托。如以之与老子道家相较,可谓同中有异,必须仔细辨析,二者不可一概而论。上述二者关于圣人性质观念之异,即可注意。

三、三才与五行在古代思想文化史上的特殊影响

如前所述,《黄老帛书》多见之三才概念,较早见于《易传》,是易卦体系中的重要概念。此外,值得关注者,三才较早与五行联系并称,《书·甘誓》:“威侮五行,怠弃三正”,注释者多以水火金木土五行与天地人三正解之。三正、五行被合称三五,《春秋合诚图》曰:“至道不远,三五而反”,宋均注:“三,三正也;五,

五行也。三正、五行，王者改代之际会也，能于此际自新如初，则通无穷也。”[①]是三正、五行关乎天人之际，与王朝易代兴亡相关，三正实即三才。三正又或称三统，《风俗通义·皇霸》：“盖三统者，天地人之始，道之大纲也；五行者，品物之宗也。道以三兴，德以五成。”[②]即三才五行成为政道纲纪，万物宗统，总摄天人道德生生变化。三才五行在思想文化史上的影响意义颇可称道，如所谓三五之运，又作为天地运行大数，多被称引。如《尚书大传》：“天地人之道备，而三五之运兴矣。”[③]上引“三五而反”及此“三五之运”，并乃天地运行枢机，关乎人事祸福兴亡，天道幽深玄远。本文所论三才五行，主要涉及天地人三才代表的易卦体系与五行体系二者关系问题。相应有一种看法，认为《周易》道阴阳，《洪范》言五行，有学者提出：“阴阳自阴阳，五行自五行，各有分畛。”我不同意其说，认为二说间久已出现交融互渗的潜在趋势，是以后来形成一体合和的阴阳五行思想体系[④]。此在思想史上颇可关注讨论。阴阳思想可溯源于伏羲画卦的传说，五行概念较早见于《左传》昭公二十九年所言少皞、颛顼等五帝时代五行之官，其渊源颇早。在文献记载上，至少《周易》产生之时起，阴阳与五行二者已在易数体系中，显出互渗相融的痕迹。天地人三才是易卦体系中阴阳概念的集中代表，《列子·天瑞》谓：“昔者，圣人因阴阳以统天地……清轻者上为天，浊重者下为地，冲和气者为人。”按天、地、人三者分别与阳、阴、和三气对应，其中天地与阴阳则乃对应互通的概念。与《周易》卦爻体系相关，有所谓易数；在形式上，卦爻体系的形成，与揲蓍布数程序直接相关。《说卦传》：“参天两地而倚数”，《汉书·律历志》：“自伏羲画卦由数起”，落实到《周易》大衍之数的演算方式上，即通过分二，挂一，揲四、归奇等揲蓍布数程序，得出7、8、9、6之数，再据以画爻成卦。《系辞》：“参伍以变，错综其数，通其变，遂成天地之文：极

① 安居香山、中村璋八辑：《纬书集成》(中)，石家庄：河北人民出版社1994年，第777页。

② 王利器：《风俗通义校注》(上)，北京：中华书局2011年，第20页。

③ 王闿运补注：《尚书大传》，上海：商务印书馆1937年，第57页。《国语·晋语一》：“且夫口，三五之门也，是以谗口之乱，不过三五”。《鹖冠子·世兵》：“必中三五”。又详见葛志毅：《司马迁〈史记〉先秦史分期全璧之论拟》，《学灯》第二辑，上海：上海古籍出版社2017年。

④ 葛志毅：《〈周易〉阴阳与〈洪范〉五行》，载《金景芳教授百年诞辰纪念文集》，长春：吉林大学出版社2002年；又收入《谭史斋论稿续编》，哈尔滨：黑龙江人民出版社2004年。

其数，遂定天下之象。”是乃总论《周易》象数占验方式，完全以数术推演为基础。唐侯果说：“夫通变化，行鬼神，莫近于数，故老聃谓子曰：‘汝何求道？’对曰‘吾求诸数。’明数之妙，通于鬼神矣。”①此乃对大衍之数占筮功用之肯定。因筮占需要，有所谓易数体系，《系辞》曰：“天一，地二，天三，地四，天五，地六，天七，地八，天九，地十。天数五，地数五，五位相得而各有合。天数二十有五，地数三十，凡天地之数五十有五。”②此段文字乃对易数体系的概述，仅从形式上已可见五行化倾向。按1～9五个奇数谓之天数，2～10五个偶数谓之地数，《尚书大传》将天地之数分为五行之生数、成数，其曰：“天一生水，地二生火，天三生木，地四生金，地六成水，天七成火，地八成木，天九成金，天五生土。”③是易数中的天地之数已与五行结合。李鼎祚则以甲乙等十干与五行分注天地之数，如天一、地二下分注曰：“水甲”“火乙”等④，在“五位相得而各有合”下注引虞翻曰：“五位谓五行之位。甲乾、乙坤相得合木，谓‘天地定位’也。丙艮、丁兑相得合火，‘山泽通气’也。戊坎、己离相得合土，‘水火相逮’也。庚震、辛巽相得合金，‘雷风相薄’也。天壬、地癸相得合水，言阴阳相薄而战于乾。故‘五位相得，而各有合’。或以一六合水，二七合火，三八合木，四九合金，五十合土也。”⑤此以五行相生之位即木火土金水之序，乃八卦各自相合之所得⑥。与此以五行之位序说天数、地数之合相近，韩康伯注亦曰：“天地之数各五，五数相配以合成金木水火土。”⑦按虞翻曰：“或以一六合水，二七合火，三八合木，四九合金，五十合土”，当本其前的郑玄，孔颖达曰：“郑注《易·系

---

① 张文智：《周易集解导读》，济南：齐鲁书社2007年，第276页。老聃、孔子语，见《庄子·天运》。

② 此以“天一地二”章与“天数五地数五”章合一，乃据朱子《周易本义》分章之序，其前王弼注及李鼎祚《集解》本，皆两章不相联属相隔离。

③ 王闿运补注：《尚书大传》，上海：商务印书馆1937年，第75页。

④ 《周易集解导读》，第377—378页。

⑤ 王闿运补注：《尚书大传》，上海：商务印书馆1937年，第371页。

⑥ 按虞翻所谓“天地定位”云云，不合今传《说卦》“天地定位，山泽通气，雷风相薄，水火不相射”之位序，此本宋人所谓“先天八卦方位图”。虞翻所云与马王堆帛书合，帛书曰：“天地定立（位），[山泽通气]，火水相射，雷风相搏”。见张政烺：《帛书〈六十四卦〉跋》，载《张政烺文集·论易丛稿》，中华书局2012年，第71页。又按与帛书本相校，张先生谓《说卦传》“水火不相射”当去“不”字，那么，虞氏所见本“水火相逮”异于今传本，与帛书本“火水相射”相近。

⑦ 阮元校刻：《十三经注疏》（上），北京：中华书局1980年，第80页。

辞》云，天一生水于北，地二生火于南，天三生木于东，地四生金于西，天五生土于中。阳无耦，阴无配，未得相成。地六成水于北，与天一并；天七成火于南，于地二并；地八成木于东，与天三并；天九成金于西，与地四并；地十成土于中，与天五并也……是郑注之意，水数一，成数六；火数二，成数七；木数三，成数八；金数四，成数九；土数五，成数十。"[①]是郑玄以五行生数、成数说易天地之数。郑玄《月令》注亦曰："数者，五行佐天地生物成物之次也。《易》曰：'天一地二，天三地四，天五地六，天七地八，天九地十。而五行自水始，火次之，木次之，金次之，土为后。'"[②]即数本是代表五行生物、成物之次序者；五行之次乃水、火、木、金、土，是天地易数被五行化的生数、成数所取代。相关又有以天数、地数概念直接称五行之例者，如郑玄曰："天地之数各有五，五行之次：一曰水，天数也；二曰火，地数也；三曰木，天数也；四曰金，地数也；五曰土，天数也。"[③]是郑玄视天数、地数与金木水火土五行乃一而二、二而一的同一物，二者无别，天地之数充分五行化。汉儒此生数、成数五行化之说，并非凭空虚造，确有经典根据，后文论此。易数体系五行化，是阴阳五行思想形成导致的结果，但原因在其自身内久已存在。《易传》只见天数地数概念，不见五行化之生数、成数概念。此生数、成数概念乃注释家，主要为郑玄所倡，并且用以对易数体系进行了五行化改造。我曾指出，《周易》五行化久有渊源，至少可上溯至战国之前，汉儒以阴阳五行说《易》，不过是沿其流而引申发挥；《周易》体系的五行化是其筮数体系容易引致的一个重要层面[④]。隋代萧吉曾以《书·洪范》与《礼记·月令》及纬书资料，论证易数体系五行化问题。他指出，《洪范》曰："五行：一

---

① 《十三经注疏》（上），第1354页。孔颖达又谓皇侃用先儒之义，非郑义，故不取，此皇侃义可供与郑玄说参校。又颇类以生数，成数分别与五行相配者，如扬雄《太玄》之《太玄数》曰：三八为木，为东方；四九为金，为西方；二七为火，为南方；一六为水，为北方；五五为土，为中央为四维。《太玄图》："一与六共宗，二与七共明，三与八成友，四与九同道，五与五相守。"《易纬乾坤凿度》："天本一而立，一为数源，地配生六，成天地之数，合而成性。天三地八，天七地二，天五地十，天九地四。"此皆可证郑玄以生数、成数配五行之说有自来。

② 《十三经注疏》（上），第1354页。

③ 见《左传》昭公九年孔疏，《十三经注疏》（下），第2057页。

④ 葛志毅：《〈周易〉阴阳与〈洪范〉五行》，载《金景芳教授百年诞辰纪念文集》，长春：吉林大学出版社2002年；又收入《谭史斋论稿续编》，哈尔滨：黑龙江人民出版社2004年。

曰水，二曰火，三曰木，四曰金，五曰土”，皆其生数。《月令》：“木数八，火数七，金数九，水数六，土数五”，皆其成数。又谓，《洪范》是上古创制之书，故言生数；《月令》是时候之书，故贵成就事业，故言成数，由二者共合成《易经》天一至地十之义。按萧氏这里指出生数及成数之经典根据，非常值得关注。接着举《孝经援神契》论之，《援神契》曰：“以一立，以二谋，以三出，以四孳，以五合，以六嬉，以七变，以八舒，以九烈，以十钧。”①萧氏指出，五行以一立水，一为生数；以五配一，水之成数，故言一立而六嬉，嬉是兴义。二是火之生数，七是火之成数，故言二谋，火以变化为能，故言七变；谋者，以其为变之始也。三，木之生数；八，木之成数；五行始于东方，故云三出，八而成长，故云八舒。四，金之生数；九，金之成数，西方成就，故言四滋；品类不通，故称九烈。五是土之生数，十是土之成数，以天之五合地之十；数义斯毕，所以五言其合，十言其拘，拘是成备之义②。察萧氏据纬书之论，殊牵强，但其意可明，即易数体系之五行化，乃五行之生数、成数合和融会所致，故生数、成数概念的提出，乃易数体系五行化的直接原因。

易卦自身也存在与五行相通的潜在因素，《系辞上》谓易卦六爻含三才之道，其中地道柔刚，马王堆帛书《易传·要》谓地道：“不可以水火金木土尽称也，故律之以柔刚”，是易卦体系三才之道中本含有五行。又八卦代表天地雷风水火山泽，其中坎离二卦为水火，与五行中之水火二者相通。易卦后天卦四正卦坎离震兑，与《月令》五行之水火木金方位全同。《易纬乾凿度》借孔子之口使八卦通过人性伦理而五行化，其曰：“故易者，所以经天地，理人伦，而明王道。是故八卦以建，五气以立，五常以之行。”又孔子曰：“八卦之序成立，则五气变形。故人生而应八卦之体，得五气，以为五常，仁义礼智信是也。”③《易纬乾凿度》虽借助人性伦理比傅八卦五行，使之相通，其中主要是通过后天八卦中的坎离震兑四正卦与五行之方位属性，作相互沟通阐释的根据。总之，虽然易卦本

① “以九烈”据下解义，烈本又作列，是；下“故称九烈”，亦当作列。“以十钧”，下文曰：“十言其拘，拘是成备之义”拘当作钧，《七纬》作钧，见赵在翰：《七纬（附论语谶）》（下），北京：中华书局2013年，第709页。有作钓者，误，见《纬书集成》（中），第635、991页。

② 刘国忠：《五行大义研究》，沈阳：辽宁教育出版社1999年，第160、162页。

③ 《纬书集成》（上），第6、10页。

身存在与五行相通的上述潜在因素，但天地之数则是其中更为重要的因素。正如我曾指出，无论是河图，还是八卦九宫的配数根据，都寄寓在五行化的生数、成数所发挥出的阐释联系作用之内①。与上引孔子“人生而应八卦之体”相近，《汉书·律历志》曰：“人者，继天顺地，序气成物，统八卦，调八风，理八政，正八节，谐八音，舞八佾，监八方，被八荒，以终天地之功，故八八六十四，其义极天地之变，以天地五位之合终于十者乘之，为六百四十分，以应六十四卦。”②此谓人是三才主体，与天地相参，创化万物；亦统理顺承与八卦相关的各项事物，以经营成就天地万物之功，当八卦变为六十四卦，乃极尽天地万物变化之理。那么，三才既为易卦体系基本属性，人为三才主体，故人与八卦及六十四卦之性相通，乃事理必然，但还要论及“以天地五位之合终于十者乘之”就为指出易卦与五行之关联相通③。此皆为汉代易学中值得关注的一点，亦为先秦易学发展为汉代易学时表现出的一个特点，其原因应归为阴阳五行思想体系形成前后带来的影响。

不仅三才、五行本身具有自己的意义内涵，而且借助天地之数及生数、成数的五行化阐释，可见数本身应具自身的意义内涵乃至象征意义体系，是可称数术哲学。数术直观的解义，即数的计算运用方式，所谓数术哲学则还应包括其意义内涵体系；因为除一般的算术计数方式外，还有出于某种目的专门特殊的数术推演方式，此即数术哲学。《汉书·艺文志》谓“数术者，皆明堂羲和史卜之职也”，其多与阴阳五行类技术知识有关，亦往往涉及算术推演方式，其代表乃《周易》占验方法中的筮法，筮法就以算术推演方式为基本操作手段。《汉书·艺文志》立《数术略》，其下包括天文、历谱、五行、蓍龟、杂占、形法等六类，其术

---

① 葛志毅：《明堂月令考论》，《求是学刊》2002年第5期；又收入《谭史斋论稿续编》，哈尔滨：黑龙江人民出版社，2004年。

② 班固：《汉书》卷21，《律历志》，北京：中华书局1975年，第963页。

③《律历志》此下接曰：“天兼地，人则天，故以五位之合乘焉”，此“五位之和乘焉”及“以天地五位之合终于十者乘之”，并承《易·系辞》“天数五，地数五，五位相得而各有合”而来。《律历志》又曰“三百八十四爻，五行之象也”，见《汉书》卷21，第970页，俱为易卦体系与五行相通之证。

大多与数之推演计算有关，其中尤以占验筮法为代表，筮法以数的推演计算为主。《汉书·律历志》在论及数的性质及算术方法时有曰："数者，一十百千万也，所以算性命之理也。《书》曰：'先其算命。'本起于黄钟之数，始于一而三之，三三积之，历十二辰之数，十有七万七千一百四十七，而五数备矣。"颜注："五行阴阳变化之数备于此矣。"[①]此177147被称为黄钟大数，是阴阳五行变化大数的象征，后文又谓此177147之数，"此阴阳合德，气钟于子，化生万物者也"[②]。即其数乃借助阴阳数术变化关系衍生世界万物总的象征根据；相应的"五数"概念，尤其显示了阴阳五行知识使数蒙上强烈的五行色彩。另一方面，《汉书·律历志》之说，实乃《老子》"道生一,一生二,二生三,三生万物"的推广，是典型的数术演生宇宙创化论。《汉书·律历志》又论算术之法曰："其算法用竹……其数以易大衍之数五十，其用四十有九，成阳六爻，得周流六虚之象也。夫推历生律，制器，规圜矩方，权重衡平，准绳嘉量，探赜索隐，钩深致远，莫不用焉。"[③]即算术之法运用广泛，其以《周易》大衍之数为根本，举凡推算历法，制造器物，制度量衡，包括预卜占筮，无不用到，可见以大衍之数为根据的算术之法应用广泛。《律历志》又曰：数者，"所以算术事物，顺性命之理也，《书》曰：'先其算命。'"颜注："言王者统业，先立算术以命百事也。"[④]事物构成的数量关系，乃对事物基本性质的决定，也成为命名事物，把握事物性质的主要根据，而这只有借助数的测量计算推求，才可使之明确，由此决定算术方法之重要及其应用之广。但察其实用方法中，要以与天文历法的推算测定关系为密切。如大衍之数作为筮法体系的演算基础，不仅象征意义明确，且与天文历法具体推算方式密切关联。筮法记载于《周易·系辞下》："大衍之数五十，其用四十有九。分而为二以象两，挂一以象三，揲之以四以象四时，归奇于扐以象闰，五岁再闰，故再扐而后挂。乾之策二百一十有六，坤之策百四十有四，凡三百有六十，当期之日。二篇之策，万有

① 班固:《汉书》卷21,《汉书·律历志》,第957页。
② 班固:《汉书》卷21,《汉书·律历志》,第964页。
③ 班固:《汉书》卷21,《汉书·律历志》,第956页。
④ 班固:《汉书》卷21,《汉书·律历志》,第957页。

一千五百二十，当万物之数。”即大衍之数虽为50，但筮法演算只用49根蓍草，再经分二、挂一、揲四、归奇的揲蓍布数程序，复经四营成易，十有八变成卦的理念指导，终据所得7、8、9、6之数画爻成卦。可注意者除两象天地，三象三才天地人外，所谓象四时、象闰已直指历法；乾坤之策360当期之日，约为一历法年日数；11520为64卦总策数，是《周易》体系数字化表现，用以作为万物之数的象征，皆有寓意。借助对筮法的分析，既可见到其与历法的联系，亦可见到其中寓有的宇宙万物创生演化之义。筮法后来确被比傅利用来制定历法，如汉代刘歆制《三统历》即是。古代制历法一定要求得历元，是乃对制历的严格要求。刘歆为求得上元，在推算中就比傅利用了易数与筮法，此明载于《汉书·律历志》中。后有学者从天文学史的角度提出批评，认为刘歆特意利用《易经·系辞传》解释《太初历》的天文数据，认为如此借经传来穿凿附会，使天文科学染上神秘色彩，开两千年来数术家所走的歧途。他指出《三统历谱》的四个特点，但又叹其不足曰：“可惜依托黄钟，附会易象，使天文走上迷途，这是它的缺点。”①古代天文学史知识玄奥，非可随意置评，但所谓“依托黄钟，附会易象”却可稍加论说。刘歆制三统历之事，在《汉书·律历志》有较详记载，其中述及律吕制度、易卦体系与制历的关系，值得关注。由于其涉及古代制历的天文理论与知识技术，事与制历密切相关，不能不记。《律历志上》曰：“三统者，天施、地化、人事之纪也。十一月，乾之初九，阳气伏于地下，始著为一,万物萌动，钟于太阴，故黄钟为天统，律长九寸。九者，所以究极中和，为万物元也。《易》曰‘立天之道曰阴与阳。’六月，坤之初六，阴气受任于太阳，继养化柔，万物生长，楙之于未，令种刚强大，故林钟为地统，律长六寸。六者，所以含阳之施，楙之于六合之内，令刚柔有体也。‘立地之道，曰柔与刚’，‘乾知太始，坤作成物’。正月，乾之九三,万物棣通，族出于寅，人奉而成之，仁以养之，义以行之，令万物各得其理。寅，木也，为仁；其声，商也，为义。故太族为人统，律长八寸，象八卦，宓戏氏之所以顺天地，通神明，类万物之情也。‘立人之道曰仁与义’，‘在

---

① 陈遵妫:《中国天文学史》(中)，上海：上海人民出版社2006年，第1031、1029页。

天成象，在地成形’，‘后以裁成天地之道，辅相天地之宜，以左右民’。此三律之谓矣，是为三统。”[①]此乃糅合阴阳五行、钟律及易理述历法三统之义。《汉书·律历志》谓律吕“有三统之义”[②]，故此述律吕阴阳与制历相关的候气养物之性质功能；十二律又与十二辰元气消长及阴阳五行、卦象物性有关，上举这段记述可略窥其端绪，亦可窥见刘歆《三统历》之所以“依托黄钟，附会易象”的微意。据其所述，可见三才之道在钟律候气观测体系与《周易》阴阳体系间的互联关系。三才这里称为三统，明显成为依托制历的知识理论根据。黄钟等三律之长分别为九寸、六寸、八寸，与易数的九、六、八相合，特别是其中蕴藏的应和阴阳、滋育万物、通顺天地神明的数术化哲理，已成制历技术上的理论与知识支撑。十二律亦涉及三数之重要，因为十二律起于黄钟，以黄钟律管为标准制定十二律，其三分损益、上下相生的关系，突显出三数之重要。《律历志》又谓数“本起于黄种之数，始于一而三之，三三积之，历十二辰之数”，后文对此又具体阐释曰：“太极元气，函三为一……行于十二辰，始动于子，参之于丑……又参之于寅……又参之于卯……又参之于辰……又参于已……又参之于午……又能参之于未……又参之申……又参之于酉……又参之戌……又参之于亥，得十七万七千一百四十七。此阴阳合德，气钟于子，化生万物者也。”[③]十二律乃制历必要的候气观测设备，三分损益乃律管制作的必要参数，亦决定其“三三积之”的候气功能特点；此外，相关在节气观测上亦有“天气三微而成一著，三著而成一体”之说[④]。这些都决定了钟律候气观测制度的特征及重要性，相应亦可见与三统相关的三数，在伴生的宇宙创生演化论中的枢纽性关键地位，这些皆涉及其时制历技术上的理论根据。《三统历》是天文历法史上具有开创性与示范性的成果，其“依托黄钟，附会易象”的特征，反映出当时专业性的特殊制历技术思维方式，带有较强的感性直觉经验色彩，以至显得玄奥神秘，因此需要后世研究者善于体悟把握，给予开启解

① 班固:《汉书》卷21,《律历志》，第961页。
② 班固:《汉书》卷21,《律历志》，第959页。
③ 班固:《汉书》卷21,《律历志》，第956、964页。
④ 《纬书集成》(上)，第17页。

读。与此天文制历技术相关的知识体系中，包括与数相关的阴阳五行、律吕日辰等知识，还有与滋育繁衍万物的元气消长终始相关，《汉书·律历志》所谓："故阴阳之施化，万物之终始，既类旅于律吕，又经历于日辰，而变化之情可见矣。"[①]从中亦可见数术哲学的思维认识特征。可以说，《周易》筮法体系是古代数术哲学代表，天文历法在古代农业社会具有无与伦比的重要性，故在制定天文历法的推步测算过程中，受到筮法的启发影响，乃至有所比傅模拟，乃由当时制历技术水平所决定，不足为过。所谓"依托黄钟，附会易象"，主要应是此层面上的影响反映。今日研究者应努力发掘破解其玄奥神秘之义，力求在技术层面使之得到合理阐释。

《周易》天地之数止于十与古代认为十乃圆满完备的象征有关，认为事物递进至十数，已达于圆满节度，已成一相对独立发展段落。如《春秋繁露·阳尊阴卑》："十者，天数之所止也。古之圣人因天数之所止，以为数纪，十如更始。"又《天地阴阳》："故数者至十而止，书者以十为终，皆取之此。"即之所以认为数以十为终止，乃因其认为事物发展至十，已达阶段性圆满节度，为下一阶段即将开始的象征；以数字单位而言，十是个位数的终止，两位数的开始，故十又是两阶段的衔接标志。《春秋元命苞》："胎错舞连以钧，一动；合于二，故阴阳受；成于三，故日月星序；张于四，故时起；立于五，故行动；布于六，故律踊；分于七，故宿改；萌于八，故风布；极于九，故州吐；毕于十，故功成数止。"[②]此举"一动"至"十毕"有具体内含的十个代表性数概念，"一动"表示事物的启动开始，以下顺次是各概念意义的点明，即二阴阳二仪，三日月星三辰，四四时，五五行，六六律，七七宿，八八风，九九州，"十毕"表示事物的阶段性终结完成，故谓"功成数止"。此用十数内的连续性意义变化，象征事物由发端至终结完成的过程，从而使天地之数至十止的圆满完备之义显明。此外，从易学角度讲，十亦可视为易学意义上的备具完满之数。《说文》："十，数之具也。一为东西，丨为南北，则

① 《汉书》卷21，《律历志》，第965页。

② 赵在翰：《七纬（附论语谶）》（下），北京：中华书局2013年，第431—432页。

四方中央备矣。”王筠注：“天数五、地数五，十总其数，故曰具也。”又注曰：“用部备具也……此以字形之备具，见字义之得言具也。”[①]是十本有备具完满之义，又因其为天数五、地数五之和，故又可目为易学意义上的备具完满之数。

天地之数又分为天数五、地数五，二者性质有异，且二者之义有必辨者在，徐整《三五历记》曰：“数起于一，立于三，成于五，盛于七，处于九。”[②]是乃述天数五的递进变化序列。按《说文》，一为道，三为天地人之道，五为五行；七为“阳之正”，易数为少阳；九为“阳之变”，易数为老阳[③]。是五天数各有其值得注意的独特属性。又九者，究也[④]，即九为五天数究尽之数，上言“处于九”亦同此义。那么，相应十应为地数五究尽之数。换言之，天数始一终九，地数始二终十，二者性质互异。这里欲指出者，乃天数五、地数五俱在形式上呈五行化倾向，相应亦有以易数坐实《周易》体系五行化，并进而以五行取代阴阳作为《周易》主导变化动因的企图。《说苑·辨物》：“夫占变之道，二而已矣。二者，阴阳之数也，故《易》曰：‘一阴一阳之谓道’。道也者，物之动莫不由道也。是故发于一，成于二，备于三，周于四，行于五。是故玄象著明，莫大于日月，察变之动，莫若五星；天之五星，运气于五行。其初犹发于阴阳，而化极万一千五百二十。”[⑤]细味其文，乃表述出如此意义，即《周易》原以二为阴阳代表，阴阳本作为《周易》变化思想根本，故万物变动皆须经由阴阳之主导而行。但据一而二而三而四而五之递进变化之序，乃导致“行于五”的结果，而且“察变之动，莫若五星；天之五星，运气于五行”，即五行成为推动万物运动变化的天适根由，那么，原由阴阳主导万物运动变化的形式，应改由五行取代阴阳作为变化主导方显其合理性。按“察变之动，莫若五星；天之五星，运气于五行”下接“其初犹发于阴阳，而化极万一千五百二十”，乃为对比强调由五行取代阴阳为主导之前后不同意义。按“其

① 王筠：《说文解字句读》，北京：中华书局1988年，第79页。

② 欧阳询：《艺文类聚》（上），上海：上海古籍出版社1985年，第2—3页；又见《太平御览》（一），北京：中华书局1985年，第8页。

③ 段玉裁：《说文解字注》，上海：上海古籍出版社1981年，第1、9、738页。

④ 同上，738页。

⑤ 向宗鲁：《说苑校证》，北京：中华书局1987年，第442—443页。

初犹发于阴阳，而化极万一千五百二十”，本出《系辞》“万有一千五百二十当万物之数”，故此句应谓原由阴阳主导下的万物变化状态，乃相对将由五行为主导的现今而言。此外，二为阴阳本属地数五之外，五行乃天数五的范畴；因《周易》体系的五行化，用天数五之五行取代地数二之阴阳作为变化主导，方更显其合理性。察上《辨物》所言，必当战国末阴阳五行体系形成之后，如此则不仅使《周易》体系五行化，作为易道根本的阴阳地位亦呈将被五行取代之象。此反映出阴阳五行体系产生后，也从一侧面代表汉儒欲使《周易》五行化的图谋倾向。

在古代数术哲学中，三、五是数列关系上两个重要节点，三才与五行即是出于此两节点上的代表性概念。可以说，数术思想内阴阳五行体系之形成，乃中国古代哲学之集大成性成就，以其形成为标志，可区分出前后两个阶段。前段以包括阴阳在内的三才为主导，其代表可举《周易》；后段以五行包容三才阴阳而形成的阴阳五行体系为主导，其代表可举《礼记·月令》。与此二者相关的宇宙创生演化模式不同，其中可见三才与五行所留下的各自影响。首先，老子所言最有哲理抽象而深刻，如其四十二章：“道生一，一生二，二生三，三生万物。”按《说文》，“道立于一”，按道即天理，绝对的一；二者“地之数”，三者“天地人之道也”[①]。《说文》又谓：“惟初太始，道立于一，造分天地，化成万物。”[②]此相当于对《老子》四十二章之义的综括紬绎，亦可见三才理念的深入影响。与《老子》相类的宇宙创生演化模式本由数字抽象的表述形式，是后多变由太一、天地、阴阳、四时等具体概念充实代替，其中颇可见阴阳家思想影响。如郭店简《太一生水》谓太一生水，生天地，生神明，生阴阳，生四时，生寒热，生湿燥，“成岁而止”[③]。此篇被定为道家文献，若从其叙述概念言，无疑有明显的阴阳家痕迹。如董仲舒有曰：“天使阳出布施于上而主岁功，使阴入伏于下而时出佐阳。阳不得阴之助，亦不能独成岁，终阳以成岁为名。”[④]是董仲舒乃引阴阳家“成岁”之言以

---

① 段玉裁：《说文解字注》，上海：上海古籍出版社1981年，第1、681、9页。
② 段玉裁：《说文解字注》，上海：上海古籍出版社1981年，第1页。
③ 李零：《郭店简校读记》，北京：北京大学出版社2002年，第32页。
④ 班固：《汉书》卷56，《董仲舒传》，北京：中华书局1975年，第2502页。

论，可与《太一生水》“成岁”相校。《史记 · 天官书》谓“汉之为天数者，……占岁则魏鲜”[①]，此“占岁”乃天文数术知识，因“占岁”必涉农时节令类阴阳家言。《太一生水》所言涉及宇宙创生演化模式，因语及天地、阴阳、四时逮“成岁而止”，亦必涉阴阳数术家言。又《吕氏春秋 · 大乐》：“太一出两仪，两仪出阴阳，阴阳变化，……日月不同，以尽其行，四时代兴……万物所出，造于太一，化于阴阳。”此亦谓太一、两仪（天地）、阴阳、四时诸相生关系。又《礼记 · 礼运》：“是故夫礼，必本于大一，分而为天地，转而为阴阳，变而为四时，列而为鬼神。”所述虽为大礼演生之本体论，却借用宇宙创生演化模式论之。三例所言，皆由太一本体引出天地、阴阳、四时诸要素，最后化生万物，其阴阳家性质影响明显。其中尤以《太一生水》最典型，除天地、阴阳、四时外，如寒热、燥湿皆与阴阳之气相关。是后随阴阳五行体系之形成，在太一本体道之外，完全吸纳了天地、阴阳、四时几个要素，据以构筑新的宇宙创生演化模式。如《文子 · 自然》：“道生万物，理于阴阳，化为四时，分为五行，各得其所，与时往来。”《春秋繁露 · 五行相生》：“天地之气，合而为一，分为阴阳，判为四时，列为五行。”《史记 · 天官书》：“斗为帝车，运于中央，临制四乡，分阴阳，定四时，均五行。”此《天官书》所述极有代表性，乃从天文历法的角度，以斗居中央为天道本体，把阴阳、四时、五行间的自然联系顺次确定下来。在三才论主导下的宇宙创生演化模式，以天地、阴阳、四时为主，在阴阳五行体系形成后，又在三者后配以五行。如上三例外，又《礼记 · 礼运》：“播五行于四时”，“五行四时十二月还相为本也”。《淮南子 · 原道》：“其德优天地而和阴阳，节四时而调五行”，其《精神》曰：“天道四时、五行、九解、三百六十日。”[②]诸说中以马融最为值得关注，其曰：“太极生两仪，两仪生日月，日月生四时，四时生五行，五行生十二月，十二月生二十四气。”[③]此相生顺序为太极—两仪—日月—四时—五行—十二月—二十四气，

---

① 泷川资言、水泽利忠：《史记会注考证附校补》（上），上海：上海古籍出版社1986年，第763页。

② 《左传》昭公元年：“六气曰阴阳风雨晦明也，分为四时，序为五节”，杜注解五节为五行之节，孔疏解为每时72日，为五行历。《十三经注疏》（下），第2025页。此尚须深入探究。

③ 《十三经注疏》（上），第80页。

乃易学化的阴阳五行说，最合阴阳家本色。可以说，四时与五行顺次相接，乃阴阳五行学说形成之一重要标志，亦为数术哲学中突破性进展。为此，《汉书·艺文志》数术略五行类著录《四时五行经》二十六卷;《管子·五行》中出现四时与五行历日相配的五行历法，即分一年360日为五季，每季72日。此不合自然节候，只是为使历日与五行相配，是五行影响深入在历法上的反映，因不合生活生产实际需要，很难存在流传[①]。五行体系完全包容取代了天地阴阳的原有地位，《礼运》以人作为“天地之德，阴阳之交，鬼神之会，五行之秀气”，作为“天地之心也，五行之端也”的核心地位，在五行世界中重新被确认，从三才世界的核心转入五行世界核心。可以说，五行既作为世界万物构成的基本元素，即《国语·郑语》所谓“以土与金木水火杂以成百物”；又作为世界框架的五方平面划分模式，即东南西北中的五方地理划分模式。这样，五行体系已成为世界存在样态的基本形式。

随阴阳五行体系之形成，不仅使五行的意义地位空前突出，亦由天地、阴阳、四时、五行四者构成古代宇宙创生演化模式中的基本要素，亦使之更趋完善。宋周敦颐《太极图说》[②]，相当于借阴阳五行说阐释宇宙创生演化模式的集大成完备之作。如其曰:“无极而太极。太极动而生阳，动极而静；静而生阴，静极复动。一动一静，互为其根。分阴分阳，两仪生焉。阳变阴合，而生水火木金土。五气顺布，四时行焉。五行，一阴阳也；阴阳，一太极也；太极，本无极也。五行之生也，各一其性。无极之真，二五之精，妙合而凝，乾道成男，坤道成女。二气交盛，化生万物。万物生生，而变化无穷焉。惟人也，得其秀而最灵。形既生矣，神发智矣，五行感动而善恶分，成事出焉。”[③]首先，周子倡“无极而太极”，是为重新总论宇宙世界之本原由来，即无极而太极，太极而阴阳，阴阳而五行，再演生男女万物的生生过程。“无极而太极”乃糅合儒道思想所作发明。《系辞》本有

---

① 关于五行历，陈遵妫《中国天文学史》有介绍，见其书上册，上海：上海人民出版社2006年，第68—69页。

② 朱熹谓周敦颐著“《太极图》并说一篇”，有学者谓即潘志所谓《太极图·易说》,《易说》乃据《易传》说《太极图》义蕴。见侯外庐等:《宋明理学史》(上)，北京：人民出版社1997年，第50页。

③ 周敦颐:《周子全书》(上)，上海：商务印书馆1937年，第4—19页。

“太极生两仪，两仪生四象，四象生八卦”之说，即关于太极、天地、四时、八方的世界时空框架;《老子》二十八章:“为天下式，常德不忒，复归于无极。”无极者，无穷极[①]。此外，受道家“万物生于有，有生于无”及道体无形、无象、无名之玄秘属性与《易传》之形上而形下之说的影响，于是有此“无极”“太极”之称及“无极而太极”之本体世界发生由来之说[②]。作为本体之“无极而太极”，乃结合有无两个层面分别说道之本体属性，朱子曰:“老子之言有无，以有无为二，周子之言有无，以有无为一”，又曰:“不言无极，则太极同于一物，而不足为万化之根。不言太极，则无极沦于空寂，而不能为万物之根。”[③]故“有无合一”之谓道，乃对“无极而太极”最好的诠释。按朱子之言，似有欲在有无层面，对无极、太极加以区分之意。但无极者，无穷极也，无穷极实即太极之另一说法，故可谓无极即太极，二者义同，不过以“无极而太极”说世界本体，有使其抽象属性更突出的意义。“无极而太极”的本体发明外，阴阳、两仪、四时、五行皆承阴阳五行体系之故说;“惟人也，得其秀而最灵”，实乃本三才人为贵之说，前引《礼运》论之最详，早已位置人于宇宙世界中心。《文子》亦有曰:“人者，天地之心，五行之端，是以禀天地五行之气生为万物之主。”[④]可以说,《太极图说》乃借阴阳五行体系阐释宇宙创生演化模式之最为成功者。但必须指出，是乃在继承发扬汉魏晋以来阴阳五行说及儒道融合的长期思想发展成果做出的。

前举《太一生水》等记载，皆以太一生天地、四时，近于阴阳家言说宇宙世界创生演化模式，周敦颐结合儒道提出“无极而太极”之说，这实际主要欲回归《周易》代表的儒家传统。因三才之道本为易理，故周子《太极图说》乃脱离阴阳家而以《周易》为本，重新构筑儒家思想主导下的阴阳五行体系，可以认为，是乃《太极图说》的主旨所在。那么，其五行不仅指金木水火土，亦应升华包括仁

---

① 王卡点校:《老子道德经河上公章句》，北京：中华书局2011年，第114页。

② 无极概念又见《周易参同契》，又见此后佛经《肇论》《华严经》等，见《宋明理学史》(上)，第60页。

③ 《周子全书》(上)，第5页。

④ 萧吉:《五行大义》引，见刘国忠:《五行大义研究》，沈阳：辽宁教育出版社1999年，第279页。

义礼智信五行，这层意义在《太极图说》中已有表现。我曾指出，在子思遗说中，已将木金火水土五行与仁义礼智信五常相配，视之为人所得于天的性命禀赋，已将金木水火土五行内化为人的道德性命，乃天所赋予人者，由是构成儒家道德性命说。故人禀仁义礼智信五常以生，乃有得于木金火水土之天道五行①。考汉代董仲舒吸纳阴阳家说，已使儒学阴阳五行化，至周子《太极图说》对阴阳五行说进一步改造，使之完全儒家化，《太极图说》亦成为宋明理学的思想根基与主导。

关于周子《太极图说》的性质传授，历来多有考辨。朱子尝谓其图乃周子自作，但宋以来的学者或以道徒久有修真炼丹的《太极先天之图》，为周子所得，乃作《太极图·易说》，以《周易》阐释说明《太极图》义蕴，把方士修炼的《太极先天之图》改变成论述天地人物生成的《太极图》②。这里必须指出，周子虽利用了《太极先天之图》，但对之进行了根本改造。其图原作为道士修真炼丹之法，故其“图自下而上，以明逆则成丹之法”。按其图自下而上的逆向之序为：元牝之门—炼精化气炼气化神—五气朝元—取坎填离—炼丹还虚复归无极。此分明是道士“逆则成丹”修炼方法程序。与此不同，周子《太极图》乃述天地万物自然化生之理，故其图乃按由上而下之顺序叙列，其序为：无极而太极—阳动阴静—五行各一性—乾道成男坤道成女—万物化生③。是周子虽借鉴了道士的《太极先天之图》，但目的截然不同，乃为说明世界万物演生发展的自然过程，是按事物生化的自然顺序改造了道士“逆则成丹”的人为修炼程序。道士逆天而行的人为修炼方式，最终是为与天合一的长生目的。二者间的区别，决定了周子借鉴道士修炼的理论图式，乃改造为阐释天地万物自然的宇宙创生演化模式，这是与道士完全不同的。二者此区别极重要，逆天成丹的炼精化气、炼气化神的人为修炼方式，与顺自然发生之序述世界万物循天道运行的理则，乃完全不同的两种性质，亦因此决定周子《太极图》与道士《太极先天之图》的性质迥异。此外，若审视道士

---

① 葛志毅:《简帛五行与思孟之学考辨》，载《谭史斋论稿续编》，哈尔滨：黑龙江人民出版社2004年。

② 侯外庐等:《宋明理学史》(上)，北京：人民出版社1997年，第52—54页。

③ 二图分别见《宋明理学史》(上)，第54、55页。

《太极先天之图》“逆则成丹”、由下向上的逆序读法，实乃借鉴《周易》六爻之序由下向上逆数之法，仅此已表明其图与《周易》的渊源关系，是对周子据易义重塑其《太极图》，不无启发意义。这里还须说明，我所采用的研究视角与方法，乃循此路径，即从三才、五行思想的演变流传脉络，阐释阴阳五行体系的形成由来，以证明阴阳家影响下的宇宙创生演化模式之形成传衍自有端绪，并最终在儒家思想发展进程中得到继承完善，因而亦在宋明理学中得到充分发扬。我所持视角、方法之独到处乃从阴阳家、儒家的思想源流及二者联系中，其中包括道家影响，阐释宇宙创生演化模式的发展完善过程。对周子《太极图》的叙述，完全是纳入这样的意义链条之上，希望读者能注意到这点。因此，尽管在讨论中论及周子对道士修真炼丹图法的借鉴，实际仍为从思想史上阴阳五行体系发展的大背景下，揭示宇宙创生演式模式是如何臻于完善的问题，这才是我研究之主旨所在。这样，对周子《太极图》性质渊源问题的引入，并不影响我关于阴阳五行思想脉络及宇宙创生演化模式之问题，在理解论述上连贯完整的主旨思路。此外，还有一层意义必须指出，即魏晋玄学已将《周易》与老庄道家糅合，周子以易义重塑《太极图》既顺承此儒道融合趋势，又相当于以潜在形式指出宋明理学有取于佛老之旨的一端，但总体上已回归儒家。

四、《黄老帛书》之思想特征及其成书年代

我曾对《黄老帛书》中的宇宙创生演化模式做如下综括：

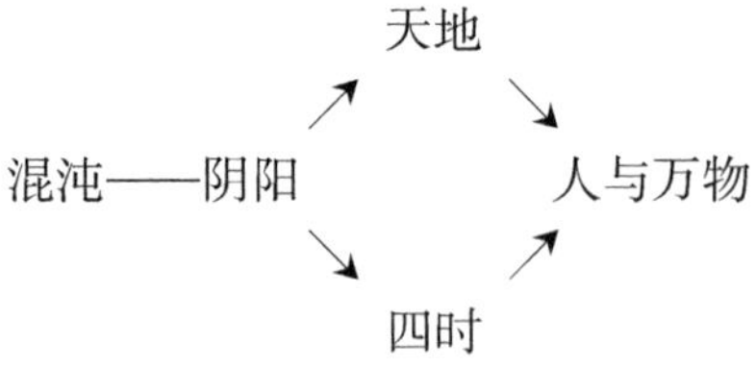

据此可见①，《黄老帛书》中的宇宙创生演化模式，大体相当于五行体系产生

① 葛志毅：《〈黄老帛书·十六经〉之〈立［命］〉与〈观〉两篇释论》，待刊。本文亦提出太极混沌元气化生天地人三才之说，可相参观。

前，仍在三才模式之下以天地、阴阳、四时为主导的阶段，那么，五行思想在其内容中即使有也占比不会大。在《黄老帛书》中，与数字关联组成的概念形式中，要以《经法·论》最为典型，如所谓建八正、执一、明三、定二、行七法、尽四极、执六柄、审三名等，其中不见五、九、十等三者。五本是与五行密切关联的敏感数字，故《说文》曰："五，五行也。从二，阴阳在天地间交午也。"[①]这里不见五数，殆与五行在《黄老帛书》中影响不大有关。《周官》《逸周书》中多见数字置前以组合概念的形式，如《周官》之一食、二侯、三德、四饮、五药、六典、七事、八法、九职、十烽、十二教等。《周官》中以五数构词之例近五十，如五帝、五色、五声、五兵、五刑、五味等，唯不见重要概念五行一词，乃极可怪之事，值得玩味。即便如此，仍有学者怀疑其书内容充满五行影响色彩，足见五数之敏感。这或可说明五行思想影响久在酝酿之中，至其成熟形态完成，前后经历较长时间，故不可见到五数词即可以为是五行思想存在之证。《庄子·天道》有所谓"礼法度数，形名比详"，据此姑称《周官》《逸周书》为尚"度数形名"之书。唯其喜结合数字构词，只为便于称述记忆外，别无深意。如上引《说苑》所言一、二、三、四、五几个数之寓有特定意义，《周易》大衍之数具有特定的意义象征，《说文》对一、二、三、五几个数的释义亦指明其特定意义等。似此皆乃不多见之有关数的特例，《周官》、《逸周书》中标数以称者有异于此，即数只作为组词的集合标志，以便称述记忆，别无特殊意义。三才与五行作为标数以称的特殊概念，尤应关注，由于二者与"三五"概念的关联，致其意义更为特殊。若对《黄老帛书》中有关三才、五行的称引情况予以剖析，于认识其思想特质，当不无裨益。

三才与五行二者在数术体系中的象征意义本极特殊，二者又结合形成秦汉以下学术思想体系主流代表，即阴阳五行思想，尤应关注。察《黄老帛书》中多称三才且有浓厚的阴阳思想特征[②]，但五行思想痕迹却不甚明显，是乃其书应特予关注者。与前所论汉儒借助《周易》中潜在的五行因素，表现出进一步使《周易》

---

① 段玉裁：《说文解字注》，第738页。

② 葛志毅：《重论阴阳五行之学的形成》，《中华文化论坛》2003年第1期；又收入《谭史斋论稿续编》，哈尔滨：黑龙江人民出版社2004年。

五行化的目的相比,《黄老帛书》中罕见明确的五行观念，不似三才、阴阳在其内容中占比之大。此处还应指出，汉儒欲使《周易》五行化的想法，也反映出汉儒的一种认识，即《周易》重阴阳，而阴阳中本就含有五行，如前引《说文》:“五,五行也，从二，阴阳在天地间交午也。”即五行乃阴阳在天地间交接感通的象征，那么，五行与阴阳本相关联一体不二。总之，汉儒欲使《周易》五行化之说，其因复杂，究非无缘由可言。故《周易》与《黄老帛书》俱倡言阴阳，亦皆与五行有着或多或少的联系，但二者不可一概而论，应分别具体剖析。相关还须指出,《史记・五帝本纪》有黄帝“治五气，艺五种”之说,《历书》谓黄帝“建立五行”，黄帝似应与五行创制有某种关联，但绝不如《管子・五行》所言黄帝乃五行思想创造者，因其至少在《黄老帛书》中得不到证明。《黄老帛书》中确可见极少的五行思想因素，但其与《月令》绝不同[①]，因为在《月令》中阴阳五行体系已明显形成，故就此而言,《黄老帛书》成书不晚于《月令》。《黄老帛书》多称天地人，与易卦体系以三才为思想主导相合；其书又盛称阴阳，接受天道阴阳观从而与《易传》思想有相当联系影响[②]，在总体上与《周易》体系亦有相近的一面。种种迹象表明，其书虽或受到《周易》影响，但这不足以使其书成书时间提早。我原信从唐兰先生之说，认为《黄老帛书》成于战国中期[③]，现在看失之过早。察《黄老帛书》确对五行有所涉及，最明显乃《十六经・五正》所谓“五正既布，以司五明”，五正即五行之官，乃五行化的职官正长体系概称[④]，此外在总体上涉及五行思想甚少。故《管子・五行》推崇黄帝为五行创造者之说不可信，此应为阴阳五行体系形成后，为表示对黄帝创物成就推崇所造之说；同时，这在多记黄帝行事的《黄老帛书》中也找不到相应证明。综之，三才与五行两个概念间的关联性及二者在思想理念上的重要影响，终使二者结合形成阴阳五行思想体系。其形

---

① 葛志毅:《重论阴阳五行之学的形成》,《中华文化论坛》2003年第1期；又收入《谭史斋论稿续编》，哈尔滨：黑龙江人民出版社2004年。

② 葛志毅:《黄老帛书与黄老之学考辨》,《炎黄文化研究增刊》1997年第4期；又收入《先秦两汉的制度与文化》，哈尔滨：黑龙江教育出版社1998年。

③ 葛志毅:《重论阴阳五行之学的形成》。

④ 葛志毅:《〈黄老帛书・十六经〉之〈五政〉等七篇释论》,《中原文化研究》2020年第1期。

成的典型标志较早应推《月令》，其成书于战国末期。据《黄老帛书》盛称三才及阴阳思想而甚少述及五行一点看，其成书不会早于《月令》，但也不会晚于战国末以迄秦汉之际。

（原刊于《古代文明》2021年第1期）

作者简介：葛志毅，男，大连大学原中国古代社会与思想文化研究中心主任、教授，主要从事中国古代历史、文化研究。

以《仪礼·丧服》论周代亲属称谓的几个问题

王小健

"亲属称谓是亲属制度的一类术语，在某一特定的语言中是一套符号化的词语，标注某人——经常是自我（ego）——的亲属（通常是'他人'）的特定类型。在一套亲属称谓系统中，划分了包含自我的血亲（通过共同继嗣）和姻亲（通过婚姻）亲属的位置领域。随着与自我的系谱距离加大，表明亲属关系越疏远，通常是姻亲关系比同宗关系为疏远。"①美国人类学家路易斯·亨利·摩尔根（Lewis Henry Morgan）是第一个注意到亲属称谓的社会学意义的人，亲属称谓制研究也是由他首创的。我国学界对亲属称谓的研究主要集中于两个时期，一个时期是20世纪40年代，如冯汉骥、芮逸夫等学者，另一个时期是20世纪80年代以后，有学者对商周家庭制度和亲属称谓做过专门研究。②《仪礼·丧服》虽然"不是专意记录亲属称谓的，但它全面论述了亲属之间的丧服关系，因而也就全面地涉及了周代的各种亲属称谓"③。《仪礼·丧服》里的亲属称谓是研究中国亲属称谓的人，多少会涉及的问题，本文以其代表周代的亲属称谓，探讨其构成方式，与周代婚姻形态和家庭形态的问题，也兼及丧服的讨论。

---

① 庄孔韶：《人类学概论》，北京：中国人民大学出版社2006年，第270页。

② 冯汉骥：《由中国亲属名词上所见之中国古代婚姻制》，潘蛟：《中国社会文化人类学/民族学百年文选》（上卷），北京：知识产权出版社2009年，第404—422页；芮逸夫：《中国亲属称谓制的演变及其家族组织的相关性》，潘蛟：《中国社会文化人类学/民族学百年文选》（上卷），北京：知识产权出版社2009年，第385—403页；林美容：《汉语亲属称谓的结构分析》，台北：稻乡出版社1990年；谢维扬：《周代家庭形态研究》，黑龙江人民出版社2004年；赵林：《殷契释亲》，上海：上海古籍出版社，2011年；黄国辉：《商周亲属称谓的演变及比较研究》，《中国史研究》2014年第2期；丁鼎：《〈仪礼·丧服〉考论》，北京：社会科学文献出版社2004年；朱凤瀚：《商周家族形态研究》，天津：天津古籍出版社1990年。

③ 谢维扬：《周代家庭形态研究》，哈尔滨：黑龙江人民出版社2004年，第79页。

一、亲属称谓的构成方式

自从摩尔根将亲属称谓划分为类分式和说明式（或称描述式、叙述式）两种形式之后，虽然后来的人类学者有所批评，但都没有提出一个更好的概念，因此下文对周代亲属称谓的分析也不能摆脱这个框架。中国的亲属称谓美国人类学家路易斯·亨利·摩尔根和阿尔弗雷德·路易斯·克罗伯（Alfred Louis Kroeber）等人早有关注，二人认为“中国古代亲属制的‘基础’和‘原则’是类别式的”，中国学者“冯汉骥认为中国亲属制度‘既是说明式，又是类别式’的”①，谢维扬先生则认为，“周代亲属制区分直系与旁系亲属，因此它显然是属于说明式亲属制”②。在重新讨论这个问题之前有必要回顾一下类分式称谓的含义。具体来说，“只要那些主要被用来称呼像‘父亲’这样的直系亲属的称谓同时也可以被用来称呼旁系亲属，那么，这种称谓制度就是类分式称谓制度”③。《仪礼·丧服》所记录的亲属称谓具有什么特征呢？

《仪礼·丧服》由于是记录各种亲属的丧服关系，其亲属称谓和亲属关系是严格对应的，因此其亲属称谓最系统、最具有区分度，也最能反映亲属之间的关系。据统计，《仪礼·丧服》共记有一百零四种亲属称谓，④但核心称谓只有父、母、子、夫、妻、昆弟、姊妹。父是最重要的亲属称谓，指“一已直系、尊一辈的男性血亲”⑤，即生身父亲。子是卑一辈直系血亲的称谓，与父是“相对而称，即称我父者，我称其子，称我子者，我称其父”⑥。同理，母是指一己直系、尊一辈的女性血亲，即生身母亲，与子也是对言。母是父的配偶，由外族嫁入，二人是夫妻关系。与己身平辈的是昆弟、姊妹。这里只有三种亲属关系，即父（母）子关系、夫妻关系和兄弟（姊妹）关系。在父系继承制下，对子而言，父亲既是最亲

① 谢维扬：《周代家庭形态研究》，哈尔滨：黑龙江人民出版社2004年，第104页。
② 谢维扬：《周代家庭形态研究》，哈尔滨：黑龙江人民出版社2004年，第104页。
③ ［英］拉德克利夫-布朗：《原始社会的结构和功能》，北京：中央民族大学出版社1999年，第67页。
④ 谢维扬：《周代家庭形态研究》，哈尔滨：黑龙江人民出版社2004年，第80页。
⑤ 赵林：《殷契释亲》，上海：上海古籍出版社2011年，第16页。
⑥ 赵林：《殷契释亲》，上海：上海古籍出版社2011年，第26页。

也是最尊，因此服制最重——斩衰三年，为了表示父亲的独尊，为母服轻于为父服；对妻子而言，丈夫最亲也是最尊，因此服制最重——斩衰三年，为了表示丈夫的独尊，为己父只能降服齐衰杖期。父子关系、夫妻关系并不对等，子为父服斩，而父为子正服齐衰不杖期；妻为夫服斩，而夫为妻服齐衰杖期。这种不对等体现了父系继承制下的父权和夫权。昆弟、姊妹指同父兄弟、姊妹，昆即兄，互服齐衰不杖期，没有尊卑之别（嫡长子除外）。父、母、子、夫、妻、昆弟、姊妹这些称谓是确定的，在《仪礼·丧服》中不能不加区别的用于称呼其他亲属，从这个意义上说，周代亲属称谓确实属于说明式。但问题并没有到此为止,因为在父系其他直系或旁系亲属称谓中，也使用了这些核心称谓。

具体来说，由直系向上追溯，自我称父亲的父亲为“祖父”，其配偶为“祖母”；称祖父的父亲为“曾祖父”，其配偶为“曾祖母”；称曾祖父的父亲为高祖父，其配偶为高祖母。根据学者林美容的词素分析法，祖父、祖母的称谓是以“祖”为词根，以“父”“母”为词尾表示亲属的性别或配偶关系。四世、五世祖先则以“祖父”为词根加缀词头“曾”“高”以示世代的区别。不过，这里作为词尾的父、母不仅用来表示性别，也用来说明这类亲属是自己的尊辈，因此也就具有了“至尊”的地位，所以为祖父母服齐衰不杖期，为曾祖父母、高祖父母服齐衰三月，仅次于一等斩衰，只是因代际不同，丧期有别。为祖父母“何以期也？至尊也”。为曾祖父母“何以齐衰三月也？小功者，兄弟之服也。不敢以兄弟之服至尊也”。按照服数安排，为曾祖父（与己为四代亲属）宜服小功的丧服，但是小功是为从祖昆弟所服，因此不敢以兄弟服至尊者。

从旁系来看，亲属称谓有两种情况：一种是旁系尊辈。自我称父亲的兄弟辈成员为世父/叔父（同祖）、从祖父（同曾祖）和族父（同高祖），其配偶称母。这些称谓是以父为词根，分别加词头“世”“叔”“从祖”“族”以表示旁系世代的远近，这些亲属属于父亲一辈的旁尊。《仪礼·丧服》齐衰不杖期章：“传曰：世父、叔父，何以期也？与尊者一体也。”世父/叔父因为是父亲的同胞兄弟，与自我的亲缘较近，故服齐衰不杖期，从祖父、族父因为代际较远，又是旁系，只服小功和缌麻。自我称祖父的旁系兄弟为从祖祖父（同曾祖）、族祖父（同高祖），这些称谓是以祖父为词根，分别加词头“从祖”“族”以表示旁系世代的远近，服小功和缌麻。自我称曾祖父的兄弟为族曾祖父，以曾祖父为词根，加缀词头“族”以表示旁系世代，服缌麻。这些具有父称的旁系尊辈亲属，除了世父、叔父外，其余都没有加服，反映了周代亲属制重直系轻旁系的特点。另一种是旁系平辈。自我称同祖兄弟为从父昆弟（姊妹）、同曾祖兄弟为从祖昆弟（姊妹）、同高祖兄弟为族昆弟（姊妹）。这些称谓是以昆弟（姊妹）为词根，分别加词头“从父”“从祖”“族”，以表示旁系世代的远近，正服分别为大功、小功和缌麻。

综上所述，《仪礼·丧服》记录的亲属称谓是以父母、子、昆弟、姊妹为核心称谓，三代至五代的其他父系亲属称谓由这些核心称谓延展而来。这类亲属称谓的特点是：“在对一些基本血亲使用专用名称的基础上，又对一些远亲使用基本名称的组合来称呼。这就比较清楚地表述亲属关系的亲疏远近。”[①]对于晚辈来说，尊辈都有父或母的称谓（姑除外），对于平辈来说，相互都有昆弟姊妹的称谓。因此，周代的亲属称谓虽然属于说明式，但也具有类分式亲属称谓的特征。也许正是在这个意义上，冯汉骥才说中国亲属制度“既是说明式，又是类别式”的[②]。类分式还是说明式有时并不能如分水岭一样截然分开。“或更精确地说，前者应是指在一个制度中类分的称谓比描述的称谓占优势，但并不排除使用描述的称谓之可能性；后者是指在一个制度中描述的称谓比类分的称谓占优势，但也并不排除使用类分的称谓之可能性。”[③]当然我们也可以认为周代是由类分式称谓向说明式称谓进一步发展的时期，就称谓类型而言，如黄国辉所说是由二分合并型向二分旁系型的过渡。[④]

二、亲属称谓与家庭形态

首先来看父子、夫妻、昆弟这些专称。《仪礼·丧服》齐衰不杖期章传曰：“父子一体也，夫妻一体也，昆弟一体也，故父子首足也，夫妻牉合也，昆弟四体

① 庄孔韶：《人类学概论》，北京：中国人民大学出版社2006年，第271页。
② 谢维扬：《周代家庭形态研究》，哈尔滨：黑龙江人民出版社2004年，第104页。
③ 林美容：《汉语亲属称谓的结构分析》，台北：稻乡出版社1990年，第16—17页。
④ 黄国辉：《商周亲属称谓的演变及比较研究》，《中国史研究》2014年第2期。

也。”贾公彦疏：“凡言体者，若人之四体，故传解父子、夫妻、兄弟，还比人四体而言也。”并引马融的解释：“言一体者，还是至亲。”解经者用一体关系表示父子、夫妻、兄弟是其他亲属不能比拟的至亲，他们是一个家庭的血亲。为了强调其独特性，需要使用专有称谓，而对其他亲属则使用他称加以区别，这样的家庭形态就是人类学术语中的核心家庭，由一对夫妻及其未婚子女组成。在这种家庭形态中，父（母）子、夫妻、昆弟的亲属称谓是专有名词，只在核心家庭内使用。商代则不然，“父不仅可以用来称呼一己的生父，还可以用来称呼生父的兄弟”，母、子、昆弟等称谓也有类似特点，这“反映了商人的父系血亲组织，非以单一男性及其配偶和子女，即所谓的核心家庭的形态，存在于现实世界之中，而是以此一男性及其兄弟及二者各自的配偶和子女合并组成的血亲组织，即‘多父多母’家庭（族）之形态，存在于现实世界之中”。[①]

周代的夫妇合葬墓也可以为核心家庭形态提供佐证。夫妇合葬始于西周，夏、商二代似尚无夫妇合葬者。《礼记·檀弓上》：“周公盖祔。”又说：“合葬非古也，自周公以来未之有改也。”这里的合葬指夫妻合葬，大概始于周公制礼。《白虎通义·崩薨》：“至周大文，缘夫妇生时同室，死同葬之。”西周的夫妇合葬在《诗经》中也有反映。《诗经·王风·大车》：“谷（生）则异室，死则同穴。”葬制与庙祭制度是一致的。“自西周中期始，家族祭祀的一个显著特点即是逐渐与夫妇二位一体的伦理观念相结合。”[②]从受祭者看，周人先妣附祭于先祖，与殷人先妣通常独立受祭不同；从致祭者看，周人是以核心家庭为单位，夫妇二人共同祭祀祖妣，而殷商“以夫妇为单位合祭男、女祖先神的卜辞（比较明确者）是非常少见的”，[③]这说明周代的家庭是以夫妇关系为主轴的。另外，天子诸侯所服也能够体现核心家庭的重要性。《仪礼·丧服》规定：“天子、诸侯绝旁期”，天子、诸侯在统治集团中最为高贵，为了强调他们的君统地位，因此就要傲慢和疏远族人，除直系亲

① 赵林：《殷契释亲》，上海：上海古籍出版社2011年，第16、20页。

② 耿超：《周代家族祭祀与两性关系论略》，蒲慕州：《礼法与信仰：中国古代女性研究论考》，北京：商务印书馆2013年，第9页。

③ 耿超：《性别视角下的商周合祭》，常建华：《中国社会历史评论》，天津：天津古籍出版社2012年，第251页。

属如父母、妻、长子等，其余期服一律不服。

其次再看祖父称谓。祖父是以“祖”为词根，以“父”为词尾组成的一个专有称谓，而曾祖父和高祖父又是以“祖父”为词根延展而来。“同一词根所衍生出来的称谓属于同一类，用人类学的术语来说，就是这些称谓所表示的亲属关系属于同一亲属范畴。”[①]祖父原指尊二辈的直系亲属，但它所指的范畴可以延展为尊二辈以上亲属。而祖父称谓又是由父称而来，这说明祖父是介于核心家庭和直系尊二辈以上直系祖先之间的位置，下可以与核心家庭保持紧密联系，上可以归入更远的祖先范畴，而四世、五世直系祖先因为与自我的代际越来越远，也就没有必要都单独命名，只需在祖父前加缀曾、高，从而将其归于一个分类范畴，其意义在于以其为媒介来确定己身与同曾祖、同高祖旁系亲属的关系。由此看来，《仪礼·丧服》所表现的家庭组织虽然是以核心家庭为基本形态，但也可以上推包括祖父在内的主干家庭（简单扩展家庭），旁推则可以包括同父兄弟，因为同父兄弟是至亲关系。这种由亲属称谓得出的家庭形态，与谢维扬先生在《周代家庭形态》从居住关系角度得出的结论是一致的。“从家户规模的角度来说，周代贵族阶层家庭的主要形式是个体家庭、简单扩展家庭和含一个旁系的扩展家庭。”[②]所谓个体家庭就是指核心家庭。

综上所述，《仪礼·丧服》用父子、夫妻、昆弟这些核心称谓说明这些人是至亲，他们构成了一个最基本的血亲家庭，这是周代家庭的基本单位。父子关系、夫妻关系、昆弟关系至关重要，还在于父子是继嗣的纽带，夫妻是姻亲的纽带，兄弟是旁系的纽带，自身的其他亲属就是由核心家庭向上（下）、向旁、向外延伸的结果，包括五服以内的父系直系和旁系宗亲，以及小于父系宗亲范围的母系姻亲和妻系姻亲。因此，周代的家庭从理论上说可以继续扩大为五世同堂，但从祖父称谓的介居性上看，更可能是包括祖父在内的主干家庭，也可以包括亲兄弟在内的扩展家庭。

---

① 林美容：《汉语亲属称谓的结构分析》，台北：稻乡出版社1990年，第33页。

② 谢维扬：《周代家庭形态研究》，哈尔滨：黑龙江人民出版社2004年，第254—255页。

三、亲属称谓与婚姻形态

1. 外婚制

“类分式称谓是建立大范围亲属组织所采用的一种方法。建立这种组织的途径是采用同胞群一致原则，通过这一原则，可以建立一些可将大批远近亲属包括进来的范畴。对于使用同一个称谓来称呼的所有亲属，通常都会有一些仅适合于他们而不适合于别人的态度或行为要素。”[①]周代亲属称谓虽然不同于类分式，但却具有类分式的特点。以父之兄弟为例，若按年龄则称世父、叔父，他们的妻子都是从外族嫁入的女子，故称世母、叔母，他们都有父、母之名，因而具有类分式特征。与之相应的是世叔父之子称从父昆弟、从父姊妹，因为都有昆弟、姊妹之名，因而也具有类分式特征。也就是说，世叔父母属于父母一类的亲属，适合用对待父母的行为方式和态度对待他们，反之亦然；从父昆弟、从父姊妹属于昆弟姊妹一类的亲属，适合用昆弟姊妹的方式和态度相互对待。同理，其他具有父母和昆弟姊妹词根的称谓也是如此。词根既然相同，就意味着行为态度的相类。有父母称谓的人当然要用尊敬的态度对待，有昆弟姊妹称谓的人当然不能通婚，这是婚姻禁忌的最小单位。这种称谓划定了亲属范畴，也将某些亲属排除出通婚范围，通过称谓可以得知哪些亲属不可以通婚。

另外，姑、侄称谓也可以表明外婚制。《仪礼·丧服》大功章：“女子子适人者，为众昆弟；姪丈夫、妇人，报。传曰：姪者何也？谓吾姑者，吾谓之姪。”贾公彦疏：“名唯对姑生称，若对世叔，唯得言昆弟之子，不得姪名也。”[②]姑、侄对于己身来说都是父系宗亲，姑、侄称谓是兄弟之姊妹与兄弟之子女的对称。在《仪礼·丧服》中姑无母称，这说明对于兄弟之子女来说，姑不是母亲一类的亲属，因为姑要嫁与外族，成为他族之母；对兄弟之姊妹来说，侄也不是子女一类的亲属，因为他们是父族中的子女，自己只能以夫族子弟为子。男子则不同，他

① ［英］拉德克利夫-布朗:《原始社会的结构和功能》，北京：中央民族大学出版社1999年，第70—71页。

② 贾公彦:《仪礼注疏》，上海：上海古籍出版社2008年，第966页。

们不能呼兄弟之子女为侄，只能称“昆弟之子”，因为昆弟之子与己子属于一个亲属范畴，没有必要单独建立一个名称，而且为昆弟之子所服同于为己子所服。《仪礼·丧服》齐衰不杖期章：“为众子，昆弟之子；传曰：何以期也？报之也。”为自己的儿子服一年丧，对兄弟之子理应降服，为什么也服不杖期？因为兄弟之子为自己服不杖期，所以自己要用同样的丧服回报。又据《礼记·檀弓上》：“丧服，兄弟之子犹子也。盖引而进之也。”兄弟之子犹如己子，故为兄弟之子所服同于为己子所服。后世男子也称兄弟之子为侄，是亲属称谓发展演变的结果。《颜氏家训·风操》：“姪名虽通男女，并是对姑立称。晋世已来，始呼叔姪，今呼为姪。”①这种演变说明一己之核心家庭越来越重要，己子与兄弟之子也有很大的区别，需要用不同的称谓加以区分，不再统称为兄弟之子了。但即便如此，“在传统社会里仍将兄弟之子定位为犹子或从子，甚至到了清代，像段玉裁这样的学者，还认为‘今世俗男子谓兄弟之子为姪，是名之不正也’”。②

2. 姑舅称谓与交表婚

《仪礼·丧服》中有舅、姑两个使用频率较高的称谓，舅既用以指称夫之父，又用以指称母之昆弟，姑既用以指称夫之母，又用以指称父之姊妹，姑之子与舅之子，没有昆弟姊妹之称，不是婚姻禁忌的范畴，反而是通婚的优先对象。姑舅这种双重称谓说明周代实行姑表婚或舅表婚，这一点已有多位学者论证。冯汉骥先生早在1941年就指出：“舅姑二名词所表现者，为‘双系的’交表婚姻制，即己身能与舅姑之子女互为婚姻是也。”③

3. 从母称谓与娣媵婚

争议比较大的当数从母称谓。自我称母之姊妹为“从母”。《仪礼·丧服》小功章：“从母、丈夫、妇人报。”郑玄注：“从母，母之姊妹。”后世改称“姨”。传曰：“何以小功也？以名加也。外亲之服皆缌也。”贾公彦疏：“云以名加也者，以

---

① 颜之推：《颜氏家训》（《诸子集成》），上海：上海书店1991年，第8页。

② 赵林：《殷契释亲》，上海：上海古籍出版社2011年，第188页。

③ 冯汉骥：《由中国亲属名词上所见之中国古代婚姻制》，潘蛟：《中国社会文化人类学/民族学百年文选》（上），北京：知识产权出版社2009年，第410页。

有母名，故加至小功。”[①]从母即母之姊妹，在父系继嗣制中属于外亲，即母系亲属，按照惯例，外亲皆服最低等的缌麻三月，只有外祖父母和从母加服小功。为外祖父母“何以小功也？以尊加也”。外祖父母是母亲的至尊之人，所以加服小功以表尊重，这可以理解，为什么从母也要加服小功？晋代学者袁准为此提出疑问：“舅之与姨，俱母之姊妹兄弟，焉得异服？”“从母小功五月，舅缌麻三月，礼非也。”唐代魏徵等则指出：“舅乃母之本宗，姨乃外戚他姓。考之经典，舅诚为重。……舅旧服缌麻，请与从母同服小功。”于是唐太宗在召集学者朝臣讨论礼制时，便以诏令的形式规定姨舅同服小功，虽是如此，也并未平息后世礼学家对这个经学问题的讨论。[②]

应该如何理解从母加服小功呢？其实，《仪礼·丧服》传“以名加也”已经说得很明白了，因为从母有母亲的名号，所以加服小功。问题是母亲的姊妹为什么有母名？《说文·从部》：“从，随行也。”本义是跟随、随从，由此引申出附从及次副之义。又据《释名·释亲属》：“母之姊妹曰姨……《礼》谓之从母，为娣而来则从母列也，故虽不来，犹以此名之也。”[③]这两个解释深得“从母”称谓之精义，也就是说从母因为姊妹同嫁一夫而得名。有学者认为“‘从母’亦可谓为‘从父’之对称，不必一定为姊妹同婚之表现”[④]这种说法表面上看似乎没有问题，但如何解释从母之子在《仪礼·丧服》中称“从母昆弟”？根据舅姑之子分别称舅之子、姑之子的方法，从母也是外亲，其子按理应称从母之子，而不应称从母昆弟，因为昆弟之称只能用于称呼宗亲，不可能用于外亲，因此从母只能是指嫁给父亲的母亲姊妹，如此其子与自身才可能是昆弟的关系。从母称谓所体现的姊妹同婚与周代流行的娣媵婚正相印证，但这并不意味着强制婚，即妻子的姊妹不一定非要嫁给同一个男子，“故虽不来，犹以此名之也”，即使没有实际嫁娶，也有“从母”之名。既然有了母名，就与其他母系亲属不同，为了表示尊敬，需要

① 贾公彦：《仪礼注疏》，上海：上海古籍出版社2008年，第989页。

② 丁鼎：《〈仪礼·丧服〉考论》，北京：社会科学文献出版社2004年，第223—225页。

③ 转引自丁鼎：《〈仪礼·丧服〉考论》，北京：社会科学文献出版社2004年，第251—252页。

④ 冯汉骥：《由中国亲属名词上所见之中国古代婚姻制》，潘蛟：《中国社会文化人类学/民族学百年文选》（上），北京：知识产权出版社2009年，第412页。

加服小功，同时从母也要为姊妹的子女报服小功。“从母。丈夫、妇人报。”贾公彦疏：“母之姊妹之男女，与从母两相为服。”[①]即从母与姊妹之子女互服小功，很显然这层关系要比与母之兄弟的关系更密切。母亲的姊妹有母称，而《仪礼·丧服》中舅无父称，是纯粹外亲，服制自然轻于为从母服。从母称谓的意义还在于，从母有母名，其子为“从母昆弟”（姊妹），自然不能与己通婚。母之姊妹后来称“姨”，是称谓发展演变的结果。“姨本为夫称妻姊妹之名。《尔雅·释亲》：‘妻之姊妹同出为姨。’……后世之所以称从母为姨，当是由于子效父语而出现的情况。”[②]只有当从母称谓被姨称取代，姨表婚才有可能出现，因为这时的姨在法理上已经不是自己的从母了，姨之子女也就不是自己的昆弟姊妹了，而是纯粹的外亲了。从母称谓的改变意味着亲属范畴的改变，母亲姊妹的子女不再属于自己的兄弟姊妹范畴，当然就可以通婚了，这个时间不会晚于汉代。据王先谦《释名疏证补》：“呼母党为姨，自汉已然。盖子效父言，古无是称也。”[③]

娣媵婚的引申就是姪媵婚，即姑和侄女可以同嫁一夫。这种习俗不独中国有，很多民族都有。“在大多数具有明确的父系组织的社会中，由于某种原因，人们采用了一种允许一个男子与其妻弟女儿结婚的习俗。”[④]如美洲奥马哈印第安人、米沃克印第安人、非洲南迪人及其他一些部落民等。婚嫁可以不顾辈分，这是为什么？英国人类学家拉德克利夫－布朗（Alfred Reginald Radcliffe-Brown）在对原始民族这类婚俗的比较研究中得出一个结论——同胞群一致原则。“它不是指该群体内各成员间的相互行为所表现出来的内部统一，而是指那种与此群体外部的人相关的统一，这个人往往是因与此群体内部某一成员有特殊关系而与此群体发生关联。”[⑤]也就是说，自我会认为自己与此群体内其他成员都处在同等类型的关系中。

---

① 贾公彦:《仪礼注疏》，上海：上海古籍出版社2008年，第989页。

② 丁鼎:《〈仪礼·丧服〉考论》，北京：社会科学文献出版社2004年，第253页。

③ 转引自杨青新:《〈尔雅·释亲〉的文化说解》，《南阳师范学院学报》2004年第4期。

④ ［英］拉德克利夫－布朗:《原始社会的结构和功能》，北京：中央民族大学出版社1999年，第59页。

⑤ ［英］拉德克利夫－布朗:《原始社会的结构和功能》，北京：中央民族大学出版社1999年，第68页。

这种同胞群一致原则与妻姊妹婚相结合就会出现这种情况："一个男子娶了特定的同胞群中的一个女子，因此而与整个同胞群建立了一种特定关系。该群体的男人就成了他永久的联姻兄弟。他与该群体的某一个妇女处在婚姻关系中，因此他与其余的妇女也处在一种相似的关系中，这种关系可称为亚婚姻关系。……因此，如果他要娶第二个妻子，无论他第一个妻子是否故去，他都应该娶第一个妻子的姐妹，这被看作是合适的。"①这种亚婚姻关系的扩展范围可以很宽，不仅包括妻子的姊妹，还包括妻子兄弟的女儿。在同胞群一致原则下，妻子所属群体对他来说具有整体性和同一性，妻子姊妹和妻子侄女的辈分差异并不重要，因为她们嫁到男子家族中要根据丈夫论辈分。正如郑玄所说："妇人弃姓，无常秩，嫁于父行则为母行；嫁于子行则为妇行。"②他与她们的婚配不会构成新的社会关系。而对于姑、侄来说，她们本身也体现了同胞群一致原则。在一个父系宗族内，自我对姑、姊妹和女儿的服制经常具有一致性，如"齐衰不杖期"章为"姑、姊妹、女子子适人无主者"；"大功"章为"姑、姊妹之长殇、中殇"，为"姑、姊妹、女子子适人者，传曰：何以大功也？出也。"因为她们都已经出嫁到外族，甚至可能同嫁一夫，所以服制没有根本不同。这类婚姻习俗不过是同胞群或世系群一致原则在父系继嗣群制度内被运用的结果。这种不同行辈的亲属婚姻，典籍所载，在魏晋以前，为例不少。而"婚姻中之行辈限制，自魏晋以后始盛，魏晋以前，则无所拘也"③。

结　语

综上所述，周代的亲属称谓实际包含了两类亲属关系：一类是父系宗亲，另一类是姑系、母系和妻系姻亲。父系宗亲是以核心家庭中的父母、子、昆弟姊妹为核心称谓，三代至五代父系直系、旁系亲属称谓是由这些核心称谓延展而来。

---

① ［英］拉德克利夫－布朗：《原始社会的结构和功能》，北京：中央民族大学出版社1999年，第85—86页。

② 贾公彦：《仪礼注疏》，上海：上海古籍出版社2008年，第966页。

③ 冯汉骥：《由中国亲属名词上所见之中国古代婚姻制》，潘蛟：《中国社会文化人类学/民族学百年文选》（上），北京：知识产权出版社2009年，第415页。

这种称谓组合说明周代的亲属称谓虽然属于说明式，但仍然具有明显的类分式特征，这也是学界在这个问题上产生分歧的主要原因。这种称谓的特点是，尊辈中不仅生身父母有父母称谓，其他尊辈亲属也都有父或母的称谓（姑除外），平辈中不仅同父昆弟姊妹这样称呼，其他平辈亲属也都有昆弟姊妹的称谓。这种称谓下的亲属结构具有相似性，实际是核心家庭的不同层次的外延。其意义在于通过这种方式扩大自己的同胞范围，内部贯彻的是同胞群一致原则，对于有类同称谓的亲属，通常都会有一种适合于他们而不适合于别人的态度和行为模式，如对有父母称谓的人待之以敬，有昆弟姊妹称谓的人则不能通婚；同时又通过对核心称谓附加词头的方式形成新的称谓如“祖父”，或用以表示血缘、亲属关系的亲疏远近。而妻系、母系、姑系亲属一般不具有类分式称谓的特征，他们是外亲，对待外亲是以婚姻为手段进一步加强联系。这些外亲包括妻妹、女侄，这是妻系亲属，还包括姑之子和舅之子，姑之子是父系外亲，舅之子是母系外亲，他们都是重要的通婚对象。周代通过娣侄婚、舅表婚、姑表婚等婚姻形式，将父方亲属和外系亲属再一次联结起来，形成一个更大、更紧密的亲属关系网络，即所谓亲上加亲，娣媵婚、姑表婚、舅表婚都是为这一目的服务的，这也是很多其他部族采取这种婚姻形式的主要原因，这在亲属关系居重要地位的社会尤其如此。可见，外系亲属虽然不如父系宗亲多，服制也轻，但这并不意味外系亲属就不重要，因为他们是父系宗亲的优先通婚对象。从这个意义上说，《仪礼·丧服》中的亲属称谓只有两类：一类是不可以通婚的，另一类是可以通婚的。亲属称谓正如法国人类学家克劳德·列维-斯特劳斯（Clande Levi-Strauss）所说，是家庭和婚姻形态的“深层结构”。①

（原刊于《民俗研究》2018年第6期）

作者简介：王小健，女，大连大学历史学院副教授，主要从事先秦性别学、中国文化史研究。

---

① 谢维扬：《周代家庭形态研究》，哈尔滨：黑龙江人民出版社2004年，第8页。

先秦和同之辨的源流及思想史意义

于占杰

一、和同之辨的内容解析

对“和同”问题的最早探讨见《国语·郑语》郑桓公与史伯对话：

公（郑桓公）曰：“周其弊乎？”（史伯）对曰：“殆于必弊者也。《泰誓》：曰：‘民之所欲，天必从之。’今王弃高明昭显，而好谗慝暗昧；恶角犀丰盈，而近顽童穷固，去和而取同。夫和实生物，同则不继。以他平他谓之和，故能丰长而物归之；若以同裨同，尽乃弃矣。故先王以土与金木水火杂，以成百物。是以和五味以调口，刚四支以卫体，和六律以聪耳，正七体以役心，平八索以成人，建九纪以立纯德，合十数以训百体。出千品，具万方，计亿事，材兆物，收经入，行姟极。故王者居九畡之田，收经入以食兆民，周训而能用之，和乐如一。夫如是，和之至也。于是乎先王聘后于异姓，求财于有方，择臣取谏工而讲以多物，务和同也。声一无听，物一无文，味一无果，物一不将。王将弃是类也而与剸同。天夺之明，而欲无弊，得乎？[①]

200余年后春秋时代齐国之晏婴亦有关于和同之辨的精彩论述，可与史伯的论述相互发明。《左传·昭公二十年》：

齐侯（齐景公）至自田，晏子侍于遄台，子犹驰而造焉。公曰：“唯据与我和夫！”晏子对曰：“据亦同也，焉得为和？”公曰：“和与同异乎？”对

① 徐元诰：《国语集解》，北京：中华书局2002年，第470—473页。

曰："异。和如羹焉，水、火、醯、醢、盐、梅，以烹鱼肉，燀之以薪，宰夫和之，齐之以味，济其不及，以泄其过。君子食之，以平其心。君臣亦然。君所谓可而有否焉，臣献其否以成其可。君所谓否而有可焉，臣献其可以去其否。是以政平而不干，民无争心。故《诗》曰：'亦有和羹，既戒既平。鬷嘏无言，时靡有争。'先王之济五味，和五声也，以平其心，成其政也。声亦如味：一气，二体，三类，四物，五声，六律，七音，八风，九歌，以相成也；清浊，小大，短长，疾徐，哀乐，刚柔，迟速，高下，出入，周疏，以相济也。君子听之，以平其心。心平，德和。故《诗》曰：'德音不瑕。'今据不然。君所谓可，据亦曰可；君所谓否，据亦曰否。若以水济水，谁能食之？若琴瑟之专壹，谁能听之？同之不可也如是。"①

史伯和晏婴严格区分"和"与"同"，主张去同而取和。所谓"同"就是单一要素或相同事物构成的状态，即"以同裨同"。"和"则不然，是"以他平他"，是容纳了多样性的状态。这种容纳了多样性的"和"的状态又表现在两方面：一是相异相成，二是相反相济。如晏婴所举的音乐之例：一气，二体，三类，四物，五声，六律，七音，八风，九歌，这是相异而相成；清浊，小大，短长，疾徐，哀乐，刚柔，迟速，高下，出入，周疏，这是相反而相济。

为什么史伯和晏婴主张去同取和？我们当然可以说他们是经验的基础上形成的朴素的观念。但如果从语源学的角度进行考索，就会发现，他们的这种观念也与"和"字复杂的字义谱系有关系，而这是研究者较少注意到的。②

关于"和"，《说文解字》的解释是："和（《说文解字》作'咊'），相应

① 杨伯峻：《春秋左传注》，北京：中华书局1990年，第1419—1420页。《晏子春秋》外篇第七与此同，见张纯一：《晏子春秋校注》第181—182页，北京：中华书局1954年。

② 台湾学者卢瑞容教授从"相对关系"的角度出发，从文字溯源开始，对"和"的音乐性本质、"和同"之辨、"和合异同"及"和"的宇宙论和身体观等哲学观念进行了系统梳理。笔者基本同意卢的分析。见氏著《中国古代"相对关系"思维探讨——"势""和""权""屈曲"概念溯源分析》，台北：商鼎文化出版社2004年。

也。从口，禾声。”[①]《说文解字》中，“和”字排在“唱”字之后，“唱，导也”[②]。而“和”字为“相应”之意，与“唱”意相对，其意为应和、附和等。如《荀子・乐论》:“唱和有应，善恶相象。”[③]如果仅看这条解释，就很难理解“和同有别”的观念。但《说文解字》对“龢”“盉”等解释为我们提供了新的线索。对于“龢”字,《说文解字》的解释是:“龢，调也”[④]，“调”字下的解释则云:“调，龢也”[⑤]，即“龢”“调”互训。《说文解字》于“龢”字接着解释道:“从龠禾声，读与咊同。”段玉裁认为，“龢”与“和”仅音同而已，其意则别，经传多假“和”为“龢”。[⑥]“龢”之为“调”意，即调声也。考“龢”所从龠部之“龠”字,《说文》曰:“龠，乐之竹管，三孔，以和众声也。”[⑦]则“龢”与音乐的关系很明显。而“盉”字,《说文解字》的解释是:“调味也。”段玉裁注曰:“古器有名盉者，因其可以盉美而名之盉也。”段玉裁认为:“调声曰龢，调味曰盉。”[⑧]故后来“和”之训为“调”者，大抵非调味即调声也。可见，先秦时，在表示“调（音、味）”等意时,“龢”“盉”与“和”并用。只是在可用“龢”“盉”的地方可以假借为“和”，反之则不然。总的趋势是，“和”字行而“龢”“盉”字渐渐少用[⑨]，于是“龢”“盉”字之本义亦并入“和”字中，使“和”字呈现出了丰富的含义，并发展出了和同有别的观念。

明乎此，我们就不难看出，齐侯（齐景公）所说的“和”，为“相应”之义，即“唱和”之和，齐景公认为梁丘据（子犹）的附和就是和谐。晏子则引音乐与

---

① （清）段玉裁:《说文解字注》，上海：上海古籍出版社1988年，第57页。

② （清）段玉裁:《说文解字注》，上海：上海古籍出版社1988年，第57页。

③ （清）王先谦:《荀子集解》，北京：中华书局1988年，第381页。

④ （清）段玉裁:《说文解字注》，上海：上海古籍出版社1988年，第85页。

⑤ （清）段玉裁:《说文解字注》，上海：上海古籍出版社1988年，第93页。

⑥ （清）段玉裁:《说文解字注》，上海：上海古籍出版社1988年，第85页。

⑦ （清）段玉裁:《说文解字注》，上海：上海古籍出版社1988年，第85页。这里的“和”即是“相应”之意。

⑧ （清）段玉裁:《说文解字注》，上海：上海古籍出版社1988年，第212页。

⑨ 先秦之时，“龢”“盉”与“和”字尚并用，如《吕氏春秋・孝行览》:“正六律，龢五声，杂八音，养耳之道也；熟五谷，烹六畜，和煎调，养口之道也。”《慎行览》:“夔于是正六律，和五声，以通八风。”但总的趋势是“龢”“盉”渐为“和”字替代。越到后来则诚如段玉裁所言“今则和行而龢盉皆废矣”。

调味的道理来阐发“和”字的哲学意涵，认为真正的“和”应当是不同因素（在君臣之间则为不同的声音）的协调统一。梁丘据这种应声虫式的应和其实不是“和”，而是“同”，因为他不敢提出异议。从开篇的两段引文犹可见“龢”“盉”字之渐废而为“和”字所替代，“龢”“盉”其义亦并入“和”字之中。史伯、晏婴关于“和”的哲学思想，显然与为“和”字所假借的“龢”“盉”有关：“和五味”之“和”，本字当为“盉”；“和六律”“和五声”之“和”，本字当为“龢”。而通假的结果是，“和”字多意化，为“和而不同”的哲学思想提供了语源基础。调声是将不同的音阶按一定的韵律进行排比，形成美妙动听的音乐。如果只有一个音调，那就是噪音了，所谓“声一无听”。调味是对不同的味道进行调剂，方能做出可口的佳肴，如果只有一种味道，势必难以下咽，所谓“味一无果”。由音乐和美味的道理推而论之，则万物皆如此：和谐的事物是不可能由单一元素构成的。只有多元素甚至相反的元素构成的事物，才是健康的事物。

史伯、晏子由音乐和调味出发所阐明的相异相成、相反相济、去同取和的道理，最终还是落实到政治层面上。况且，史伯与郑桓公、晏子与齐景公对话的背景本来就是政治议论。史伯认为，周幽王去和取同，“弃是类也而与剸同”，如虢石父乃谗谄巧从之人，而周幽王却立以为卿士，这就是“剸同”。晏子则明确告诉齐景公，君臣之道应当是“君所谓可而有否焉，臣献其否以成其可。君所谓否而有可焉，臣献其可以去其否”，即统治者应当听取臣子的不同意见，特别是相反的意见，进行综合判断；而臣子则应当敢于提出不同的意见，这样就像把不同的味道调成美味佳肴一样，这才是真正的“和”，这样才能减少决策失误，“政平而不干，民无争心”。梁丘据则不是这样，而是“君所谓可，据亦曰可；君所谓否，据亦曰否”，完全从一己之私利出发，一味迎合统治者的心理，不肯提出异议。这种政治局面是有危险的。

二、和同之辨的思想史意义

“和同之辨”在思想史上有重要意义。去同取和的观念为先秦诸子广泛接受，甚至用语也颇为相近。如《管子·宙合》亦举音乐与味道而论君臣之道：“五音不同声而能调，……五味不同物而能和。”[①]钱锺书在《管锥编》中又引《淮南子》《孔丛子》等证之。[②]东汉荀悦对此总结道：“君子食和羹以平其气，听和声以平其志，纳和言以平其政，履和行以平其德。夫酸咸甘苦不同，嘉味以济，谓之和羹；宫商角徵不同，嘉音以章，谓之和声；臧否损益不同，中正以训，谓之和言；趋舍动静不同，雅度以平，谓之和行。”[③]

“和同之辨”最重要的思想史意义是其对儒家的影响。孔子所说的“君子和而不同，小人同而不和”[④]即源于此。孔子继承史伯、晏婴的去同取和的思想，又进一步发展了和同有别的思想，将其作为塑造理想人格的重要内容，明确将“和”与“同”作为君子、小人人格之分际。综观《论语》全书，孔子对“和”（与“同”相对的“和”）的肯定、对“同”的警惕是很明显的。孔子特别强调君子的独立人格，有定见，对于是非有明确的判断，不人云亦云，处朋友之道，则规过相谏。“益者三友，损者三友；友直，友谅，友多闻；益矣。友便辟，友善柔，友便佞；损矣。”[⑤]对直、谅品格的肯定，在《论语》中屡见，如：“人之生也直；罔子生也，幸而免。”[⑥]故“唯仁者能好人，能恶人”[⑦]。儒家强调中庸之道，告诫过犹不及，但倘不得中道而与之，则宁取其狂狷。“狂者进取，狷者有所不为也。”冯友兰解释道：“狂狷之行为，虽不合中行，要皆真性情之流露，故亦可取。”[⑧]相反，对于貌似行中庸之道，不偏不倚，四面讨好，八面玲珑的“乡原”，则深恶痛绝，

---

① 黎翔凤:《管子校注》，北京：中华书局2004年，第211页。

② 《淮南子·说山训》：“事固有相待而成者：两人俱溺，不能相拯，一人陆处则可矣。故同不可相治，必待异而后成。”《孔丛子·抗志》篇：“卫君言计非是而群臣和者如出一口。……子思曰：‘人主自臧则众谋不进，事是而臧之，犹却众谋，况和非以长乎？’”钱锺书指出，子思之“和”，正史、晏之“同”也。其实这里子思所说的“和”即齐景公所认为的“和”，亦即附和、应和之意。见钱锺书：《管锥编》第一册，北京：中华书局1986年，第237页。

③ （东汉）荀悦:《申鉴》，上海：上海书店1986年，第23页。

④ （清）刘宝楠:《论语正义》，上海：上海书店1986年，第296页。

⑤ （清）刘宝楠:《论语正义》，上海：上海书店1986年，第357页。

⑥ （清）刘宝楠:《论语正义》，上海：上海书店1986年，第125页。

⑦ （清）刘宝楠:《论语正义》，上海：上海书店1986年，第75页。

⑧ 冯友兰:《中国哲学史（上册）》，上海：华东师范大学出版社2000年，第314页。冯友兰自注系引钱穆《论语要略》并采美国学者德效骞（Homer H. Dubs）所作之“The Conflict of Authority and Freedom in Ancient China Ethics”文之意。

认为是“德之贼”。因为“乡原”这种人表面上与人和睦相处，谁也不得罪，“居之似忠信，行之似廉絜”，而且“非之无举也，刺之无刺也”，表面显得宽宏大量不计较，看似是在践行中庸之道，但实际上自己无主心骨，没有自己的坚定意见，一意取悦于他人，博得众人欢心，故“众皆悦之”。刘宝楠所谓“一乡皆称善，而其忠信廉洁皆是假托，故以是乱德”。“乡原”类似于今天所说的“老好人”“滥好人”，人缘极佳，但无原则。强调行中庸之道的儒家，对此似是而非的行为自然最为警惕。类似的说法还有：

> 子贡问曰：“乡人皆好之，何如？”子曰：“未可也。”“乡人皆恶之，何如？”子曰：“未可也。不如乡人之善者好之，其不善者恶之。”①

朱熹的解释是，“一乡之人宜有公论矣。倘恶者恶之而善者不好”，固“其无可好之实”，但如果“善者好之而恶者不恶，则必有其苟合之行”②，此即“乡原”也。“巧言令色”者亦与此相仿佛。一个人给他人留下的印象，有毁有誉才是正常的。故孟子强调“反经”，经者，常也，即回到正常状态，有自己的原则，有爱憎，能好恶，表里如一，则“无邪慝矣”。孔子还告诫：“众好之，必察焉；众恶之，必察焉。”③这句话可以做两种解释。其一是认真考察众人所以好恶之缘由，好在哪里，以此为上进之动力；恶在哪里，以此为戒惧，有“见贤思齐，见不贤而内自省”之意。其二是如皇侃《论语集解义疏》引卫瓘所说的：“贤人不与俗争，则莫不好爱也；恶人与时同好，亦则见好也，凶邪害善则莫不恶之；行高志远与俗违忤亦恶之，皆不可不察也。”④如此，“众好之，必察焉”亦有警惕乡原之意。而程树德在《论语集释》对“君子和而不同，小人同而不和”的注解“余论”中引陈天祥《四书辨疑》也特意指出：“和则固无乖戾之心，只以无乖戾之心为和，

---

① （清）刘宝楠：《论语正义》，上海：上海书店1986年，第297页。

② （宋）朱熹：《四书章句集注》，北京：中华书局1983年，第147页。

③ （清）刘宝楠：《论语正义》，上海：上海书店1986年，第345页。

④ （魏）何晏集解，（梁）皇侃疏：《论语集解义疏》（见《论语注疏及补正》），台北：世界书局1990年，第163页。

恐之未尽。若无中正之气，专以无乖戾为心，亦与阿比之意相邻，和与同未易辨也。中正而无乖戾，然后为和。”①盖“同”为“和”之似是而非者，而“和”如果处理不好，亦易流于“同”。是否有“中正之气”是区分“和”“同”的重要标志。

总之，孔子等儒家将“去同取和”的君臣之道推及君子人格塑造方面，成为个人修身行事、朋友相处之道的一项重要原则，丰富了和同之辨的内涵。

三、与古希腊哲学的比较

无独有偶，当中国先秦时代的思想家探讨和同问题的时候，约与此同时的古希腊哲学家也提出了类似的相异相成、相反相成的思想，甚至在语源学方面也有相似之处。钱锺书指出：“古希腊哲人亦道此，亦喻谓音乐之和谐，乃五声七音之辅济，而非单调同声之专壹。”②约与晏婴同时的赫拉克利特（Herakleitos，盛年约在公元前500年）即认为，“相反的东西结合在一起，不同的音调造成最美的和谐”（D8）③。还说：“他们不了解如何相反者相成：对立的统一，如弓和竖琴。”（D51）④此派即引音乐为例来阐发其相反相成的道理，与史伯和晏婴引音乐等阐发其去同取和思想有异曲同工之妙。亚里士多德对该派学说的描述是：

> 自然也追求独立的东西，它是用对立的东西制造出和谐，而不是用相同的东西，例如……音乐混合音域不同的高音和低音、长音和短音，造成一支和谐的曲调。书法混合元音字母和复印字母，拼写出完整的字句。（D10）⑤
>
> 亦是阐发其相异相成、相反相济之理。再如，比赫拉克利特稍早但与晏婴仍差不多同时的毕泰戈拉（Pythagoras，盛年约在公元前530年）学派也引

① 程树德：《论语集释》，北京：中华书局1990年，第936页。

② 钱锺书：《管锥编》（第一册），北京：中华书局1986年，第237页。

③ 北京大学哲学系外国哲学史教研室编：《西方哲学原著选读》，北京：商务印书馆1981年，第23—24页。D代表第尔斯辑本《苏格拉底以前哲学家残篇》的代号，数字即该书该章编码，下同。

④ 北京大学哲学系外国哲学史教研室编：《西方哲学原著选读》，北京：商务印书馆1981年，第24页。

⑤ 北京大学哲学系外国哲学史教研室编：《西方哲学原著选读》，北京：商务印书馆1981年，第23页。

音乐为例，以不同的乐符奏出和谐的乐章来阐发其相异及相反相成的道理。在政治领域，亚里士多德即反对苏格拉底追求的整齐划一的城邦，认为城邦应当是由不同品类的要素组成的。[①]

有趣的是，希腊语中“和谐”（αρμονια，harmonia）的原始意义就是关于音乐的，即将不同的音调调和在一起，成为音阶。这种音乐意义的和谐在公元前5世纪就已经建立起来了。这与中国先秦时“和”（“龢”）最初作为调音之意相同，由此引发的哲学思想也是相通的。不过，值得注意的是，虽然中国古代的思想家和古希腊的哲学家都不约而同地由音乐等出发提出了相异相成、相反相成的深刻思想，但其中亦有不同之处。虽然东西方的哲学家都注意到不同的音调在一起可奏出和谐的乐章，但至于为什么不同的音调在一起方能和谐的问题，史伯、晏婴等没有讨论这个问题，而毕泰戈拉派则不仅注意到和谐的音调是由不同的音符奏出的，其中有高有低，有缓有急，有徐有疾，还注意到不同的音调之间存在着比例的关系。“毕泰戈拉是第一个洞察到音乐关系的人，他洞察到这些可以听见的差别是可以用数学来说明的，——洞察到我们对于协调和不协调的听觉乃是一个数学的比较。”他认为，“在音乐中，音调的差别表现为不同的数的关系；数的关系是唯一规定音乐的方式”[②]。不仅如此，毕泰戈拉派认为，万物之所以可以相异相成、相反相成，不同的事物在一起之所以可以达到和谐的效果，就是由于其中存在着数量上的关系。他们认为，万物皆数，“数是一切事物的本质，整个有规定的宇宙的组织，就是数以及数的关系的和谐系统”[③]。毕泰戈拉派还把数当作万物的始基或本原，认为“一切其他事物就其整个本性来说都是以数目为范型的，数本身则先于自然中的一切其他事物”[④]。而史伯、晏婴等在引音乐为例时，他们或许也意识到音乐中的各音符之间存在着数量上的关系，但并未由此推衍形成数本原的

---

① ［古希腊］亚里士多德：《政治学》，北京：商务印书馆1965年，第44—53页。

② ［德］黑格尔：《哲学史讲演录》（第一卷），北京：商务印书馆1978年，第238页。

③ ［德］黑格尔：《哲学史讲演录》（第一卷），北京：商务印书馆1978年，第218页。

④ 北京大学哲学系外国哲学史教研室编：《西方哲学原著选读》，北京：商务印书馆1981年，第19页。

观念。

总之，当我们考察“和”字之意义来源，着眼于“和”“龢”“盉”字之分合时，就会发现，史伯、晏婴所谈的“和”有其语源学上的根据，在阐述“和”“同”有异时，谈到了“调味”“调音”等问题，犹可见“龢”“盉”等字渐不用而渐为“和”字所代之轨迹。史伯、晏婴由“和”字之“调音”“调味”义出发，推而衍之，得出世间万物相异、相反而适足以相成之理，单一事物的世界是不可能长久的，而落脚点却在君臣关系上，强调君臣之间当允许有不同乃至相反的意见，政治上只有一种声音是危险的。这种强调去同取和的思想对中国古代政治思想和制度产生了重要的影响。以孔子为代表的儒家则不仅继承了史伯、晏婴关于和同问题的政治上的重要意义，更将其作为理想人格塑造的重要内容。儒家强调君子应有自己的独立人格，有明确的是非判断，反对随波逐流、四面讨巧、八面玲珑、俯仰于他人。在见不到能行中道者时，对狂狷人格亦有所肯定，因为狂狷者有自己的独立人格，不随便附和他人，而对于左右逢源、谁也不得罪的乡原（乡愿），则深加痛斥，因为他们貌似行中庸之道，实为无原则地同于他人，是“德之贼”。约与晏婴同时的古希腊哲学家亦提出万事万物相异相反而和谐的思想，而他们所强调的“和谐”一词亦本之于音乐，可谓异曲而同工。只是史伯、晏婴所关注的重心乃是政治问题，而古希腊的毕泰戈拉派由此发展出数本原的观念，是为同中有异。

（原刊于《电影评介》2010年第21期）

作者简介：于占杰，男，大连大学历史学院讲师，主要从事先秦史研究。

曹操的“异端”历史认识*

郝　虹

曹操是一个敏感的人，既对现实敏感，也对历史敏感。他总能在瞬息万变的形势中，捕捉到决断的方向，并在那一刻，了悟了历史上相似时刻的情形。因之，他的历史认识，总与他对现实的认识，互通声息。马克·布洛克提出：通过过去而理解现在，通过现在而理解过去。[①]曹操堪称是这种能力——打通过去和现在——的完美呈现者。在汉末建安这个特殊的时代，曹操的现实认识和历史认识相互刺激，尤其使他的某些历史认识呈现出异样的光彩。

早在汉灵帝末年，曹操这种接通历史和现实的能力就已显露出来。冀州刺史王芬曾联结豪杰，谋废灵帝，立合肥侯。曹操亦在其联结的名单中，但这一非常之谋被曹操拒绝了。史载曹操曰：废立之事，是天下最不祥的事，不能轻易去做。当初伊尹处于掌握权柄的地位，内心却对商王室至忠至诚，所以他放废了太甲，事情可以成功。霍光因受托辅国，宫内有太后的认可，宫外有群卿的支持，而且昌邑王即位时间短，未形成自己的势力，霍光废掉他才如摧朽般成功了。如今你们这般人，只看到了当初伊尹、霍光成功的容易，哪里能看透今天事情的艰难呢？自己想想吧，你们的势力与当年汉景帝时作乱的七国相比，能比得了吗？七国败了，你们能胜吗？你们想要立为皇帝的合肥侯，他的势力与七国最厉害的吴、

---

* 本文为山东大学儒学高等研究院重大项目“儒学史论文献汇编暨中国古代史论研究”的阶段性成果。

① ［法］马克·布洛克:《历史学家的技艺》(第二版)第一章第5节“过去和现在”，黄艳红译，北京：中国人民大学出版社2011年，第53—61页。

楚相比，能比得了吗？想入非非，还指望自己能成功，这是多么危险啊！①

曹操在这件事的应对中，体现了一种很强的判断力，他虽然没有亲身经历伊尹废太甲、霍光废昌邑，以及汉初七国作乱之事，但他很清楚那些事各自是怎样不同的情形，而这些情形与现在王芬之谋所面临的处境有着根本的不同，尽管从表面看来有相似之处。这种对历史认识的敏锐性，并非独立存在，它与曹操对现实状况的清醒认知相互刺激而产生。即，曹操知道王芬之谋不可行的时候，也深刻洞察了伊尹废太甲、霍光废昌邑的可行之处；反过来，也可以说，曹操明白伊尹废太甲、霍光废昌邑的可行之处，也就洞悉了王芬之谋的不可行。这是一种禀赋，或者也可以说是一种能力，将过去和现实接通的禀赋和能力，确实并非人人都有，比如王芬就没有，其谋终败。

初平元年，发生了一件与王芬之谋类似的事。袁绍与韩馥谋立幽州牧刘虞为帝，也想取得曹操的支持，曹操再次拒绝了。他答复袁绍时说道："董卓之罪太大，我们兴兵而远近无不响应，正因为占了一个'义'字。现在皇上年龄很小，被董卓挟制。与当年昌邑王胡作非为可能造成亡国的情况不一样。你们这样行废立之事，会搞乱人心的。"②在这件事情上，曹操再次提及历史上的昌邑王被废之事，其与汉献帝幼弱受制于董卓，两种情形不可同日而语。其中的关键是，曹操敏锐地捕捉到了当时的人心对幼弱汉献帝的同情，正是这种同情，关东盟军起兵讨董才得到了那么多人的响应。与此相对，昌邑王的被废，是得到了当时太后及群卿的认可的。不同的人心背景，势必造成不同的废立结果。昌邑王被废顺利成功，而对幼弱汉献帝的放弃，另立他人为帝，则会搅乱人心。

---

① 《三国志》卷1《武帝纪》注引《魏书》注引太祖拒芬辞曰："夫废立之事，天下之至不祥也。古人有权成败、计轻重而行之者，伊尹、霍光是也。伊尹怀至忠之诚，据宰臣之势，处官司之上，故进退废置，计从事立。及至霍光受托国之任，藉宗臣之位，内因太后秉政之重，外有群卿同欲之势，昌邑即位日浅，未有贵宠，朝乏谠臣，议出密近，故计行如转圜，事成如摧朽。今诸君徒见曩者之易，未睹当今之难。诸君自度，结众连党，何若七国？合肥之贵，孰若吴、楚？而造作非常，欲望必克，不亦危乎！"

② 《三国志》卷1《武帝纪》注引《魏书》载太祖答绍曰："董卓之罪，暴于四海，吾等合大众、兴义兵而远近莫不响应，此以义动故也。今幼主微弱，制于奸臣，未有昌邑亡国之衅，而一旦改易，天下其孰安之？"

袁、曹在后来的图霸争斗中，以曹胜袁败而告终。除了众所周知的双方优劣对比之外，对现实和历史的敏感性，也是曹氏胜出袁氏的重要个人因素。相比曹操，袁绍是很迟钝的。想当初，“挟天子以令诸侯”之策，也被人献给了袁绍，时间或许还早于曹操听到此策，但他却没有听从。[①]而曹操深知，眼下袁绍说什么，他曹操说什么，都不如皇帝说什么更管用，所谓“挟天子以令诸侯”的关键点是：皇帝的号召力。曹操显然比袁绍对纷繁复杂的现实状况中的决策走向敏感多了。

袁绍之所以未取“挟天子以令诸侯”之策，是因为觉得弄个皇帝在眼前，做事会碍手碍脚的：不听皇帝的话，是抗旨；听从，则于己不便。若是将来自己想当皇帝，岂不又是个麻烦？曹操处理这一问题却毫无障碍：很简单，他只是把自己想干的事说成皇帝的意思罢了。从中可见曹操的机敏（或称狡诈）和袁绍的愚笨（或称死板）。曾经，袁、曹二人在起兵之初，有过一次应对未来大势的谈话。袁绍所给出的答案重点是——地盘和军队：南据河，北阻燕、代，兼戎狄之众，南向以争天下。曹操的答案重点是——用人和智慧：吾任天下之智力，以道御之，无所不可。[②]在裴松之注引的《傅子》中补充了曹操的另一句话：商汤与周武建立王业，与所占领的土地没什么关系。如果仅以险固之地作为凭借，则不能应机变化[③]。曹操对商汤和周武建立王业背后真正的能力，有透彻的了悟，并与己在争霸中应恃之资的清醒认知，两相贯通了，此能力远非袁绍对历史和现实的迟钝认识可比。

---

① 《三国志》卷6《袁绍传》载：“（郭）图还说绍迎天子都邺，绍不从。会太祖迎天子都许，收河南地，关中皆附。绍悔，欲令太祖徙天子都鄄城以自密近，太祖拒之。”又，同传注引《献帝传》曰：沮授说绍云：“将军累叶辅弼，世济忠义。今朝廷播越，宗庙毁坏，观诸州郡外托义兵，内图相灭，未有存主恤民者。且今州城粗定，宜迎大驾，安宫邺都，挟天子而令诸侯，畜士马以讨不庭，谁能御之！”绍悦，将从之。郭图、淳于琼曰：“汉室陵迟，为日久矣，今欲兴之，不亦难乎！且今英雄据有州郡，众动万计，所谓秦失其鹿，先得者王。若迎天子以自近，动辄表闻，从之则权轻，违之则拒命，非计之善者也。”授曰：“今迎朝廷，至义也，又于时宜大计也，若不早图，必有先人者也。夫权不失机，功在速捷，将军其图之！绍弗能用”。

② 《三国志》卷1《武帝纪》：初，绍与公共起兵，绍问公曰：“若事不辑，则方面何所可据？”公曰：“足下意以为何如？”绍曰：“吾南据河，北阻燕、代，兼戎狄之众，南向以争天下，庶可以济乎？”公曰：“吾任天下之智力，以道御之，无所不可。”

③ 《三国志》卷1《武帝纪》注引《傅子》曰：太祖又云：“汤、武之王，岂同土哉？若以险固为资，则不能应机而变化也。”

还有一次，袁绍想让曹操找借口杀掉杨彪、梁绍和孔融，只因曾与这几人有过节。曹操未许，其缘由亦是出自对历史和现实的相通式的理解。所谓现实，曹操指出：当今天下土崩瓦解，共事之人，本就上下相疑。即便以诚相待，都未见得可以相互取信，更不用说还要除掉这些辅佐之人，那岂不是人人自危吗？所谓历史，曹操引用了刘邦赦免雍齿之仇之事①。在这件事上，曹操之接通历史和现实的绾合点是：群情以安。即当年的刘邦赦雍齿和现在的不杀名士都缘于同一需要：安定士人之心。而袁绍显然没有这种以现实通历史，以历史通现实的能力。

在曹操发布的诸多令中，最著名的莫过于建安年间的三次"唯才是举令"了。从这三次"唯才是举令"中，不仅可以清晰地看到曹操有一种打通过去和现在的非凡能力，而且正是这种能力，使曹操呈现了与当时大多数人很不一样的"异端"的历史认识。

曹操在第一次令中引用了《论语》中孔子说的一句话，大意是：孟公绰做赵氏、魏氏的家臣是很不错的，但让他做滕、薛的大夫，则能力不够。②然后曹操又提到齐桓公的霸业，是无法在只选拔廉洁之人的基础上成就的。最后则明确表达其主旨："唯才是举"。

值得注意的是，孔子对孟公绰的评价是很高的，历来被人所重视的也是孔子对孟公绰在德行方面的尊敬评价，认为其是一个很克制的人。③而齐桓公作为春秋霸主，历来为人所重视的是其成就的霸业。但曹操的关注点显然既不在孟公绰的德行，也不在齐桓公的霸业，他关注的是孟公绰的能力和齐桓公的用人。有意

---

① 《三国志》卷1《武帝纪》注引《魏书》曰：袁绍宿与故太尉杨彪、大长秋梁绍、少府孔融有隙，欲使公以他过诛之。公曰："当今天下土崩瓦解，雄豪并起，辅相君长，人怀怏怏，各有自为之心，此上下相疑之秋也，虽以无嫌待之，犹惧未信；如有所除，则谁不自危？且夫起布衣，在尘垢之间，为庸人之所陵陷，可胜怨乎！高祖赦雍齿之仇而群情以安，如何忘之？"

② 《三国志》卷1《武帝纪》："（建安）十五年春，下令曰：今天下尚未定，此特求贤之急时也。'孟公绰为赵、魏老则优，不可以为滕、薛大夫'。若必廉士而后可用，则齐桓其何以霸世！今天下得无有被褐怀玉而钓于渭滨者乎？又得无盗嫂受金而未遇无知者乎？二三子其佐我明扬仄陋，唯才是举，吾得而用之。"

③ 《论语·宪问》：子路问成人。子曰："若臧武仲之知，公绰之不欲，卞庄子之勇，冉求之艺，文之以礼乐，亦可以为成人矣。"曰："今之成人者何必然？见利思义，见危授命，久要不忘平生之言，亦可以为成人矣。"

思的是，孟公绰的能力不太行，如上所言，也是孔子的看法；齐桓公能成就霸业，与其任用有才能而非有德行的人，如管仲，也是事实。但在曹操之前，孟公绰的能力不强、齐桓公任人唯才的这一面并没有被突显出来。

历史有许多的面，它们或隐或显，或深或浅。往往是，某个时期的人只“见”此一面或几面，却对另一面或几面视而不“见”。为什么会出现这种选择性的“见”和“不见”？原因很多，最不可忽视的是：现实的刺激。改革时代对历史上的改革总是格外关注；革命时代则对历史上的急风暴雨式的巨变情有独钟；生活优渥的时代会对历史上的文化细节兴趣多多。然而，在时代性地关注改革、独钟革命、兴味文化到来之前，总是少数人先嗅到了潮头的气息。

所以，在建安时期，对人才选拔标准的争论和冲突，刺激了曹操，使他重新打量了历史上的孟公绰，注意到了孔子对孟公绰能力的负面评价；使他重新考量了齐桓公的霸业，不是从齐桓公心胸宽广任用仇人的角度，而是齐桓公任人重才不重德的角度的考量。因此，同样是“看”，对历史的某些面，曹操“见”了，他周围很多人却没“见”。曹操的这一“见”，如同把隐藏在背面的图案，转到了亮面。在曹操的转动中，孔子对孟公绰能力的负面评价、齐桓公任人的舍德取才，被放大凸显于历史的舞台上，成为为曹操“唯才是举令”进行辩护的有力论据。历史与现实也就在如此暗与亮的转换中，实现了接通。

如果说第一次令中，曹操没有直接点名，只是用了“盗嫂受金”的典故，那么第二次令中①，则明白无误地举了两个人的例子，一个是陈平，一个是苏秦。陈平曾被人说成与他的嫂子有私情，以及在任上收取了大量贿赂。但他在楚汉之争中，多次帮刘邦出谋划策，是刘邦最终成功的关键人物之一，所以说陈平“定汉业”。苏秦不是个守信的人，但他的才能帮助了当时弱小的燕国，所以说苏秦“济弱燕”。由此看来，如果一个人有才无德，也可以用。

从这次令的内容我们可以判断，上次令发布之后，选人的依据不再仅局限于

---

① 《三国志》卷1《武帝纪》：“（建安）十九年，令曰：夫有行之士未必能进取，进取之士未必能有行也。陈平岂笃行，苏秦岂守信邪？而陈平定汉业，苏秦济弱燕，由此言之，士有偏短，庸可废乎！有司明思此义，则士无遗滞，官无废业矣。”

“廉”，而是也重视“才”了，但是选上来的人有才无德怎么办？看样子还是让人接受不了。从“是德非才”到“是德是才”，“才”虽然进了一步，但在与“德”的较量中，仍然处于劣势。如上所言，现实生活中对人才选拔标准的争论和冲突，强烈刺激了曹操对历史上“有德无才”与“有才无德”之人的关注，使他注意到了孔子对孟公绰能力的负面评价和齐桓公任人的舍德取才，同时也使他深刻地领悟了历史上魏无知回答刘邦的话。作为陈平推荐人的魏无知，当被刘邦叫去质问为何推荐的是一个盗嫂受金之人时，魏无知的回答是：我推荐的是陈平的才能，大王质问我的是陈平的品行。现在如果有人有尾生、孝己那样的品行，但对胜负的命运没有好处，陛下哪有闲暇使用这样的人呢？可以想见在那一瞬，魏无知的话激起了曹操多么强烈的共鸣，“楚汉相距，臣进奇谋之士，顾其计诚足以利国家不耳。且盗嫂受金又何足疑乎？”[①]与“若必廉士而后可取，则齐桓其何以霸世”，两种表达何其相似！

这次令中值得注意的是，在历史上，陈平和苏秦的才能与功业都是被公认、没有疑义的。而曹操却特意将陈平“盗嫂受金”与苏秦不守信之事大张旗鼓地点出来，其意何在？曹操是让这些官吏自己发现自己的矛盾之处：你们看，陈平之才“定汉业”，苏秦之才“济弱燕”，都是你们心悦诚服的。你们并没有因为陈、苏二人的德行有亏，就将两人的功业否定掉，同样的道理，为什么你们在选拔人才的时候，就不能容忍一个人有才无德呢？！

如果说上次令中，曹操是把历史的暗面转到了亮面，提醒当时人看到被他们忽视的阴影中的景象，那么这一次，他则直指当时人的自相矛盾，即，同样的有才无德，对历史人物的评价是肯定的，但在现实中却做了否定的选择。当曹操将陈平的“盗嫂受金”与“定汉业”、苏秦的不守信与“济弱燕”进行醒目对比时，“唯才是举令”的关键——舍德取才的合理性和必要性也就不言自明了。历史在这一时刻，也与现实接通了。

在曹操拨开现实中人的自相矛盾的迷雾时，他更以直指人心的方式惊醒了一

---

① 《史记》卷56《陈丞相世家》。

个时代课题：“德”与“才”究竟是什么关系？之所以将此问提升到时代课题的高度，因为它绝不是细枝末节，而是关联着两汉近四百年的文化根脉。若从汉武帝元光元年（公元前134），独尊儒术之政策开始真正实行算起[①]，至曹丕代汉（公元220年）止，凡354年。也就是说，在两汉426年（公元前206 —公元220）的时间里，有350多年，儒学是国家学说。选人主要按儒家提倡的品德作为依据，这个观念延续了350多年，现在曹操要打破它，相当一部分人转不过这个弯来。直言之，经过两汉350余年的积淀，儒学已经成为文化传统，它看不见、摸不着，但却无处不在，曹操并非在和某些具体的个人较劲，他面对的其实是文化的力量、传统的力量。在建安这个历史发生了巨变的时代，传统与现实的激烈冲突在“德”与“才”的较量中，集中爆发了出来。

让我们回到曹操身处的现实：在曹魏集团内部，对于选拔何样的人才应该有不小的争论和冲突，而且有相当一部分人认为选人应重德行。否则，如果大家意见一致，曹操无须反复下令，并申说才比德更重要。曹操当然并非反对人要有德行，但他显然比那些人敏锐地意识到了，如果德才不能兼备，在战乱频仍的当时，只能弃德取才，而不是相反。

第三次令中[②]，曹操再次追溯了历史上的伊挚、傅说出身卑贱，萧何、曹参出身县吏；管仲曾是齐桓公的仇人，而韩信和陈平都背负污名，但都能力非凡，功业卓著。最后曹操特意提了一个人：吴起。所谓“杀妻自信”“散金求官”“母死

---

① 参见朱维铮《儒术独尊的转折过程》(《中国经学史十讲》，上海：复旦大学出版社2002年，第66—95页。文尾称此文原载《上海图书馆建馆三十周年纪念论文集》，1982年上海图书馆刊行，题《经学史：儒术独尊的转折过程》)。亦有学者持相同意见，即：“即便董仲舒对策在建元元年，好黄老之窦太后尚健在，尊儒事实难实行。……建元六年五月丁亥，窦太后崩，第二年即元光元年五月诏贤良对策，于是有董仲舒尊儒之议。……至窦太后死，尊儒政策正式出台，即并黜‘黄老刑名百家之言’，儒学由此得登于一尊。”（葛志毅、张惟明：《百家之学与独尊儒术》，《先秦两汉的制度与文化》，哈尔滨：黑龙江教育出版社1998年，第346—347页）

② 《三国志》卷1《武帝纪》注引《魏书》：（建安二十二年）令曰：“昔伊挚、傅说出于贱人，管仲，桓公贼也，皆用之以兴。萧何、曹参，县吏也，韩信、陈平负污辱之名，有见笑之耻，卒能成就王业，声著千载。吴起贪将，杀妻自信，散金求官，母死不归，然在魏，秦人不敢东向，在楚则三晋不敢南谋。今天下得无有至德之人放在民间，及果勇不顾，临敌力战；若文俗之吏，高才异质，或堪为将守，负污辱之名，见笑之行，或不仁不孝而有治国用兵之术；其各举所知，勿有所遗。”

不归”，条条都与汉代已遵奉了几百年的儒家伦理准则相悖，但当吴起在魏国时，阻止了秦国人向东发展的企图；吴起在楚国时，威吓了晋国向南的图谋。曹操用吴起的例子，是想以史为证，说出其求贤若渴的心声：只要有治国用兵之术，哪怕是不仁不孝的人，我都要用。

在这最后一次令中，曹操的历史观呈现出一种颠覆性，即公然与当时人的价值取向相背离！在这里，我们仍然能看到历史与现实的接通，但却是断裂式的接通：吴起的污点不仅不再是被批评的对象，竟然恰成了突显其才能的不可或缺的对比色，这是现实与历史（两汉历史）的决裂；但同时，历史上的吴起是不仁不孝的，今天我曹操也要用这样的人，只要他有才能帮我平定天下。这也正是历史（战国历史）与现实的连通。

如前所述，曹操对历史的敏锐认识，是与他对现实的清醒认知相互刺激而产生，他有一种非凡的打通过去和现在的能力。因此，在魏晋南北朝整体的时代性到来之前，他最先嗅到了潮头的气息。

魏晋南北朝时期的历史认识，与之前的两汉和之后的隋唐相比，有迥然不同之处。原因很简单，这个时期的现实与两汉、隋唐相异。现实不同了，必然刺激对历史认识的差异。

纵观整个魏晋南北朝，除西晋的短暂统一之外，将近400年的时间都处于分裂状态，分裂是这一时期与两汉、隋唐最大的不同。隋开皇十三年（公元593），隋文帝下诏禁绝私家撰集国史、评论历史人物[①]。这是统一王朝的必然举措，将对历史的认识之权收归中央政府。紧接着的唐朝批评魏晋以降的史著，未将“允恭之德”和“忠肃之才”传于史册[②]。显然，史书应该记录什么样的言行，什么样的人物，中央政府是有明确指向的。

尽管两汉时期，将历史认识之权收归国有的意识，不如隋唐时期清晰和明确，

---

① 《隋书》卷2《高祖纪下》：“人间有撰集国史、臧否人物者，皆令禁绝。”

② 《隋书》卷33《经籍志二》：“自史官废绝久矣，汉氏颇循其旧，班、马因之。魏晋已来，其道逾替……一代之记，至数十家，传说不同，闻见舛驳，理失中庸，辞乖体要。致令允恭之德，有阙于典坟，忠肃之才，不传于简策。斯所以为蔽也。”

但深受官方意识形态影响的班固，其历史认识的价值取向却显然是向官方自觉靠拢的。无论是对刘姓的汉室江山乃承自天命的阐述，还是将王莽的传放至列传之末，以用史书体例表达对其篡汉之事的声罪示诛，都反映了这一点。

总之，无论两汉还是隋唐，由于强大的统一王朝的存在，官方明确也罢，个人自觉也好，历史认识整体而言，呈现某种趋同性。而魏晋南北朝时期，由于缺乏这样一个“拢住”思想观念的强大政权力量，历史认识更多呈现出多向性的特点。比如：

统一王朝时期，思想观念难出规范的框架；而分裂时期，由于变数多且频率快，因此常常刺激对以往历史上被忽略的东西，重新予以打量和考察。比如，德优才劣之人在战乱年间的无用。

再如，统一王朝时期，一旦设定了某种价值为主流，如“允恭之德”和“忠肃之才”，则与之相左、相对、相悖的观念，自动处于被贬、被抑、被斥的位置。不像分裂时期，被贬、抑、斥的观念因现实需要而与所谓主流观念发生争辩和对抗，比如才优德劣在两汉被强烈排斥，而在建安则获得了存在的空间。

还如，只有在分裂时期，才可能出现在核心价值观念上，颠覆了已有的历史认识的情况发生。比如只要有才能，哪怕不忠不孝、不仁不义的人都可以被选用。

显然，如果不是东汉王朝名存实亡，国家机器事实上已陷入瘫痪，不可想象曹操居然公开否认“廉士”；进而堂而皇之地为陈平的盗嫂受金、苏秦的不守信用进行辩解；更不要说竟然直陈要起用像吴起那样“不仁不孝”之人。在国家机器强大的统一王朝，曹操对历史的这种种认识，显然属于异类，不仅无播扬的可能性，而且一定会被强力打压。

然而，曹操却并不仅仅是一个历史认识的异端分子。如前所述，曹操并不反对所选用的人才应该有德行，他自己本人对德才兼备的历史人物是很钦敬的。在《让县自明本志令》里，曹操提到乐毅不背燕、蒙恬不背秦，并说“孤每读此二人书，未尝不怆然流涕也”[1]。乐毅，战国后期杰出的军事家，辅佐燕昭王振兴燕国，

① 《三国志》卷1《武帝纪》注引《魏武故事》。

最著名的就是他统率包括燕国在内的五国联军攻打齐国，连下了70多座城池，创造了中国古代战争史上以弱胜强的著名战例。但是燕昭王死了以后，继位的燕惠王不信任乐毅，乐毅就到赵国去了。但乐毅虽然离开了燕国，却始终没有做帮助别国打燕国的事，尽管是燕国对不起他，所以曹操说乐毅不背燕。蒙恬，秦始皇时期的著名将领，因为得罪了宦官赵高，后来秦二世即位，被赵高进谗言要杀蒙恬。蒙恬本来手握三十万重兵，完全可以反了秦国，但蒙恬说我不能那么做，最终守义而死，所以曹操说蒙恬不背秦。曹操对这两人的所作所为很是感慨，也很是感动，所谓“怆然流涕也”。这样的历史认识当然是对传统的延续。而前述对商汤、周武成就王业能力的认识、对刘邦赦免雍齿之仇的认同，也并无异端之处。

本文特意突显了曹操异端的历史认识，因为从某种角度而言，这些异端的历史认识，可谓开启了魏晋南北朝历史认识独特性的起点，而正是这些独特之处，参与着对传统的形塑，使所谓“传统”一直处于嬗演的途中，缓慢却永续开放地在悄然改变着。

（原刊于《史学史与史学理论研究》2017年第1辑）

作者简介：郝虹，女，大连大学历史学院教授，主要从事魏晋思想史、中国文化史研究。

谭嗣同中西文化观研究

王夏刚

在维新运动中，谭嗣同是一个后来者。他接触西学的时间较晚。他早年生活在北京，其父谭继洵到甘肃任职后，他随任甘肃，甘肃地处内陆，接触西学的途径极端狭窄。10年间，为了参加乡试，他多次回湖南，或到京师。这段时间，他主要致力于传统学术的学习和科举考试的准备，学习的重点主要为诗词歌赋和王夫之、张载的思想。在其父到湖北巡抚任上之前，他的交往圈主要限于浏阳士人和部分甘肃士人内。

随任湖北后，谭嗣同的视野开始拓展，有更多机会接触西学知识，并与一些重视西学的人士，或者西方人（传教士及官员）进行交往，使他能够在以往的中学基础上，来理解西学，并进而构建其“不中不西”“亦中亦西”的维新思想体系，“别开一种冲决网罗之学”。①

1895年的甲午战争，是促使谭嗣同思想转变的关键时期。“三十以后，新学洒然一变，前后判若两人。三十之年，适在甲午，地球全势忽变，嗣同学术更大变。”②他不仅密切关注战争进程，而且在积极思考中国的变革之路。在给友人的书信中，他叙述了自己思想变迁的历程，“平日于中外事虽稍稍留心，终不能得其要领。经此创巨痛深，乃始屏弃一切，专精致思。当馈而忘食，既寝而复兴，绕室彷徨，未知所出。……详考数十年之世变，而切究其事理，远征之故籍，近访之深识之士。不敢专己而非人，不敢讳短而疾长，不敢徇一孔之见而封于旧说，不敢不舍己从人，取于人以为善。……因有见于大化之所趋，风气之所积，非守文

① 谭嗣同:《报唐才常书》，蔡尚思、方行编:《谭嗣同全集》，北京：中华书局1998年，（下同）第528页。

② 谭嗣同:《与唐绂丞书》，《谭嗣同全集》，第259页。

因旧所能挽回，而必变法始能复古，不恤首发大难，画此尽变西法之策。”①

《马关条约》的签订，让他义愤填膺，他斥责《马关条约》“直合四百兆人民之身家性命而亡之，此约不毁，圣人无能为矣”②。乙未割台③一事，促使他思考满汉关系，并考虑到“亡后之图”，“台湾者，东海之孤岛，于中原非有害也。郑始据之，亦足存前明之空号，乃无故贪其土地，攘为己有，犹之可也，乃既竭其二百余年之民力，一旦苟以自救，则举而赠之于人。其视华人之身家，曾弄具之不若”④。

自甲午年始，他开始遍访名人，广览群书，从事各项维新活动，形成自己的维新思想。

如果以文献的形成来界定谭嗣同维新思想形成的时段的话，则《报贝元徵》⑤和《浏阳兴算记》可代表其维新思想形成的第一阶段，《北游访学记》⑥可代表其维新思想形成的第二阶段，《仁学》的撰写可代表其维新思想形成的第三阶段，而《治事》十篇，⑦则可代表其维新思想形成的第四阶段。

谭嗣同的维新思想来自多源，既包括传统文化中的儒学、佛学，也包括西方自然科学和政治学、社会学。他对中国文化进行了全面的抨击，不仅将矛头对准三纲五常，认为其束缚人的自由，而且从中国人的体貌上进行剖析，“观中国人之体貌，

---

① 谭嗣同:《报贝元徵》,《谭嗣同全集》，第226—227页。

② 谭嗣同:《报贝元徵》,《谭嗣同全集》，第211页。

③ 他在《上欧阳中鹄书》中，讲到台湾民众在乙未割台后的悲愤心情，“台湾之民，闻见弃之信，腐心切齿，以为恩断义绝，开辟以来，无忍心如此者”。(《谭嗣同全集》，第153页)

④ 谭嗣同:《仁学》三十三,《谭嗣同全集》，第342页。

⑤ 杨际开指出，在《报贝元徵》中，可以看到谭嗣同日后在《仁学》中展开的某些思想主题，如对尊君卑臣以及伦理政治等的批判，提出了变法复古、学习西法以及变衣冠、迁都中原的主张。(杨际开:《谭嗣同与宋恕：以〈仁学〉为中心》,《杭州师范大学学报》(社会科学版)2014年第2期)

⑥ 张锡勤则指出,《仁学》与《北游访学记》是一脉相承、一气相连的。仁学几处大段摘引《北游访学记》的文字，集中阐发了《北游访学记》“以心度一切苦恼众生”的思想。可以这样说,《仁学》是对《北游访学记》的系统发挥。对照《北游访学记》来读《仁学》，将能更准确地把握《仁学》的主题。我们可以把《北游访学记》看作了解《仁学》的钥匙。(张锡勤:《中国近代思想史》，黑龙江人民出版社1988年版，第279页)在他之前，张德钧先生就提出完全可以把《北游访学记》当作《仁学》的导言或绪论来读。(张德钧:《谭嗣同思想述评》,《历史研究》1962年第3期)

⑦《治事篇》提出一系列的改革主张，都是重在“程其功，责其效，求其无变法之名而有变法之实”。

亦有劫象焉。试以拟诸西人，则见其委靡，见其猥鄙，见其粗俗，见其野悍。或瘠而黄，或肥而弛，或萎而佝偻，其光明秀伟有威仪者，千万不得一二。"[①]他主张"托古改制"，认为西学源于中国。西法虽然博大精深，周密微妙，但往往与《周礼》暗合。[②]"周公之法而在也，谁敢正目视中国，而蒙此普天之羞辱，至率九州含生之类以殉之也哉！"[③]中国学习西方，就是要将已经被废弃的圣人之道，加以恢复和保存。"变法图治，正所以不忍尽弃圣人之道，思以卫而存之也。"他主张"尽变西法"。全面学习西方，从政治、经济、文化等领域进行变革。

谭嗣同认为中国之所以不变法的原因，是因为官员认为变法会使民智，使民富，使民强，会对统治造成不利的影响，因此他们千方百计地阻碍变法。"无如外患深矣，海军熸矣，要害扼矣，堂奥入矣，财源竭矣，分割兆矣。民倒悬矣，国与教与种将偕亡矣。唯变法可以救之，而卒坚持不变，岂不以方将愚民，变法则民智；方将贫民，变法则民富；方将弱民，变法则民强；方将死民，变法则民生。方将私其智其富其强其生于一己，而以愚贫弱死归诸民，变法则与己争智争富争强争生，故坚持不变也。"[④]如果不变法，即使偏安一隅也办不到。"故不变法，即偏安割据亦万万无望，即令不乏揭竿斩木之辈，终必被洋人之枪炮一击而空。"[⑤]

在变法措施上，他认为改变科举制度是变法的关键，"故夫变科举，诚为旋乾斡坤转移风会之大权，而根本之尤要者也"[⑥]。要早变科举，依于实事，将学校与科举合二为一。"若不变科举，直不如不变。"[⑦]他也认为变衣冠，即改变衣服制度，可以一新观瞻，亦为变法的重要方面。"变衣冠可以神其鼓舞之妙用，而昭其

---

① 谭嗣同:《仁学》四十二,《谭嗣同全集》，第356页。

② 谭嗣同:《报贝元徵》,《谭嗣同全集》，第202页。

③ 谭嗣同:《报贝元徵》,《谭嗣同全集》，第200页。谭嗣同认为古法可考者，莫详于《周礼》,"《周礼》，周公以之致太平而宾服四夷者也。朱子谓:'《周官》如一桶水，点滴不漏，盖几经历代圣君贤相创述因革，衷诸至善，而后有此郁郁乎文之治。'"周公之法，在秦时已经荡然无存。(《谭嗣同全集》，第200页)

④ 谭嗣同:《仁学》三十四,《谭嗣同全集》，第343页。

⑤ 谭嗣同:《上欧阳中鹄书》,《谭嗣同全集》，第156页。

⑥ 谭嗣同:《报贝元徵》,《谭嗣同全集》，第209页。

⑦ 谭嗣同:《上欧阳中鹄书》,《谭嗣同全集》，第160页。

大信，一新士民观听，俾晓然共喻于法之决于一变。”① 他也认识到伦理变革在维新运动中的重要性，“今中外皆侈谈变法，而五伦不变，则举凡至理要道，悉无从起点，又况于三纲哉！”②

同时，他认为“保国莫捷于学”，民间兴学，也是自保的一种方式。因为根据万国公法，“两国开战之时，于学堂、学会、书院、藏书楼、博物院、天文台、医院等，皆视同局外，为炮弹枪子所不到，且应妥为保护。”朝廷再横暴，也不可能禁止民众兴学。如果兴学之权可以自主，即可以之为起点，借此扩充已经失去的各项权利。③

在湖南从事实际维新运动时，他又以南学会为基点，提出将其设计为群策群力的机构，可以通官民上下之情，可以给予绅士议事权，可以培养候补官，可以简化法律，使之便于实施，可以在理财上有所作为，可以设立各种专门学会，达到变法的目的。不在其名，而求其实，“无变法之名，而有变法之实”“无议院之名，而有议院之实”“无变官制之名而有变官制之实”“无变科举之名而有变科举之实”“无变法律之名而有变法律之实”“无变制度之名而有变制度之实”。

他认为中国多次错过变法时机，甲午战争后再也不能错过变法时机了。“吾独惜夫前此数十年宽闲之岁月，不计此，不为此。见日本之变法而兴，可谓虽无老成人，尚有典型矣。犹不思效法，反议之诋之笑之咒之。初通商之不变，尚曰不识中外情形也；庚申可变矣，庚辰可变矣，乙酉可变矣，而决不变。迄乎今日，奄奄一息，自救不遑，顾不度德，不量力，张脉偾兴，忽起而与能变法之日本战。如泰山压鸡子，如腐肉齿利剑，岂有一幸乎？”④

他认为中国自强的责任在自身而不在外人，因此对于西方的侵略欺凌，不必计较，不要为复仇雪耻之说，而应将之作为变革的动力。“名之曰‘自强’，则其责在己而不在人，故慎毋为复仇雪耻之说，以自乱其本图也。任彼之轻贱我，欺

① 谭嗣同:《报贝元徵》,《谭嗣同全集》，第206页。
② 谭嗣同:《仁学》三十八,《谭嗣同全集》，第351页。
③ 谭嗣同:《仁学》四十一,《谭嗣同全集》，第355页。
④ 谭嗣同:《报贝元徵》,《谭嗣同全集》，第210页。

凌我，我当视为兼弱攻昧，取乱侮亡，彼分内可应为，我不变法，即不应不受。反躬自责，发愤为雄，事在人为，怨尤胥泯，然后乃得一意督责，合并其心力，专求自强于一己。则诋毁我者，金玉我也；干戈我者，药石我也。”①他认为有西方的蓝本可以借鉴，中国的改革要容易一些。“言治于今日，又实易于前人，则以格致之理，西人均已发明，吾第取而用之，其大经大法，吾又得亲炙目验于西人而效法之也。”②

谭嗣同重视自由，重视民权。他引用《庄子》的“闻在宥天下，不闻治天下”，认为“在宥”为“自由”之转音，借此来描绘自己心目中的理想世界，即“人人能自由，是必为无国之民。无国则畛域化，战争息，猜忌绝，权谋弃，彼我亡，平等出；且虽有天下，若无天下矣。君主废，则贵贱平；公理明，则贫富均。千里万里，一家一人。视其家，逆旅也；视其人，同胞也。父无所用其慈，子无所用其孝，兄弟忘其友恭，夫妇忘其倡随。若西书中《百年一觉》③者，殆仿佛《礼运》大同之象焉。”④在民权方面，他指出，“眼光注定民身上，如何可以救民，即以如何为是，则头头是道，众说皆通矣。”⑤“中国所以不可为者，由上权太重，民权尽失。”⑥

对于西人促进中国自改革的言行，他有理想化的解释，甚至认为西方的侵略是西人哀悯中国静止不动，安于现状，为了使中国不至于灭亡，所采取的行动，“为危词以怵之，为巽语以诱之，为大声疾呼以警之，为通商以招之，为传教以聒之，为报馆为译书以诲之，为学堂为医院以拯之”，甚至通过军事手段的威胁使中国改变现状。但是中国社会依然故我，没有丝毫的变动。“冥然而罔觉，悍然而不

---

① 谭嗣同:《仁学》四十四,《谭嗣同全集》, 第361页。

② 谭嗣同:《上欧阳中鹄》,《谭嗣同全集》, 第165页。

③ 该书为美国作家爱德华·贝拉米（Edward Bellamy）所著，原名Looking Backward，2000—1887,《万国公报》曾以《回头看纪略》为题将该书翻译，译者署名析津，刊载于《万国公报》第三十五至三十九册，后由李提摩太再次节译，题名《百年一觉》，1894年由上海广学会出版。

④ 谭嗣同:《仁学》四十七,《谭嗣同全集》, 第367页。

⑤ 谭嗣同:《南学会问答》,《谭嗣同全集》, 第406页。

⑥ 谭嗣同:《报唐才常书》,《谭嗣同全集》, 第248页。

顾，自始至终未尝一动也。”[①]“西人虽日为枪炮杀人之具，而其心实别有所注，初不在此数十年之梦幻。所谓顾諟天之明命，众惑尽祛而事业乃以勃兴焉。”[②]

同时，他对西方的本质认识不足，对国际政治关系缺乏必要的了解，致使一些变革设想过于天真。他认为面对西方侵略，应该反省自身，而不是怨恨。“至于取人之国，专尚阴谋狡险，此兵家之道，所谓‘兼弱攻昧，取乱侮亡’，因可施而施之，所当自反，岂得怨人哉！”[③]他还认为各国不以信义待中国，原因在于中国本身，“各国之强盛，罔不由于信义，天下既共闻见而共见之矣，不幸独遇所谓病夫者，以信义待之，彼反冥然罔觉，悍然不顾。于是不得已而胁之以威，诈之以术”[④]。针对用夷变夏的观点，他感慨中国不仅没有一丝所谓夏的特点，而且连夷狄也比不上，“人心、风俗、政治、法度，无一可比数于夷狄，何尝有一毫所谓夏者。”[⑤]

一、谭嗣同对传统文化的认知与改造

在传统文化中，谭嗣同对辞章之学，曾经下了很大的功夫。同时对思想家王夫之、张载、叶适、陈亮等的著作，也进行过仔细的研读。对于儒、墨、道、佛的经典，也能够以批判的眼光，加以融合，以构建他自己独特的维新思想体系。

他继承了孔子的仁学观点，并加以发挥、改造。主张排荀学，复孔教。他阐述“道器体用观”，为维新变法提供理论根据。对片面强调“变法先正天下之人心”的论调提出批评，认为如果一定要正人心的话，则首先应“正在上位之人心”，正人心之始基为变学校，此为“根本之根本”。[⑥]他认为变法所以复古，西法博大精深，周密微至，“按之《周礼》[⑦]，往往而合，盖不图工艺一端，足补《考

① 谭嗣同:《仁学》十九,《谭嗣同全集》, 第321页。
② 谭嗣同:《仁学》十三,《谭嗣同全集》, 第309页。
③ 谭嗣同:《报贝元徵》,《谭嗣同全集》, 第198页。
④ 谭嗣同:《仁学》四十四,《谭嗣同全集》, 第359页。
⑤ 谭嗣同:《报贝元徵》,《谭嗣同全集》, 第225页。
⑥ 谭嗣同:《报贝元徵》,《谭嗣同全集》, 第208页。
⑦ 对于《周礼》中的一些制度，谭嗣同也曾加以谴责，认为有悖公理，乖于平等。(《谭嗣同全集》, 第265页)

工》而已”。[①]“就令如说者所言，西法皆原于中国，而中国尤亟宜效法之，以收回吾所固有而复于古矣。”[②]“凡所谓西法，要皆我之固有，我不能有而西人有之，我是以弱焉，则变法者亦复古焉耳。”[③]

（一）荀学为专制之源[④]

谭嗣同认为孔子立教之初，具有平等思想。“黜古学，改今制，废君统，倡民主，变不平等为平等”，自从荀学出现后，尽亡其精意，荀学授予君主以莫大无限的权力，使其能够挟持所谓“孔教”来控制天下。荀学将伦常视为孔教的精华，“以伦常二字，诬为孔教之精诣。”其实并未领会所谓伦常，仅是据乱世的统治方法。荀学不仅重视伦常，而且加上三纲，创立不平等之法，致使君权太重，父权太重。“二千年来君臣一伦，尤为黑暗否塞，无复人理，沿及今兹，方愈剧矣。”[⑤]

荀学给予君主莫大之权力，任其愚弄民众，其罪甚大。“彼为荀学而授君主以权，而愚黔首于死，虽万被戮，岂能赎其卖孔之罪哉？孔为所卖，在天之灵，宜如何太息痛恨；凡为孔徒者，又宜如何太息痛恨，而慭不一扫荡廓清之耶！”[⑥]孔教灭亡，是由于出现了君主以及言君统的伪学所导致的，谭嗣同希望孔教能够出现马丁路德那样的人物，对之加以改造，以恢复孔教倡导平等的本来面目。[⑦]

他从荀学的发展历程，来批判荀学的危害。首先，他指出荀学宣传“法后王，尊君统”，以倾陷孔学。称“有治人，无治法”，暗中防范后人改变其法。又喜言礼乐政刑，以之作为加强钳制束缚的工具。荀学一传而至李斯，为祸甚著。尊君抑民的荀学，被在下的人所利用，为取得富贵，公然谄媚奴颜婢膝，认为无伤于臣节，反而将助纣为虐的行为视为“忠义”。荀学被统治者所利用，则尊君卑臣以愚黔首，君主自己放纵横暴，却要禁锢天下的人心。秦亡后汉高祖利用于上，暗

---

① 谭嗣同:《报贝元徵》,《谭嗣同全集》，第202页。

② 谭嗣同:《报贝元徵》,《谭嗣同全集》，第202页。

③ 谭嗣同:《上欧阳中鹄》,《谭嗣同全集》，第157页。

④ 关于晚清士人对“荀学”的认识，可参见朱维铮先生所著《晚清汉学:“排荀”与“尊荀”》,《求索真文明——晚清学术史论》，上海：上海古籍出版社1996年。

⑤ 谭嗣同:《仁学》三十,《谭嗣同全集》，第337页。

⑥ 谭嗣同:《仁学》三十,《谭嗣同全集》，第338页。

⑦ 谭嗣同:《仁学》三十,《谭嗣同全集》，第337—338页。

地对臣子施加功名利禄的诱饵，叔孙通则运用于下，让皇帝知道自身的尊贵，导君于恶。汉衰后，王莽利用荀学于上，以经学行篡弑。刘歆运用于下，窜改古经以迎合王莽的篡位。王莽建立的新朝衰落后，光武帝利用于上，使臣子驯服，君主倨傲。桓荣运用于下，挟持《尚书》来干进，不顾廉耻，导致三国虎争，南北割据。唐代为小康之世，但唐太宗则将这种权术运用于上，运用科举制度将天下英雄纳入其控制范围，反映出其对士人的猜忌之心十分严重。韩愈则运用于下，其著名的观点为“君者出令者也，臣者行君之令而致之民者也，民者出粟米麻丝作器皿通货财以事其上者也”，竟然不懂得设立君主的原因，显然违背了民贵君轻的道理，而谄媚君主一人，轻视天下人，认为如犬马土芥。至于“臣罪当诛，天王圣明”，则是倡邪说以诬往圣，逞一时之谀悦，而坏万世之心术，罪不可恕。至宋宋太宗利用于上，借助修《太平御览》，以消磨当时豪杰的锐气。孙复则运用于下，创立“春秋尊王发微”的观点，“割绝上下之分，严立中外之防”，开两宋南北诸大儒之学派，诸大儒均无法脱离此牢笼，对民众的压制更加残酷严厉，因此说，“自生民以来，迄宋而中国乃真亡矣！”至明代则更不堪问。因此，他总结二千年统治思想的发展，认为是秦政，是荀学，并非真正的孔学，“二千年来之政，秦政也，皆大盗也；二千年来之学，荀学也，皆乡愿也。惟大盗利用乡愿；惟乡愿工媚大盗。二者交相资，而罔不托之于孔。被托者之大盗乡愿，而责所托之孔，又乌能知孔哉？”①

谭嗣同后来对荀子的评价有一定改变，肯定了荀子的历史地位。他说：“荀卿生孟子后，倡法后王而尊君统，务反孟子民主之说，嗣同尝斥为乡愿矣。然荀卿究天人之际，多发前人所未发，上可补孟子之阙，下则衍为王仲任之一派，此其可非乎？”②

（二）孔教亟宜复兴

侯外庐先生指出：“维新运动，在思想上颇似宗教改革，嗣同更忠实于这个理

① 谭嗣同：《仁学》三十，《谭嗣同全集》，第337页。

② 谭嗣同：《致唐才常》二，《谭嗣同全集》，第529页。

想。”①

首先，谭嗣同认为孔子创立的学派包罗万象，是先秦学派的源头。但后世儒者日益缩小孔教的范围，致使孔教仅仅限于儒家学派。

他指出“绝大素王之学术，开于孔子，而战国之诸儒，各衍其一派，著书立说，遂使后来无论何种新学，何种新理，俱不能出其范围”，也就是说，先秦时期，儒家只是孔教中之一门，“中国之所谓儒，不过孔教之一端而已”②。后世专以儒家定义儒者，将其他有用的学问，全摈弃于儒家之外，将其视为异端，使儒家范围狭窄，这种做法曲解了儒学，是一种诬圣行为。“太史公序六家要旨，无所不包，的是我孔子立教本原。后世专以儒家为儒，其余有用之学，俱摈诸儒外，遂使吾儒之量反形狭隘，而周秦诸子之蓬蓬勃勃，为孔门支派者，一概视为异端，以自诬其教主。”但当时各学派极盛，几乎涵盖了以后所有各种新学新理的萌芽，如商学、兵学、农学、工学、刑名学、任侠而兼格致、性理、交涉、法律、辨学，都可以在先秦诸子学说中找到其踪迹。③

他认为孔教创立之初，虽然处于据乱世，但黜古学，改今制，于升平世、太平世十分关注。孔子知非变法不可，“于是发愤作《春秋》，悉废古学而改今制”。④孔子逝世后孔学衍为两大派，一为曾子传子思而至孟子，畅宣民主之理。一由子夏传田子方而至庄子，痛诋君主。⑤但这两派均绝而未传，而荀学则乘机冒孔之名，以败孔之道。荀学一传至于李斯，其祸暴著于世。其后败坏孔子之道的有汉高祖、叔孙通、王莽、刘歆、光武帝、桓荣、唐太宗、韩愈、宋太宗、孙复。⑥

其次，他用自己的方式，对儒家经典进行了独特的诠释。

谭嗣同自称“少受《易》，因及《三礼》，于《春秋》独不喜言例，以为例者

---

① 侯外庐:《近代中国思想学说史》，下册，上海：生活书店1947年，第743页。
② 谭嗣同:《仁学》四十，《谭嗣同全集》，第353页。
③ 谭嗣同:《论今日西学与中国古学》，《谭嗣同全集》，第399页。
④ 谭嗣同:《仁学》十八，《谭嗣同全集》，第319页。
⑤ 谭嗣同:《上欧阳中鹄》十，《谭嗣同全集》，第464页。
⑥ 谭嗣同:《仁学》二十九，《谭嗣同全集》，第335—336页。

史臣之通法，非圣人褒贬之精意所存”[①]。

他认为《春秋》三传中，《公羊传》《穀梁传》为传经，《左传》为记史。[②]《公羊传》虽然得孔门真传，“兴民权之说，不一而足，且其战例，亦往往与今之《万国公法》合”，[③]但言词隐晦，即使何休的《解诂》，但仍然难以完全了解其含义。至于《左传》，虽然不尽与经相符合，其部分内容可能为后人增益，但是其叙事详细，而且均可稽查。如果说经不用此书，那么就不能了解经中所述的本事，如果不了解事情的本来面目，那么便难以考察孔子施行褒贬的深意，因为道不可凭空诠解。

既然通过《公羊传》，难以了解《春秋》经的微言大义，但如果不凭借“传”来了解事情真相，就如同舍弃舟楫而渡江海一样是不可能的，因此从解经方面来看，仅仅依靠《公羊传》是不可行的。他认为当时信奉《公羊传》的人，其本意并不在于解经，而是在于撷取其中的言论，来阐发政治理念，这种方法，远远高于借训诂解经以沽名钓誉者。“今之鸿生硕彦，争趋于此而腾空言者，其意不在稽古，盖取传中之片言只字而引申为说，欲假之以行其道也。此固经义孳萌而冀有以辅时及物，则贤于世之抱残守缺而蓢蓢沽名者远矣。”[④]当时的学者看重《公羊传》，是时会使然，但以意逆志，即按照自己的意愿来诠释经书，难免会造成肆意表达或凿空说经，应对此有所警惕，并反其本。《公羊传》和《左传》的区别，如同诸子百家的不一致，其言道有不一致之处，也有道理相同而表达方式不同的情况，关键是在解经时善于择取。

对于《论语》，他对《论语·述而篇》提出疑问，认为是刘歆伪窜，窜入“述而不作，信而好古，窃比于我老彭”[⑤]。谭嗣同把《论语》的言论分为八类，即微言、雅言、大义、小学、大同、小康、阙疑、伪窜，分标于每章之下，如有新的意义，也略加疏通其隐晦处，这样就可以使孔教复明于世。研究《论语》后，进

---

① 谭嗣同:《史例》自叙,《谭嗣同全集》，第16页。

② 谭嗣同:《与唐绂丞书》,《谭嗣同全集》，第264页。

③ 谭嗣同:《上欧阳中鹄》十,《谭嗣同全集》，第463页。

④ 谭嗣同:《致唐才常》二,《谭嗣同全集》，第528页。

⑤ 谭嗣同:《仁学》十八,《谭嗣同全集》，第319页。

一步研究儒家的其他经典，用于鉴别的标准，是公理，“公理者，放之东海而准，放之西海而准，放之南海而准，放之北海而准。东海有圣人，西海有圣人，此心同，此理同也。犹万国公法，不知创于何人，而万国遵而守之，非能遵守之也，乃不能不遵守之也，是之谓公理。”①

第三，他探讨了孔教不能在中国广泛传播的原因，并提出了传播孔教的设想。

他认为孔教之所以没有广泛传播，在于孔教自身没有办法解决多神崇拜的问题。其他各教，将教主视为能够解决一切问题的神，“无论何等教，无不严事其教主，俾定于一尊，而牢笼万有，故求智者往焉，求财者往焉，求子者往焉，求寿者往焉，求医者往焉。由日用饮食之身，而成家人父子之天下，寤寐寝兴，靡纤靡巨，人人悬一教主于心目之前，而不敢纷驰于无定”，这样的结果使道德统一，风俗大同。②

而孔教在中国，并非为普通民众所设，是官中学中之教，只有官员和生员方可以参加祭祀孔子的活动，普通民众却无缘参加，农夫野老，徘徊于门墙之外，“既不睹礼乐之声容，复不识何所为而祭之”。导致民众信仰别的宗教及神灵，“小民无所归命，心好一事祀一神，甚且一人祀一神”③。其次，孔教没有灵魂观念，也影响了孔教的传播。他指出，灵魂与慈悲是宗教构成的重要因素，“不言慈悲灵魂，不得有教。第言慈悲，不言灵魂，教而不足以行。言灵魂不极荒诞，又不足行于愚冥顽梗之域。且荒诞云者，自世俗名之云尔，佛眼观之，何荒诞之非精微也！”④

另外，孔教不能传播的原因，还在于统治者的压制，他抨击清政府“传耶稣教则保护之，传孔子之教则封禁之，自虐其人以供外人鱼肉，中国人士何其驯也”⑤。“孔教之亡，君主及言君统之伪学亡之也。复之者尚无其人也，吾甚祝孔教

① 谭嗣同:《与唐绂丞书》,《谭嗣同全集》, 第264页。
② 谭嗣同:《仁学》四十,《谭嗣同全集》, 第352—353页。
③ 谭嗣同:《仁学》四十,《谭嗣同全集》, 第353页。
④ 谭嗣同:《仁学》十三,《谭嗣同全集》, 第309页。
⑤ 谭嗣同:《上欧阳中鹄》七,《谭嗣同全集》, 第455页。

之有路德也。”①

他力图拓展孔教的内容，将之改造成包罗一切学问的学派。他用仁学及平等观包装孔教。“以仁学之理治儒家之经。”他将儒家经典与基督教经典相比附，认为《论语》如《新约》之福音，《诗》《书》《仪礼》《周礼》为《旧约》，《春秋》《王制》为《新约》之类，《周易》为默示录，《礼记》为使徒行传。其中《论语》最为重要，“为孔教之真源，群经之秘钥”，②信仰基督教的，皆知笃信福音，但在中国，《论语》却被作为弋取科名的工具，这是孔教最大的不幸。

三教虽然有差别，但也有相通之处，如儒学六经和佛经，就有许多相合之处。“夫惟好学深思，六经未有不与佛经合者也，即未有能外佛经者也。”③孔、佛、耶在变不平等为平等的宗旨是相同的。如孔子对儒学进行了改造，将其理想寄托在《春秋》上。“中国自绝地天通，惟天子始得祭天。天子既挟一天以压制天下，天下遂望天子俨然一天，虽胥天下而残贱之，犹以为天之所命，不敢不受。民至此乃愚入膏肓，至不平等矣。孔子出而变之，删《诗》《书》，订《礼》《乐》，考文字，改制度，而一寓其权于《春秋》。《春秋》恶君之专也，称天以治之，故天子诸侯，皆得施其褒贬，而自立为素王。又恶天之专也，称元以治之，故《易》《春秋》皆以元统天。《春秋》以授公羊，故《公羊传》多微旨，然旨微犹或弗彰也。”④

（三）佛教本旨在救世

梁启超曾经提到谭嗣同“自从杨文会佛法，其学又一变。治佛教之唯识宗、华严宗，用以为思想之基础，而通之以科学”。实际上，在接触杨文会以前，谭嗣同在北游访学期间，甚至在此以前，已经开始接触佛教，⑤与讲佛学者游，“在

---

① 谭嗣同：《仁学》三十，《谭嗣同全集》，第338页。

② 谭嗣同：《与唐绂丞书》，《谭嗣同全集》，第263页。

③ 谭嗣同：《仁学》二十七，《谭嗣同全集》，第333页。

④ 谭嗣同：《仁学》二十七，《谭嗣同全集》，第333页。

⑤ 谭嗣同在北游访学前，已经接触过佛教，如他在乙未春致刘善涵的信中，谈及对禅宗的看法，如“‘平生期许空依傍，到此沉冥一椀灯。’静趋空灵，天机充盎，此为入禅学之方便法门”。（《谭嗣同全集》，第483页）

京晤诸讲佛学者，如吴雁舟、如夏穗卿、如吴小村父子，与语辄有微契。”①他昼夜精持佛咒，不少间断，并发愿三条，“一愿老亲康健，家人平安；二愿师友平安；三知大劫将临，愿众生咸免杀戮死亡。”②但谭嗣同重视法相宗和华严宗，③当是受到杨文会的影响。“幸有流寓杨文会者，佛学、西学，海内有名，时相往还。”④

梁启超在《谭嗣同传》中讲述了谭嗣同接受的佛教理论，以及在行动上的变化。

> 又闻《华严》性海之说，而悟世界无量，现身无量，无人无我，无去无往，无垢无净，舍救人外更无他事之理；闻相宗识浪之说，而悟众生根器无量，故说法无量，种种差别，与圆性无碍之理，则益大服。自是豁然贯通，能汇万法为一，能衍一法为万，无所罣碍，而任事之勇猛亦益加。⑤

佛教本旨当为出世，但谭嗣同将之视为一种救世学说，⑥他看重的是佛教的救世功能。他将佛教的“无畏”学说，视为一种献身殉道的思想观念。“佛说以无畏为主，已成德者名大无畏，教人也名施无畏，而无畏之源出于慈悲，为度一切众生故，无不活畏，无恶名畏，无死畏，无地狱恶道畏，乃至无大众威德畏，盖仁之至

---

① 谭嗣同:《上欧阳中鹄》十，《谭嗣同全集》，第461页。

② 谭嗣同:《上欧阳中鹄》十，《谭嗣同全集》，第461页。

③ 据谭嗣同本人记述，他对华严、唯识宗有感悟，以之探究天人之间的奥妙，但尤其服膺禅宗，因为禅宗与孟子性善说，庄子的学说，以及陆九渊、王阳明的思想有许多相合处，如能探其奥秘，则所成就者匪夷所思。“远羁金陵，孤寂无俚，每摒挡繁剧，辄取梵夹而泛观之，虽有悟于华严唯识，假以探天人之奥，而尤服膺大鉴。盖其宗旨岂亶，无异孟子性善之说，亦与庄子于道之宏大而辟，深闳而肆者相合。至于陆子静、王阳明，其有所发，尤章章也。嗣同以为苟于此探其赜，则其所以去尔蔽，祛尔惑，濬尔智，成尔功者，诚匪夷所思矣。”（《谭嗣同全集》，第529页）他在《金陵听说法诗》叙中，称吴嘉瑞为其学佛第一导师，杨文会为第二导师。（《谭嗣同全集》，第246页）与谭嗣同说法不同的是，梁启超认为谭嗣同不喜禅宗。

④ 谭嗣同:《上欧阳中鹄》十，《谭嗣同全集》，第468页。

⑤ 梁启超:《谭嗣同传》，《谭嗣同全集》，第557页。

⑥ 甲午战争期间友朋间曾有谭嗣同有出世想法的传闻，他曾加以否认，“至于披剃为缁流，了不记有是语，转述之失实欤？抑无意偶说而旋忘之欤”。（《谭嗣同全集》，第153页）

矣。”[①]他认为基督教、孔教、佛教均有救世之念，但以佛教为甚。“西人之喜动，其坚忍不挠，以救世为心之耶教使然也。又岂惟耶教，孔教固然矣，佛教尤甚。”[②]

他认为佛教囊括众学众教，博大精深，包罗万象，可以治理地球及其以外的世界。

> 佛教纯者极纯，广者极广，不可为典要。惟教所适，极地球上所有群教群经诸子百家，虚如名理，实如格致，以及希夷不可闻见，为人思力所仅能到，乃至思力所必不能到，无不异量而兼容，殊条而共贯。……佛教能治无量无边不可说不可说之日球星球，尽虚空无量无边不可说不可说之微尘世界。尽虚空界，何况此区区一地球？[③]

他认为佛教与道教不同，并非山林习静。山林习静，不关世事，曾被佛斥为顽空、断灭及九十六种外道。佛教则提倡“威力”“奋迅”“勇猛”“大无畏”“大雄”，是要遍度一切众生的宗教，因此善于学佛者，“未有不震动奋厉而雄强刚猛者也”[④]。佛法以救度众生为本根，与孔、孟救世之心同，但后人不能体会，所为与立教之本心背道而驰。“佛法以救度众生为本根，以檀波罗密为首义，即吾孔、孟救世之深心也。学者堕落小乘，不离我相，于是为孔、孟者独善其身，为佛者遁于断灭。揆之立教之初心，不啻背驰于燕、越，甚无谓也。”[⑤]

梁启超将谭嗣同对佛学的认识称作“应用佛学”，他引用谭嗣同《仁学》中有关生死的言论加以说明。“好生而恶死，可谓大惑不解者矣。盖于不生不灭瞢焉，瞢而惑，故明知是义，特不胜其死亡之懼惧，缩朒而不敢为。方更于人祸之所不及，益以纵肆于恶，而顾景汲汲，而四方蹙蹙，惟取自心快已尔。天下岂复有可治也。今使灵魂之说明，虽至闇者犹知死后有莫大之事及无穷之苦乐，必不于生

① 谭嗣同:《上欧阳中鹄》十一,《谭嗣同全集》, 第469页。
② 谭嗣同:《仁学》十九,《谭嗣同全集》, 第321页。
③ 谭嗣同:《仁学》三十九,《谭嗣同全集》, 第351—352页。
④ 谭嗣同:《仁学》十九,《谭嗣同全集》, 第321页。
⑤ 谭嗣同:《壮飞楼治事十篇》第九群学,《谭嗣同全集》, 第443页。

前之暂苦暂乐，而生贪著厌离之想。知天堂地狱森列于心目，必不敢欺饰放纵，将日迁善以自竞惕。知身为不死之物，虽杀之亦不死，则成仁取义，必无怛怖于其衷，且此生未及竟者，来生固可以补之，复何所惮而不亹亹。”[①]认为其崇拜谭嗣同、追随谭嗣同的原因即在于此。[②]谭嗣同的好友孙宝瑄也认为真佛教不空，可以救世。“我国向来治佛学者，大抵穷愁郁抑不得志之徒，以此为排遣之计，故堕于空也。若真能治佛学者，其慈悲热力，不知增长若干度，救世之心愈切矣。救世之心切，则一切有益于群之事，无不慷慨担任，且能堪破生死一关，如谭浏阳其人者，谁谓佛学之空哉！”[③]

（四）墨学兼爱最合公理

谭嗣同认为墨学可以沟通耶、孔，是实现仁的途径。“能调燮联融于孔与耶之间，即曰墨。周秦学者必曰孔、墨，孔、墨诚仁之一宗也。”[④]他把墨家分为两派：一派为任侠，在汉代有被禁锢的党人，在宋代有永嘉学派，均能体现其任侠的特点；另一派为格致，在秦代有《吕览》，在汉代有《淮南子》。[⑤]

墨子学说中，兼爱具有重要的价值。“兼爱一语，为能超出体魄之上，而独任灵魂，墨学中最合以太者也。”[⑥]针对攻击墨家“兼爱”一说乱亲疏的说法，谭嗣同进行了辩护，他说：“呜呼，墨子何尝乱亲疏哉！亲疏者，体魄乃有之。从而有之，则从而乱之。若夫不生不灭之以太，通天地万物人我为一身，复何亲疏之有？亲疏且无，何况于乱？不达乎此，反诋墨学，彼乌知惟兼爱一语，为能超出

---

① 梁启超所引为《仁学》十三，字句微异。“好生而恶死，可谓大惑不解者矣。盖于不生不灭瞢焉，瞢而惑，故明知是义，特不胜其死亡之惧，缩朒而不敢为。方更于人祸之所不及，益以纵肆于恶，而顾景汲汲，而四方蹙蹙，惟取自快慰焉已尔，天下岂复有可治也……今使灵魂之说明，虽至闇者犹知死后有莫大之事及无穷之苦乐，必不于生前之暂苦暂乐，而生贪著厌离之想。知天堂地狱，森列于心目，必不敢欺饰放纵，将日迁善以自竞惕。知身为不死之物，虽杀之亦不死，则成仁取义，必无怛怖于其衷，且此生未及竟者，来生固可以补之，复何所惮而不亹亹。”（《谭嗣同全集》，第308—309页）

② 梁启超：《论佛教与群治之关系》，《饮冰室文集》之十，第49页。

③ 孙宝瑄：《忘山庐日记》，上海：上海古籍出版社1983年，第392—393页。

④ 谭嗣同：《仁学》自叙，《谭嗣同全集》，第289页。

⑤ 谭嗣同：《仁学》自叙，《谭嗣同全集》，第289页。

⑥ 谭嗣同：《仁学》十四，《谭嗣同全集》，第312页。

体魄之上，而独任灵魂，墨学中最合以太者也。”[①]

如果不能超越体魄的形式而独任灵魂，则会有亲疏，有亲疏就会有分别，要区分亲疏，势必要用礼来制约。用礼制约的结果反而使亲者不亲，而疏者反而冒此以亲，浪费了时间和精力，来从事所谓虚文琐礼。“自礼明亲疏，而亲疏于是乎大乱。心所不乐而强之，身所不便而缚之。缚则升降拜跪之文繁，强则至诚恻怛之意汩。亲者反缘此而疏，疏者亦可冒此而亲。日糜其有用之精力，有限之光阴，以从事无谓之虚礼。”[②]

尚俭非乐，是墨学的缺点，致使其无法发展到大同之世，但兼爱可以抵消其缺失，“盖兼爱则人我如一，初非如世之专以尚俭非乐苦人也。故墨之尚俭非乐，自足与其兼爱相消，犹天元代数之正负相消，无所于爱焉”[③]。

谭嗣同还发挥了墨子选贤任能的思想，以之作为变革政治制度的根据。他认为像中国这样不讲信义的病夫之国，不肯主动变革，只有让各国代其革政，“为各国计，莫若明目张胆，代其革政，废其所谓君主，而择其国之贤明者，为之民主，如墨子所谓‘选天下之贤者，立为天子’，俾人人自主，有以图存，斯信义可复也”[④]。

在学术思想上，谭嗣同深受墨学的影响，诚如侯外庐先生所说：“嗣同的平等说是《墨子·兼爱篇》的演绎，他的国家论，又是《尚同篇》的演绎，后者连文字亦大体相似。”[⑤]

（五）李耳之术可乱中国

谭嗣同对老子的思想进行了激烈的批评，他认为其术能乱中国，一在于柔静，一在于俭朴。言静戒动，言柔毁刚，致使民族毫无生机，陷入懒惰愚蠢的境地。由于主张静，言学术则求宁静，言治术则求安静。治事不问是非，首禁更张，并采取多种措施加以限制，多方遏抑，“财则惮辟利源，兵则不贵朝气”，政府各级

① 谭嗣同:《仁学》十四,《谭嗣同全集》,第312页。
② 谭嗣同:《仁学》十四,《谭嗣同全集》,第312页。
③ 谭嗣同:《仁学》自叙,《谭嗣同全集》,第289页。
④ 谭嗣同:《仁学》四十四,《谭嗣同全集》,第359页。
⑤ 侯外庐著，黄宣民校订:《中国近代启蒙思想史》，北京：人民出版社1993年，第112页。

官员孜孜以求者，不过为制约四万万人，不使之活动，“系其手足，涂塞其耳目，尽驱以入契乎一定不移之乡愿格式”，如此，教安得不亡，种类安能保存！①

他认为柔静能够乱中国的道理易知，但俭能够杀尽地球上所有生物，陷天地鬼神于不仁的道理，却少有人知道。俭阻碍了商品流通，妨碍了小民生计。“历代圣君贤相，贵之重之，何哉？以其为生民之大命也。持筹握算，铢积寸累，力遏生民之大命，而不使之流通。今日节一食，天下必有受其饥者；明日缩一衣，天下必有受其寒者。”②俭朴会造成人人安于简陋，造成民智不兴，物产凋弊，人人俭而人人贫。相对而言，奢侈虽然也会造成一些危害，但利大于弊。奢侈也有危害，但其害仅仅止于一身一家，而其利则百倍于此，奢侈生活可以提供较多的就业机会。“锦绣珠玉栋宇车马歌舞宴会之所集，是固农工商贾从而取赢，而转移执事者所奔走而趋附也。”③富裕者如果能够设立工厂，则会造福无穷，“穷民赖以养，物产赖以盈，钱币赖以流通”④。

他总结柔静和俭朴的危害说，“静故惰，惰则愚，惟俭故陋，陋又愚。兼此二愚，固将杀尽含生之类，而无不足。故静与俭，皆愚黔首之惨术，而挤之于死也”⑤。

二、谭嗣同思想中的西学成分

谭嗣同在其早期，对西学也曾加以排斥，他回忆说：“嗣同少时，何尝不随波逐流，弹抵西学，与友人争辩，常至失欢。”⑥梁启超也称谭嗣同“少年曾为考据笺注金石刻镂诗古文辞之学，亦好谈中国兵法”⑦。后来他改变看法，开始对西学抱持了浓厚的兴趣，他自述研究西学曾废寝忘食，不少去诸怀。“睹西书，独酷嗜若性

---

① 谭嗣同：《仁学》十九，《谭嗣同全集》，第320页。
② 谭嗣同：《仁学》二十，《谭嗣同全集》，第322页。
③ 谭嗣同：《仁学》二十，《谭嗣同全集》，第323页。
④ 谭嗣同：《仁学》二十一，《谭嗣同全集》，第324页。
⑤ 谭嗣同：《仁学》二十二，《谭嗣同全集》，第325页。
⑥ 谭嗣同：《报贝元徵》，《谭嗣同全集》，第228页。
⑦ 梁启超：《谭嗣同传》，《谭嗣同全集》，第556页。

成，求通算术亦未尝去诸怀。”[①]以至于在1896年梁启超在与谭嗣同在北京初次会面时，竟然称其佞西学太甚。[②]“究心泰西天算、格致、政治、历史之学，皆有心得。又究心教宗，当君之与余初相见也。极推崇耶氏兼爱之教，而不知有佛，不知有孔子。”[③]

谭嗣同获取西学的途径极为有限，他不通英文，无法获得并阅读第一手的外文资料，了解西学的一个途径就是阅读《万国公报》《时务报》《湘学报》和一些译作来获取西学知识。这些渠道，使他对西学有一定的了解，如对西方自然科学发展历程、西方历史知识、西方政治制度均有一定的认识，如对国家起源的认识，对法国革命的了解，对西方议会制度的认知。在《仁学·界说》中，他指出要理解仁学思想，“于西书当通《新约》及算学、格致、社会学之书”[④]。对于这些书籍的阅读，虽然不系统，但对他维新思想的形成具有催生作用。

谭嗣同了解西学的另一个途径就是通过与西方人士的交往。据现有资料来看，谭嗣同至少与傅兰雅、马尚德、李提摩太、美国人李佳白等传教士有过交往。通过与他们的交往，使他对西方文化有比较真实的感受。如他批驳认为西方人没有伦理纲常的观点时，就用自己的切身感受指出西方也有纲常，也存在亲情。只不过其特点与中国不同而已。[⑤]“嗣同所识西人，有英医士某，能孝其母，言及其母，则肫肫然有孺慕之色，三数日一寄书，言琐屑事甚备，下至日所食之蔬果，无不奉告惟谨，又不时电问安否。”[⑥]

对于西方思想学说，他认为易者极易，难者极难。算学如果仅求致用，原非

---

① 谭嗣同:《浏阳兴算记》,《谭嗣同全集》，第174页。

② 梁启超在致康有为的信中说谭嗣同“才识明达，魄力绝伦，所见未有其比。惜佞西学太甚，伯里玺之选也。因铁樵相称来拜，公子之中，此为最也”。(《梁启超年谱长编》，第47页)

③ 梁启超:《戊戌政变记·谭嗣同传》,《饮冰室合集》，专集之一，第109页。

④ 谭嗣同:《仁学》界说,《谭嗣同全集》，第293页。

⑤ 在《上欧阳中鹄》中，他又对认为西人无伦常的观点进行了批驳，他说:“昧者辄诋西人无伦常，无伦常则不相爱相育，彼吞此噬，人类灭久矣，安能至今日转富强乎？夫伦常不自天降，不自地出，人人性分中所自有者也。……彼此有见为异者，特风俗所囿节文之有详略耳。”(《谭嗣同全集》，第161页)

⑥ 谭嗣同:《报贝元徵》,《谭嗣同全集》，第198页。

极难，但如果要钩微索隐，辨析毫毛，“则非尽舍去书策，终身尽力于此，不能殚尽其术”，《几何原本》读至第五六卷以后，就会莫辨途径。至于测量，则为西法中最简易的，只是苦于没有仪器，不知道从哪里下手而已。“有天下之至难令人望而却步者”，则为舆地学。但有用之学无过于舆地学，当时谈论舆地学者，并非真懂，“率皆为挟策之计，习口头语以欺人耳，其能中外山川形势了然者，未尝见也”[①]。

谭嗣同未出国门，对于西方社会政治的实况无法进行直接深入的了解，加之当时传教士所翻译的作品，出于传教和促进中国改革的目的，对西方文明的褒扬，使谭嗣同对西方社会政治制度的认识，充满了美化的成分，如“所谓民主者，尤为大公至正，彬彬唐、虞揖让之风，视中国秦以后尊君卑臣，以隔绝不通气为握固之愚计，相去奚止霄壤”[②]。而对其弊病，则了解甚少。即使了解一些，也常作理想化的解释，如他说：“动援西国民党之不靖，而谓不当学西法，不知正其治化日进之凭据也。”[③]他竟然认为“西人之压制中国者，实上天仁爱之心使之也”[④]。

（一）谭嗣同对西方自然科学的了解

谭嗣同通过阅读西方自然科学书籍的译本及《万国公报》《时务报》等报刊对西方自然科学、社会经济及政治制度的介绍，开阔了视野，增长了知识，并在思维方式上受到了一定影响，“将当时所能有之科学知识，尽量应用”[⑤]。在他的著作中，涉及算学、物理学、光学、力学、化学、生物学等多方面的知识。

在光学方面，谭嗣同曾阅读英人傅兰雅所编《格致汇编》，对其光绪三年卷中的问答进行思考。以不同质地的金属合作一镜，在日光照射下，会呈现肉眼未能看到的景象，曾有华人问其原因，该刊回答称各种金属回光不同，有浓淡之别，如果将两种金属合成一镜，其大体以一种金属制造，其花纹由另一种金属制造，肉眼不能辨别，但在阳光下，可以看见背面的花纹。所照的花纹，与镜子背面并

① 谭嗣同《致刘淞芙》十，《谭嗣同全集》，第487页。
② 谭嗣同：《报贝元徵》，《谭嗣同全集》，第197—198页。
③ 谭嗣同：《仁学》四十三，《谭嗣同全集》，第357页。
④ 谭嗣同：《上欧阳中鹄》十，《谭嗣同全集》，第466页。
⑤ 梁启超撰，朱维铮导读，《清代学术概论》，上海：上海古籍出版社1998年，第92页。

无联系。谭嗣同发现这种说法在中国古代文献中就有记载，他感慨西人思考问题的周到，中国人不但没有学问，还将古人已经明白的道理丧失了，向西人请教。[①]

在力学方面，在《与沈小沂书》中，他提出“奇理”二件。一为依靠吸引力原理，借助气球到外星球，可以免除争端。“纵横如志，惟所使之。欲自占一国，则自取一星，人满之患以息，争城争野以息，华、夷各有所骛，而陵杂之患以息”，一为按照热胀冷缩的原理来沟通幽冥。另外，他还从方玻璃瓶成真空后便碎，而圆瓶则否，提出对日月星球初始状态的揣测，并指出当时所谓修齐治平，几乎都是苟且取容的。“盖方者受外气，挤力独多，圆即自相旋转，无所用其挤也。西人识此理，因论日月星地所以必为圆体。愚谓日月星地，古未必无方者，特皆被挤碎，今不见耳。是以知十日并出，其九不存，必皆为方体。惟今之日月星地，悉毁圭角，苟圆取容而已。嗟乎！凡今之所谓已修已齐已治已平者，其不为苟容几何矣。”[②]

在算学方面，从现存文献中，我们可以看出他读过不少数学书籍，内容涉及古今中外。如《算经十书》《数理经蕴》《中西算学大成》《几何原本》《决疑数学》等，他还托汪康年购买《格致质学》《决疑数学》。代购英文八线表、英文对数表、英文八线对数表、英文开方表。《仁学》的结构几乎就是徐光启、李善兰所译《几何原本》的翻版。首先列举全书所用到的主要定义，如仁学界说，这种形式直接来源于《几何原本》，在“具体论述的过程中，按界说依演绎方式展开，使人有如读数学概念定义之感”[③]。在他的维新实践中，他首先倡导举办算学社，说明了他对算学的高度重视。

在医学方面，他用西方研究性学的事例来反驳“断淫”的说法。“若更得西医之精化学者，详考交媾时筋络肌肉如何动法，涎液质点如何情状，绘图列说，毕尽无余，兼范蜡肖人形体，可拆卸谛辨，多开考察淫学之馆，广布阐明淫理之书，

---

① 谭嗣同:《石菊影庐笔识》六十三,《谭嗣同全集》，第118页。
② 谭嗣同:《与沈小沂书》,《谭嗣同全集》，第7页。
③ 张祖贵:《谭嗣同与数学》,《中国科技史料》1991年第1期。

使人人皆悉其所以然，徒费一生嗜好，其事乃不过如此如此，机器焉已耳。”①

另外，他还用化学元素来解释物质的构成，用能量守恒原理来解释“不生不灭”。如“质点不出乎六十四种之原质，某原质与某原质化合则成一某物之性，析而与他原质化合，或增某原质，减某原质，则又成一某物之性”。②“本为不生不灭，乌从生之灭之？譬于水加热则渐涸，非水灭也，化为轻气养气也。使收其轻气养气，重与原水等，且热去而仍化为水，无少减也。譬于烛久爇则尽跋，非烛灭也，化为气质流质定质也。使收其所发之炭气，所流之蜡泪，所余之蜡煤，重与原烛等。且诸质散而滋育他物，无少弃也。”③

（二）谭嗣同对西方社会科学的认知

在宗教方面，谭嗣同通过对阅读英国人韦廉臣的《古教汇参》，总结出宗教的规律，认为“不论何教，皆有相同之公理二，一曰慈悲，④吾儒所谓‘仁’也。一曰灵魂，《易》所谓‘精气为物，游魂为变’也”。他将灵魂和体魄进行了界定，“灵魂，智慧之属也；体魄，业识之属也”。灵魂与慈悲是宗教构成的重要因素，“不言慈悲灵魂，不得有教。第言慈悲，不言灵魂，教而不足以行。言灵魂不极荒诞，又不足行于愚冥顽梗之域。且荒诞云者，自世俗名之云尔，佛眼观之，何荒诞之非精微也！”⑤

他认为万物皆有灵魂，并非西方人所认为的只有人才有灵魂，“西人言灵魂，亦有不尽然也。同一大圆性海，各得一小分，禀之以为人、为动物、为植物、为金石、为沙砾水土、为屎溺。乃谓惟人有灵魂，物皆无之，此固不然矣”。并进而批评“原罪论”，“抑彼更有大谬不然者，既知灵魂之后，果为天堂地狱，或永苦，或永乐，独不明灵魂之前因为何，求之不得，乃强为之说曰：‘人皆有罪’似矣，罪于何起？则又强为之说曰：‘始祖亚当、夏娃，及历代祖宗所遗之罪。’夫前人之罪，前人实承之，于后人何与？罪人不孥，人法犹尔，岂天之仁爱，乃不逮人

① 谭嗣同:《仁学》十,《谭嗣同全集》，第305页。
② 谭嗣同:《仁学》十一,《谭嗣同全集》，第306页。
③ 谭嗣同:《仁学》十二,《谭嗣同全集》，第307页。
④ 对于慈悲与宗教的关系，谭嗣同未能深入阐发。
⑤ 谭嗣同:《仁学》十三,《谭嗣同全集》，第309页。

乎？且彼所重者灵魂，而原罪于前人，是又专重体魄矣”①。灵魂之说可以约束民众，使其不敢欺饰放纵，能够日进于善，同时，也可激励人们成仁取义。②

他还把新当作群教的公理。“孔曰‘改过’，佛曰‘忏悔’，耶曰‘认罪’，新之谓也。孔曰‘不已’，佛曰‘精进’，耶曰‘上帝国近尔矣’，新而又新之谓矣。”③

通过阅读《治心免病法》一书④，谭嗣同认为自己接触到了西方思想的本原。“重经上海，访傅兰雅，……获其所译《治心免病法》一卷，读之不觉奇喜。”⑤“得《治心免病法》一书，始窥见其本原。”⑥《治心免病法》一书，是宣传“心灵治病”的著作，该书认为“天父造身，所以为心也，心器身以行意，是以心为身之主”。因此，“欲治其身，必先治心”。该书强调“考各国方药，俱以为药力，能加入人身，改弱为强，不知人心即天心之一小分，如能恃天理而争阻，则自务恃天力而治病，又焉用药”。

《治心免病法》一书中的“以太”概念，则是从近代物理学中借用来的，在书中，“以太”既是可以传递思维和感情的神奇概念，也是可以传递声、光、电、磁、热的物质媒介。概述描述“以太”说：“近西国考知万物内必有一种流质，谓之以太。无论最远之恒星，中间并非真空，必有此以太满之，即地上空气质点之中亦有此以太，即玻璃罩内用抽气筒尽其气，亦仍有之。盖无处无之，无法去之。如无此以太，则太阳与恒行星等光不能通至地面，如声无空气则不传，此可用抽气筒显其据。空气传声。以太传思念，同一理。不问路之远近与五官能否知觉之事物，凡此人发一思念，则感动以太，传于别人之心，令亦有此思念。一遇同心，

① 谭嗣同:《仁学》十四,《谭嗣同全集》，第310—312页。

② 谭嗣同:《仁学》十三,《谭嗣同全集》，第309页。

③ 谭嗣同:《仁学》十八,《谭嗣同全集》，第318页。

④ 该书作者乌特亨利（Henry Wood）是一位职业心理精神病医生，该书主要是通过一些口诀达到宗教信仰的自我暗示，从而发掘自身的生理和心理的潜力来战胜疾病。（邹振环:《治心免病法》与《仁学》,《影响中国近代社会的一百种译作》，北京：中国对外翻译出版公司1996年，第106页）该书初版于1893年，1896年由傅兰雅议成中文，上海格致书室刊行。

⑤ 谭嗣同:《上欧阳中鹄》十,《谭嗣同全集》，第461页。

⑥ 谭嗣同:《上欧阳中鹄》十,《谭嗣同全集》，第459页。

则彼此思念和合，如遇相反，则厌之而退。人虽不觉思念有形声，然实能感通人心。此理常人皆知而不明。夫思念不可作为空虚，须视如金石之实，然以金石比，则金石犹如朝露，惟思念乃真实耐久也。”①谭嗣同对“以太”观念进行了改造，使其成为其《仁学》中一个重要的思想概念。

他对西方教育制度有所了解，并以之为参照，提出变革科举制度的主张。他认为西方学校与科举合一，学校有择官选士之功能，可以随到随考，不拘人数，不拘时日，而且所考均重视实践，如“考算学即令运算，考船学即令驾船，考医学即令治病，考律学即令决狱，考机器即令制器，考天文测量即令运用仪器”，如果合格，即当面发以凭证，或立即择优录用。实行义务教育制度，五家连坐，一人不读书五家皆坐罪。儿童方七八岁即已经了解许多天文地理及国际关系知识。至于品行无法在考试中测验，但有警察，有议院，有奖励及惩罚的制约，不忧不得人，“至于品行心术，固无法以考验，而实即寓于诸学之中，苟其不端，亦无能善其事而不败露者。况满街有警察吏以举刺之，到处有议院以评论之，又有浓赏厚刑以驱其后，复何忧其不得人哉！”②他主张变法必先从士始，先变科举，使人人自占一门，致力于实学。

他认为万国公法为仁至义尽之书，如《公羊春秋》之律，③但中国为外洋所不齿，未能列于公法，并非公法不可恃。④瑞士、摩纳哥虽小，均能得到公法的保护。“欧洲百里之国甚多，如瑞士国，国势甚盛，众国公同保护，永为兵戈不到之国，享太平之福六百年矣。三代之盛何以加此？尤奇者，摩奈哥（即摩纳哥）止三里之国，岁入可万余元，居然列于盟会，为自主之国，非公法之力能如是乎？”⑤谭嗣同认为约章的权利是对等的，因此他在《马关条约》签订后，曾经设想中国经

---

① ［美］乌特亨利著，［美］傅兰雅译，龚昊、乌媛校注：《治心免病法》，广州：南方日报出版社2018年，第29—30页。

② 谭嗣同：《上欧阳中鹄》，《谭嗣同全集》，第159页。

③ 谭嗣同：《报贝元徵》，《谭嗣同全集》，第225页。

④ 谭嗣同等人当时有一种认识，即万国公法只为文明国所设，不适用于野蛮国。康有为在胶州事变后所上奏折称“按其公法均势保护诸例，只为文明之国，不为野蛮，且谓剪灭无政教之野蛮，为救民水火”。（《戊戌政变记》，第3页）

⑤ 谭嗣同：《上欧阳中鹄》，《谭嗣同全集》，第161页。

过变革，国力强盛后，可以改订条约，逐渐废除丧权辱国的条款，如外国进入中国腹地，洋货进口税率较低，以及在中国传播基督教，贩卖鸦片等。如果列强不同意，则中国要求进入其腹地，出口到外国的商品，税率与外国在中国进口税率相同。创造一种宗教，到外国纵横骚扰，一旦遭到焚烧掠夺，则援照中国赔教堂之例请赔。通过这种方式，争取一国改订条约，其他的均可援照办理。①

他通过《物类宗衍》了解到进化论。"西书《物类宗衍》中有'争自存宜遗种'之说，谓万物必争，而后仅得自存以绵延其种类也。"②

他认为在西学中，舆地学很关键，子目虽繁，要皆从舆地入门。舆地学分文、质、政三家。文家即天文学，研究地球与日月诸行星的关系，各星球的大小轻重，其质地的松紧比例，寒暑昼夜潮汐的原理，以及测量太阳及其他星球的原理，确定经纬度，并绘制地图。质家则为地质学，"辨土石之新旧层，各种殭石（即化石）五金凝结之故，得太古以前冰山火山沧海桑田之形势，动物植物之同异，及矿苗之类别。"政家则为人文地理学，"纪风土礼俗及治忽之理，攻守之宜"③。

他注意到西方经济、政治、历史中特别重视图表的作用，史书中记一大事，即有一幅当时的地图附之以行。在日常政治、经济生活各方面，莫不有表。"户口登耗，百官进退，外国兴衰，及交涉事件，矿苗衰旺，出产增减，年谷丰歉，百物价值，用度奢俭，岁入多寡，兵额损益，船械精粗，工艺良楛，各种学术高下，医院治病得失，庶狱人数及罪名，皆分等级，为年月比较表，或变为方圆等图。既可省案牍之烦苦，尤能一目瞭然，视通国之事如数掌纹，故常以简御繁，操之有要。"④

他通过对普法战争历史的了解，认为保国莫捷于学。"法之败于普也，师熸君禽，已无存理，普之力，非不能径灭之，然卒与言和者，毕士马克稔知德民之学，远不逮法，各有疆域，犹可拒守，若灭之，则浑然一国，形见势绌，莫可遁

① 谭嗣同:《上欧阳中鹄》,《谭嗣同全集》, 第162页。
② 谭嗣同:《报贝元徵》,《谭嗣同全集》, 第217页。
③ 谭嗣同:《报贝元徵》,《谭嗣同全集》, 第219页。
④ 谭嗣同:《报贝元徵》,《谭嗣同全集》, 第221页。

逃，普其终为法奴役，若安以一女子复其国，夫固法之已事矣。故破其国而不敢有，法人之学为之也。”①

（三）对西方风俗的了解

对于星期天制度，谭嗣同十分赞赏，他说：“此西国通例也。极合文武弛张之道。”②他认识到中西由于风俗不同，造成了误解，“中国尝笑西人冠服简陋，西人即诘我之发辫有何用处。”③但中西礼仪有相通之处。“彼之免冠，吾之半跪也；彼之握手，吾之长揖也；彼之画数，吾之顶戴也；彼之宝星，吾之翎枝也。”④西方宗教的教义“要亦尊天明鬼以整齐齐民耳。”至于称其抉目刳心，则不可信。“诋之者谓在中国有抉目刳心为诸不道，而谁目睹之耶？果尔，何以在本国不闻有是，而天道又何在？此有识所断不信。”⑤西方风俗中男女可交往，反而避免了不少有伤风化的事。“西人男女相亲，了不忌避，其接生至以男医为之，故淫俗卒少于中国。”⑥西方有抱腰接吻的习俗，⑦但也讳言床笫，以淫为羞辱。⑧西方实行一夫一妻制，男女结合出于自愿，避免了许多家庭矛盾和争执。“夫妇择偶判妻，皆由两情相愿，行一夫一妻制，绝无置妾之事，故伉俪笃重，无争妒之患，其子孙亦遂无嫡庶相猜忌之虞。”

西方人喜好运动，尚体操，崇游历，这是其能够崛起的重要原因，他们之所以喜动，也和坚忍不挠、以救世为心的基督教有关。“西人以喜动而霸五大洲，驯至文士亦尚体操，妇女亦侈游历，此其崛兴为何如矣。”⑨

（四）谭嗣同著作中的西人言论

在武昌，与谭嗣同交往的一些西方人士对中国政治提出批评，这使谭嗣同对

① 谭嗣同：《仁学》四十一，《谭嗣同全集》，第355页。
② 谭嗣同：《上欧阳中鹄书》，《谭嗣同全集》，第166页。
③ 谭嗣同：《上欧阳中鹄书》，《谭嗣同全集》，第165页。
④ 谭嗣同：《报贝元徵》，《谭嗣同全集》，第199页。
⑤ 谭嗣同：《报贝元徵》，《谭嗣同全集》，第199页。
⑥ 谭嗣同：《仁学》十，《谭嗣同全集》，第305页。
⑦ 谭嗣同：《仁学》九，《谭嗣同全集》，第301页。
⑧ 谭嗣同：《仁学》十，《谭嗣同全集》，第303页。
⑨ 谭嗣同：《仁学》十九，《谭嗣同全集》，第321页。

中国政治进行批评时有了参照。他们对中国政治变革的一些主张，也对谭嗣同产生了一定启示。

甲午战争时期，对中国官吏贪污的讥讽。“凡中国购买外洋军械，出使大臣从而分成，及兑价时，经手人又要分成。……西人视中国官吏比于禽兽，故有‘文官三只手，武官四只脚’之谑。又以‘秽、贿、讳’三字批评中国，一切吏治军政无不识破。署中偶延洋医治病，及间至汉口洋行晤西人之晓华语者，辄故作哀怜慰勉之词来相戏嬲，令人愧怍，无地自容。”①“自军兴后，其讥评中国尤不堪入耳。”②“无怪西人谓中国不虚心，不自反，不自愧，不好学，不耻不若人，至目为不痛不痒顽钝无耻之国。”③

西人对中国君权太重的批评。“西人辄诋中国君权太重，父权太重，而亟劝其称天以挽救之，至目孔教为偏畸不行之教也。”④“夫自西人视之，则早歧而为二矣，故俄报有云：‘华人苦到尽头处者，不下数兆，我当灭其朝而救其民。’凡欧美诸国，无不为是言，皆将藉仗义之美名，阴以渔猎其资产。”⑤西人对中国官员不能约束民众的批评，“寓湖北之洋人，每日游洪山，令由督抚衙门派兵伺候，岂复成世界！西人犹谓中国之官曾不能约束中国之民，要此官何用？”⑥对湖南人的批评，西人评价湖南人，一则曰无教化之野蛮，再则曰“未开智识之童騃”。⑦

西人对平定太平天国的认识。“善夫《东方商埠述要》之言曰：‘英人助中国荡平洪、杨，而有识之士，佥谓当日不若纵其大乱，或有人出而整顿政纪，中国犹可焕然一新，不至如今日之因循不振。盖我西国维新之政，无不从民变而起。’”⑧

西人对中国设立强学会的认识。“往者诸君子抱亡教之忧，哀号求友，相约

---

① 谭嗣同:《上欧阳中鹄书》,《谭嗣同全集》，第154页。
② 谭嗣同:《报贝元徵》,《谭嗣同全集》，第225页。
③ 谭嗣同:《报贝元徵》,《谭嗣同全集》，第225页。
④ 谭嗣同:《仁学》三十,《谭嗣同全集》，第337页。
⑤ 谭嗣同:《仁学》三十三,《谭嗣同全集》，第342页。
⑥ 谭嗣同:《报贝元徵》,《谭嗣同全集》，第206页。
⑦ 谭嗣同:《报贝元徵》,《谭嗣同全集》，第206页。
⑧ 谭嗣同:《仁学》三十五,《谭嗣同全集》，第345页。

建孔子教堂，仿西人传教之法，遍传诸愚贱，某西人闻之曰：‘信能如是，吾辈教士，皆可归国矣。’”①

西人诋毁中国士人读书无用，“黄舍人言：昔客上海，有西人到其斋头，见书籍堆案，佯为不识而问曰：‘此何物也？’曰：‘书也。’又曰：‘有何用处？’舍人不能答。乃徐笑曰：‘此在我西国自皆有用处，汝中国何必要此。’”②西人认为中国士人志趣鄙陋，只想做状元宰相，而不谋一实在本领以济世安民。③

西人对中国富有矿产却不能开采，各国均想染指的说法。“西人亦有言：‘中国譬则富室，即湖南一省之矿，足抵外洋各国之矿而有余。无如各国环而居者，则极贫困之乞儿盗贼也。虽缄滕藏固，其可终守乎？’危切之言，不啻箴规我矣！”④西人出售质量差价格低廉的商品给中国，是因为认为中国人喜欢廉价的商品。“西人售物于中国，则以其脆敝者，云中国喜贱值也。喜贱值由于国贫。”⑤

在给欧阳中鹄、贝元徵的信中均摘录了李提摩太关于中国失地失人失财的议论。“西北边地为俄国陆续侵占者可方六千里，此失地也，而知之者百无一人也。中国五十年前人民已四百二十兆口，以西法养民之政计之，每岁死生相抵外，白人中可多一人，然至今初无所增益也，此失人也，而知之者千无一人也。又以西法阜财之政计之，每岁五家可共生利一铤，然中国方日贫一日，此失财也。而知之者竟无其人也。”⑥

作者简介：王夏刚，男，大连大学历史学院教授，主要从事晚清学术史研究。

---

① 谭嗣同:《仁学》四十,《谭嗣同全集》，第353页。

② 谭嗣同:《上欧阳中鹄书》,《谭嗣同全集》，第165页。

③ 谭嗣同:《报贝元徵》,《谭嗣同全集》，第206页。

④ 谭嗣同:《上欧阳中鹄书》,《谭嗣同全集》，第163页。

⑤ 谭嗣同:《仁学》二十二,《谭嗣同全集》，第326页。

⑥ 谭嗣同:《上欧阳中鹄书》,《谭嗣同全集》，第163页。李提摩太此论源于其所撰《拟广学以广利源论》,《万国公报》光绪二十年（1894），卷六，第63期。

东北史研究

辽西地区史前玉礼的起源与演进

王文轶

“信以守器，器以藏礼。”①礼器是“礼”的重要表现形式和载体，也是“礼”的组成部分。礼器包括器具与制度文章两个层面。《礼记·乐记》云：“簠簋俎豆，制度文章，礼之器也。”②以器具而言，礼器不仅种类繁多，而且质地多样。其中，玉礼器是中国最早使用的礼器之一，甚至“礼”的起源与“玉”有着极为密切的关系。亦如王国维先生对“礼”的诠释称：“象二玉在器之形，古者行礼以玉，故《说文》曰：‘豊，行礼之器’，其说古矣。”③同时，大量的考古发现业已证明，玉礼器在中国的史前文化中较为普遍存在。其中，在辽西地区的兴隆洼文化、赵宝沟文化、红山文化、小河沿文化、夏家店下层文化等一系列考古学文化中便曾出土或发现了数量不等的玉器，且不乏玉礼器者，从而为辽西地区史前玉礼的起源与发展过程的探索提供了必要的条件。

一、辽西地区史前玉礼器的起源：玉石器的加工与使用

目前，辽西地区最早的玉器发现于距今约8000—7000年的兴隆洼文化。在兴隆洼文化的阜新查海遗址、赤峰兴隆洼遗址、兴隆沟遗址、林西白音长汗二期乙

---

① （晋）杜预注、（唐）孔颖达疏：《春秋左传正义·成公二年》，（清）阮元校刻：《十三经注疏》（清嘉庆刊本，全五册），北京：中华书局2009年，第4111页。

② （汉）郑玄注、（唐）孔颖达疏：《礼记正义》，（清）阮元校刻，《十三经注疏》，北京：中华书局2009年，第3317页。

③ 王国维：《释礼》，《观堂集林（附别集）》，北京：中华书局1959年，第291页。

类遗址、巴林右旗锡本包楞墓葬遗址中，共计出土和发现玉器90余件。[①]（详见表1）。

根据考古研究，查海遗址分早、中、晚三期遗存。[②]其中，查海早期遗存的年代与白音长汗一期、小河西遗址相当；查海中期遗存与兴隆洼遗址一期和白音长汗遗址二期甲类遗存的年代接近；查海遗址晚期遗存与兴隆洼遗址二期相当，年代要早于白音长汗二期乙类遗存。因此，查海遗址早期遗存是目前发现的最早的兴隆洼文化遗址。[③]此外，查海遗址也是兴隆洼文化出土玉器数量和种类最多的遗址。查海遗址出土玉器44件，近乎占兴隆洼文化发现玉器总量的一半。经测定，查海玉器的玉料均为透闪石、阳起石软玉，被地质学家誉为迄今所知全国乃至全世界最早的真玉器。[④]

表1　兴隆洼文化出土玉器统计表

出土地点	玉石器							
	玉玦	玉匕	玉斧	玉凿	玉锛	弯条形器	玉管	其他
查海遗址（44件）	7件	13件	8件	7件			6件	玉环1件、玉残片1件、玉料1件、
兴隆洼遗址（26件）	6对	3件		1件	5件	4件		玉坠饰1件

① 兴隆洼遗址出土玉器散见各种论著中，相关成果统计数量不等，以邓聪、温雅棣所撰《兴隆洼文化聚落与玉器的社会意义》一文统计数量最多，为23件，本文在其基础之上参考其他资料又增补3件；如果算上洪格力图墓葬出土的一些玉器，数量应当超过100件，但由于洪格力图墓葬的玉器为征集所得，无法确定具体出土地层关系，导致其断代属于红山文化还是兴隆洼文化，抑或兼而有之，目前争议较大，故在此暂不做参考和讨论。

② 辽宁省文物考古研究所：《查海新石器时代聚落遗址发掘报告》（中），北京：文物出版社2012年，第651页。

③ 刘赫东、田广林：《兴隆洼文化查海遗址出土玉器发微》，《赤峰学院学报》（汉文哲学社会科学版）2014年第1期。

④ 辽宁省文物考古研究所：《查海新石器时代聚落遗址发掘报告》（中），北京：文物出版社2012年，第624页。

续 表

出土地点	玉石器							
	玉玦	玉匕	玉斧	玉凿	玉锛	弯条形器	玉管	其他
兴隆沟遗址（12）	2对+1件	3件		1件	2件	1件		
白音长汗二期乙类遗址（8件）	2件						4件	玉蝉1件、玉锥1件
锡本包楞墓葬（3件）	1件	2件						

表2 查海遗址出土玉器统计表①

出土地点	玉石器（44件）							
	玉玦	玉匕	玉斧	玉凿	玉管	玉环	其他	备注
F50			1件					残，早期房址
F38			1件					中期房址
F41					2件			中期房址
F43	1件	1件			1件			中期房址
F11							玉残件1	晚期小型房址
F17			1件					晚期小型房址
F20				1件				晚期小型房址
F14				1件				晚期中型房址
F18			1件					晚期中型房址
F27			1件					晚期中型房址
F54		2件						晚期中型房址
F16		1件						晚期大型房址
F36			1件		1件			晚期大型房址
F46		1件		1件			玉料1	晚期大型房址

续 表

出土地点	玉石器（44件）							
	玉玦	玉匕	玉斧	玉凿	玉管	玉环	其他	备注
F43M	2件							
F7M		6件						儿童单人墓
H34				1件				
文化堆积层	4件	2件	1件	1件	2件	1件		共11件
采集			1件	2件				

[1] 本表依据《查海新石器时代聚落遗址发掘报告》相关数据绘制，报告中《附表34查海遗址各单位出土玉器一览表》误将F50：59玉斧统计于玉玦一项中；玉残片明细中只有1件，合计一项误统计为2件，故而予以订正。

自1986年到1994年，考古人员在查海遗址先后发掘房址55座。其中早期房址5座，中期房址15座，晚期房址35座。[1]在F50早期房址的居住面中出土了1件白色玉斧残片，编号为F50：59，这是查海遗址早期房址中发现的唯一的1件玉器。

参考表2查海遗址玉器的出土地点来看，于该遗址文化堆积层、灰坑出土玉器和采集的玉器，由于缺少地层关系，所以无法辨识其早晚关系；F43、F7分别为中、晚期房址，均不存在地层打破关系，故两座房址的居室墓F43M与F7M也应当为中、晚期墓葬，并排除了前期遗址中遗物扰乱的可能，进而能够确定其出土玉器应分属查海遗址的中、晚期；F50房址也不存在地层打破关系，同样排除了后期遗址中遗物扰乱的可能。是以，F50：59玉斧成为查海遗址出土的玉器中能够确定年代的最早1件玉器，也是目前兴隆洼文化早期所发现玉器的孤证。

相较于兴隆洼文化中、晚期玉器的出土情况而言，兴隆洼文化早期玉器的发现实在过于稀缺。虽然不排除尚有未发现和出土者，但无疑反映出在兴隆洼文化的早期阶段，玉器尚未被普遍地加工和使用。另外，在F50房址的居住面与F50：

① 辽宁省文物考古研究所：《查海新石器时代聚落遗址发掘报告》（中），北京：文物出版社2012年，第651页。

59玉斧还共同出土了41件石器，主要为铲形器、石凿、石球、研磨器、磨盘、磨棒、敲砸器等生产工具。F50：59玉斧为残件，使用痕迹明显，且与大量实用石器伴随出土，证明该件玉斧在当时只是作为普通实用生产工具。

因此，兴隆洼文化早期阶段的玉器应当只是作为一种普通石器，尚未被人们赋予特殊的用途和意义，而这也应该是兴隆洼文化早期玉器没有被普遍加工和使用的主要原因。不过，玉器在该时期作为生产工具已经介入当时人们的生活，为此后辽西地区先民对玉的辨识积累了经验，从而为玉礼器的出现孕育了可能。

二、辽西地区玉礼制度的萌芽：玉礼器的出现

在史前时期漫长的石器时代，人们在狩猎、原始农耕、砍伐树木、加工坚果谷物等时，能够使用的最为坚硬、耐用的工具就是石器。石器与人类的生存和生活息息相关，使得当时的人们对石器产生了情有独钟的特殊情愫。在长期的石器加工、使用过程中，人们将那些“石之美者”逐渐从普通石材中辨识出来，并赋以特殊的社会意识和给予格外精致的加工。有的成为氏族的图腾，有的成为身份地位的象征，有的则成为祭祀用具或巫者的法器等，这些具有特殊功用的玉器便是最早的玉礼器。

在查海遗址中期，考古工作者发现了其早期所不曾出土的玉玦、玉匕、玉管等玉器类型。[①]这些玉器所应用的切割、钻孔等技术相比玉斧的加工制作更为复杂，体现出此时玉器制作水平有了很大的提高。然而，鉴于这些玉器均出土于房屋址中，尚未发现玉器随葬的案例，所以查海遗址中期发现的玉玦、玉匕、玉管，只是作为一种装饰品，还是兼有祭祀或身份标识等功用，目前难以确定。不过，即便这些玉器只属于装饰品，也体现出玉器功用的一种变化，并反映出当时人们已经具备了对玉石的辨识能力。此时的玉石至少已经不再只是一种普通的石材，而是具有了美和珍贵的价值。因此，查海遗址中期阶段其玉器功用很可能已开始从普通生产和生活用品向礼器功能有所过渡。

---

① 兴隆洼遗址出土的玉器，由于缺少具体的鉴定和考古地层数据为参照，致使难以确定哪些玉器属于与查海遗址中期相当的兴隆洼遗址一期出土玉器。

至查海遗址晚期，一些玉器则表现出较为典型的礼器属性。在查海遗址晚期以及与其年代相当的兴隆洼遗址二期和兴隆沟遗存中共出土了30余件玉器，尤以玉匕居多，并出土了查海遗址中期尚未发现的多件玉凿。无论在玉器数量和种类方面，均体现出该时期的辽西先民对玉器有了更为普遍的需求。同时，考古发掘还表明，查海遗址晚期的居室墓在墓葬形制、朝向等方面呈现出一定规范化的特点；居室墓F34M的两件玉玦位于墓底北端，靠近头部而远离南端的其他随葬品，衬托出两件玉玦在随葬品中所具有的特殊意义；居室墓F7墓中的3对玉匕，每对规格相对统一，摆放位置考究、有序，并且是唯一的随葬品，彰显出玉器尤其是玉匕的不同寻常的地位，以及一定的用玉要求；兴隆沟遗址M4中嵌入眼眶内的1件玉玦，具有“以玉示目”的象征和令人回味的内涵；M7的2件玉玦，1件位于左肩部，1件位于右肱骨内侧，摆放位置与众不同，不排除玉玦可能具有多种功用或象征意义；玉玦、玉匕于该时期发现的玉器中所占比例最大，为最主要的随葬玉器，说明玉玦、玉匕在该时期玉器中具有其他玉器不可取代的作用与地位。凡此种种，足以说明查海遗址晚期阶段所出土的玉器已然超越了一般装饰品和实用工具的功用，而基本属于祭祀礼器或身份象征礼器的范畴。然而，需要进一步考虑的是：其玉礼器使用所呈现出的某些“规范化”现象，究竟是源于一种约定俗成的“礼俗”，还是一种“礼制”的反映呢？

根据学界对礼制内涵的探讨，当“礼”上升为制度规程时即形成了“礼制”，①其本质在于区别等级和建构、维护社会秩序。②亦如方家所言：“礼，经国家，定社稷，序民人，利后嗣者也。”③换言之，“礼制”堪为一种社会等级秩序的象征。这也是“礼俗”所不具备的。而在考古学研究中，通常将个别儿童墓葬随葬较多稀罕的随葬品现象视为社会等级分化的标志之一。查海遗址晚期阶段的居室墓恰以儿童墓居多，个别者方以玉器随葬。这种不同的丧葬规格与身份地位的差异当

---

① 陈成国：《中国礼制史》（先秦卷），长沙：湖南教育出版社2002年，第18页。

② 孙钦善：《论语本解》，北京：生活·读书·新知三联书店2009年，第299页；刘泽华、葛荃主编：《中国古代政治思想史》（修订版），天津：南开大学出版社2001年，第62页；陶磊：《思孟之间儒学与早期易学史新探》，天津：天津古籍出版社2009年，第10页。

③ （晋）杜预注、（唐）孔颖达疏：《春秋左传正义·隐公十一年》，（清）阮元校刻：《十三经注疏》，北京：中华书局2009年，第3770页。

不无关系。基于此，反观查海遗址晚期的随葬用玉，其所体现出的某些规范化特点就不宜于仅仅视为一种“礼俗”的传统，而应归结为“礼制”的投射和影响。但是，从查海遗址晚期的整体情况来看，其社会等级分化程度不高，则又说明其“礼制”的发生尚属初始时期，亦即玉礼制度的萌芽阶段。

继查海遗址晚期之后的兴隆洼文化晚期遗址中，只在白音长汗二期乙类遗址中发现了8件玉器。所发现的玉器均出土于独立墓葬区中，房址中没有发现居室墓和玉器，但生活区与墓葬区域具有明确的界限。这种分区现象一方面可能与生死、祭祀观念的转变有关，另一方面也与社会整体发展水平、聚落规模发展等有关。从随葬玉器来看，玉玦此时仍然作为重要的随葬品，同时还发现了玉管和玉蝉随葬。玉管随葬现象在兴隆洼文化早、中期出土玉器相对较多的遗址中尚未发现，却出现于白音长汗这个出土玉器数量相对较少的遗址中，这应该并非一种巧合。而且，其玉蝉的发现更是已发掘兴隆洼文化遗址中唯一的1件动物造型玉器，填补了兴隆洼文化玉器只有抽象造型而没有具象（动物）造型的空白。进一步言之，白音长汗遗址中玉管和玉蝉的随葬，表明兴隆洼文化晚期随葬玉器范围的扩大；玉器作为唯一的随葬品，则说明玉器被附加着重要的社会意识，在当时是不可或缺的礼器。由于白音长汗遗址出土玉器很少，尚难以判断当时具体的用玉制度。不过从该遗址生活区与墓葬区的分离规划来看，此时的社会意识与社会发展水平应当有所进步。而且，考虑兴隆洼文化早期、中期玉器出土的相对丰富，以及其后红山文化时期玉礼文化的繁荣，则有理由推断：兴隆洼文化晚期的玉礼文化绝不会如考古发现一般“萧条”，而应是向玉礼的制度化方向继续发展。

三、辽西地区史前玉礼制度的雏形：“唯玉为葬”

辽西地区的史前玉礼文化在红山文化时期达到了空前的繁荣，无论是玉器的出土数量，还是玉器的造型种类、制作工艺等方面均远远超过了此前时期。不完全统计，目前通过考古发掘和调查采集所获的红山文化玉器达300余件，[①]而出土

---

① 刘国祥:《红山文化研究》，北京：科学出版社2015年，第515页。

的玉器有近百件出自墓葬，并在丧葬习俗上呈现出“唯玉为葬”的特点。其中，牛河梁遗址第二、三、五、十六地点共发掘有97座墓葬，有48座墓殓有随葬品，以玉器、陶器（N2Z4M8）或玉器、石器（N2Z1M9）一同随葬各1座，只随葬陶器的共3座（N2Z4M5、N2Z4M6、N2Z4M7），其余43座墓均只随葬有玉器，占有随葬品墓葬的89.6%。①显然，玉器于红山文化先民而言，有着其他器物无可比拟的地位与作用。特别是那些器形相对较大、工艺复杂、制作精美的玉器，大多属于礼器的范畴，并占有相当的比例。

> 《周礼·春官·大宗伯》载：“以玉作六器，以礼天地四方。以苍璧礼天，以黄琮礼地，以青圭礼东方，以赤璋礼南方，以白琥礼西方，以玄璜礼北方。皆有牲币，各放其器之色。”②

在辽西地区的红山文化遗址中就曾出土过数量不等的玉璧、玉琮、玉璜等，这些玉器很可能就是《周礼》中“祭祀六器”的雏形，主要用于祭祀天地四方。另外，在红山文化发现的玉器群中，动物造型玉器和仿生型玉器也十分常见，尤以“龙”和“鸮”的造像最为丰富。红山人因而也被认为对龙和鸮有着特殊崇拜，红山文化所代表的社会集团最早可能是由崇龙和崇鸟的两个氏族或部落发展而来。③

由此可见，玉器于红山先民而言，绝不仅仅是一种精美的装饰，更重要的是寄托着当时人们崇拜、敬畏、祈福、护佑等心理诉求和精神信仰，具有极为神圣的地位和功能。一些玉器因而也成为标识某些特殊人群的身份和地位的礼器。这一点则主要反映在红山文化的随葬用玉方面，即殓玉的数量、品质、规格与墓葬的规格、等级呈现出相对应的关系。从牛河梁遗址墓葬群的玉器随葬情况来看，只随葬有玉器的43座墓葬大体分为中心大墓、中型土圹砌石墓、小型砌石墓三

---

① 辽宁省文物考古研究所编著:《牛河梁红山文化遗址发掘报告（1983—2003年度）》，北京：文物出版社2012年，第477页。

② （汉）郑玄注、（唐）贾公彦疏:《周礼注疏》，（清）阮元校刻，《十三经注疏》，北京：中华书局2009年，第1644—1645页。

③ 田广林:《中国东北西辽河地区的文明起源》，北京：中华书局2004年，第237页。

类，其形制结构及在积石冢内的位置存在由高到低的等级关系。前两类墓葬出土的玉器数量明显多于最后一类墓葬，而勾云形玉器、玉璧、玉龟的成对随葬现象以及玉人、玉凤等稀有造型的玉器，则主要见于中心大墓。[①]简言之，品质规格较高的玉礼器存在着向大墓特别是积石冢内中心大墓集中的趋势，表现出更为显著的社会等级分化，进一步而言则是“礼制”程度相对深化的反映；此外，红山文化的玉礼器尽管不乏“一器多用”者，但整体上呈现出一种功用分化的发展趋势（有的玉礼器突出祭祀功用，有的凸显出一种图腾崇拜功用，有的则具有更为鲜明的身份地位象征意义），这也不失为红山文化在玉礼制度方面的进步。

然而，也应当注意到：一方面，红山文化的随葬玉礼器无论是在用玉数量上，还是在类别组合上，均未形成严格的定制；另一方面，红山文化玉礼器所蕴含的自然崇拜和原始宗教色彩十分浓郁和鲜明，而缺乏军政权力的象征意义。尽管有斧、钺一类的玉器，但数量很少，特别是与其他类型的玉礼器数量相比，可谓凤毛麟角。目前在辽西地区的红山文化时期考古遗存中发现的玉、石钺仅有5件（包括哈民忙哈遗址的1件），与江淮地区凌家滩文化、长江下游地区崧泽文化、良渚文化墓葬中普遍随葬有玉钺的情况形成鲜明的反差，表明钺并不是红山文化的典型玉器，且不排除是文化交流的产物。[②]这两方面与此后时期的夏家店下层文化玉礼相比，差异尤为明显，也是红山文化玉礼制度与完备、成熟的礼仪制度之间所存在的差距所在。故可概括为一种玉礼制度的雏形。

另需注意的是，红山文化的玉器要么为装饰品，要么为礼器，而非生产资料（生产工具仅为个案）或财富的代替品，则其随葬的多寡虽与身份地位有关，却并不代表贫富之间的差距。

四、辽西地区玉礼制度的确立：军政类玉礼器的使用与规范

继红山文化之后，辽西地区的小河沿文化和夏家店下层文化延续了兴隆洼文

① 辽宁省文物考古研究所编著：《牛河梁红山文化遗址发掘报告（1983—2003年度）》，北京：文物出版社2012年，第473—476页。

② 刘国祥：《红山文化研究》，北京：科学出版社2015年，第534—535、583—584页。

化、红山文化的某些用玉传统，但又因地制宜有所创新和发展，并在一定程度上受到周边玉文化的影响。

目前发现的小河沿文化玉器的数量相较红山文化而言大为减少。而且，除了个别“玉猪龙”有所发现之外，红山文化时期常见的双联璧、三联璧、勾云纹玉佩以及其他写实性仿生玉器尚未发现，而在江淮和中原一带流行的玉环、玉璧以及玉斧、玉钺等玉器在小河沿文化中却大量出土和发现。

夏家店下层文化玉器的发现相对丰富，但数量同样不及红山文化。迄今已发现的夏家店下层文化玉器有100多件组，分别出自内蒙古敖汉旗大甸子遗址、赤峰西道村点将台遗址、赤峰二道井子遗址、辽宁北票丰下遗址等，并以大甸子遗址墓葬中出土的玉器为主。[①]据统计，共有101座大甸子墓葬出土了斧或钺，其中的67座出土斧，接近玉石质地的53件；有34座出土钺，接近玉石质地的12件。其制作工艺均采用切割成形，形制规整，抛光精细。尤其是这些墓葬所出的斧或钺的数量，皆为每座墓葬只有1件。此外，还伴随出土玉环、璧、璜、玦、仿生玉器等91件。[②]相较于小河沿文化，夏家店下层文化玉器的风格也更具多元化。一些玉鸟形坠饰、玉钩形器、玉璧、玉箍等玉器，承袭了红山文化玉器的特点，在夏家店下层文化玉器中占一定的比例；蝉形玉饰、楔形坠、片状弧形坠、镂空雕花麟趾形臂饰等玉器，代表了夏家店文化玉器独有的风格与工艺水准；部分璇玑形玉器、圆柱形坠、有齿直条形坠等则具有龙山文化、二里头文化的制玉风格。[③]

整体上看，发现的小河沿文化和夏家店下层文化玉器，在数量上均要逊于红山文化。其直接原因很可能是受到青铜器、彩绘陶器等新型礼器冲击的影响，导致该时期玉礼器地位的相对下滑，但并不意味着玉礼制度已经消失，相反在某些方面却得到了进一步的强化和规范：

其一，小河沿文化与夏家店下层文化所发现的玉钺和玉斧是具有彰显政治和

---

① 朱乃诚:《夏家店下层文化玉器六题》,《考古》2016年第2期。

② 周宇杰:《夏家店下层文化玉器的初步研究》,《辽宁师范大学学报》(社会科学版)2017年第1期。

③ 周宇杰:《夏家店下层文化玉器的初步研究》,《辽宁师范大学学报》(社会科学版)2017年第1期。

军事权力威仪的兵仪类礼器，①红山文化时期此类的玉器发现很少，也不是当时典型的礼器。兵仪类玉礼器的出现和应用，意味着夏家店下层文化时期的玉礼器开始由宗教、神权礼器向军政礼器功能的转变，以及当时社会矛盾冲突的加剧。

其二，在夏家店下层文化的敖汉旗大甸子墓葬中，斧、钺两种兵仪类礼器的随葬数量严格遵循1墓1件的统一标准，相比红山文化时期的用玉制度，在数量控制方面表现得更加严格，规制更为严谨。

其三，大甸子墓葬随葬玉器中，一些玉器使用有着鲜明的性别限制或区别。有些玉器仅限于男性或女性专门使用，而不能为两性通用；有些玉器男女均可使用，但其使用方式明显不同，且在随葬摆放位置方面，同性之间具有高度的一致性，异性之间则差异明显；还有一些玉器可为两性通用，摆放位置也基本一致。②这种关于玉礼器与性别之间的规范，同样反映出夏家店下层文化时期玉礼制度的进一步完善。

综上所述，辽西地区的先民在长期使用石器的生产过程中，逐渐积累了辨识玉石和玉石器加工的经验，并赋予了玉器独特的内涵与价值。一些玉器在祭祀、随葬和图腾崇拜等活动中发挥特殊的作用，成为“礼”的象征符号。在兴隆洼文化早期阶段，玉器作为实用工具介入人们的生活，为玉器从石器向礼器的转变孕育了基础；至兴隆洼文化的查海遗址晚期，则在一定程度上出现了玉礼制度化的萌芽；红山文化时期是辽西地区玉礼制度的初步形成阶段，并为小河沿文化和夏家店下层文化时期玉礼制度的基本确立和完善奠定了基础。总之，辽西地区史前玉礼的起源与演进在本区内呈现出较为完整的发展链条，是考察辽西地区礼制发生、发展的重要物化坐标。

作者简介：王文轶，男，大连大学历史学院讲师，主要从事中国东北史研究。

① 何宏波：《先秦玉礼研究》，郑州：郑州大学博士学位论文，2001年。
② 刘国祥：《辽西古玉研究综述》，《故宫博物院院刊》2000年第5期。

魏晋公孙氏溯源

郝　虹

如果留意《三国志》中有关姓氏的内容，会发现一个特别明显的现象，即姓氏为公孙的，基本不出幽州的辽东和辽西两郡。本文的主旨，即尝试追溯此二郡的公孙氏从何而来。

本文采用的文献为正史的《三国志》《后汉书》《汉书》《史记》。方法是直接的统计法和比较法。第一，计数《三国志》中的公孙氏，考察其籍贯。第二，爬梳《史记》《汉书》《后汉书》中记载的公孙氏，考察其与辽东郡、辽西郡公孙氏的关系。

一、《三国志》中的公孙氏

笔者依据《三国志人名索引》，精细地计数了公孙姓氏，一共23人，基本可以分为三类。

第一类，《三国志》记载某人某事时，提到的春秋战国时期的历史人物，共2人。公孙强是被人做梦预示将带来亡国之祸的曹国人，公孙龙是以坚白论之辩著称的名家人物，见表1。

表1

姓名	时间	国属	记载内容	资料出处
公孙强	春秋	曹	安定皇甫谧以九年冬梦至洛阳，自庙出，见车骑甚众，以物呈庙云："诛大将军曹爽。"寤而以告其邑人，邑人曰："君欲作曹人之梦乎！朝无公孙强如何？且爽兄弟典重兵，又权尚书事，谁敢谋之？"谧曰："爽无叔振铎之请，苟失天机则离矣，何恃于强？昔汉之阎显，倚母后之尊，权国威命，可谓至重矣，阉人十九人一旦尸之，况爽兄弟乎？"	《三国志》卷9《曹爽传》注引《汉晋春秋》（北京：中华书局1982年第2版，第291页）

续　表

姓名	时间	国属	记载内容	资料出处
公孙龙	战国	赵	邵起自干吏，位至卫尉。长子翰，河东太守。中子敞，大司农。少子倩，字君幼，宽厚有器局，勤于当世，历位冀州刺史、太子右卫率。翰子俞，字世都，清贞贵素，辩于论议，采公孙龙之辞以谈微理。	《三国志》卷28《邓艾传》注引荀绰《冀州记》（第781页）

第二类，没有记载籍贯的公孙氏，共9人。分别为：公孙方，崔琰年轻时的学伴；公孙域，玄菟太守；公孙豹，公孙域之子；公孙犊，袁绍所置中郎将；公孙模，公孙康派去带方郡收集遗民的将领；公孙集，魏文帝时的建义中郎将；公孙珩，公孙渊的西曹掾；公孙阳，孙权的都督；公孙滕，孙吴的太史丞。详情见表2。

表2

姓名	时间	记载内容	资料出处
公孙方	汉末	至年二十九，乃结公孙方等就郑玄受学。	《三国志》卷12《崔琰传》（北京：中华书局1982年第2版，第367页）
公孙域、公孙豹	汉末	时玄菟太守公孙域，子豹，年十八岁，早死。	《三国志》卷8《公孙度传》（第252页）
公孙犊	建安	袁绍所置中郎将郭祖、公孙犊等数十辈，保山为寇，百姓苦之。虔将家兵到郡，开恩信，祖等党属皆降服，诸山中亡匿者尽出安土业。	《三国志》卷18《吕虔传》（第540—541页）
公孙模	建安	建安中，公孙康分屯有县以南荒地为带方郡，遣公孙模、张敞等收集遗民，兴兵伐韩濊，旧民稍出，是后倭韩遂属带方。	《三国志》卷30《乌桓鲜卑东夷传》（第851页）
公孙阳	建安	（建安）十八年春正月，进军濡须口，攻破权江西营，获权都督公孙阳，乃引军还。	《三国志》卷1《武帝纪》（第37页）
公孙集	魏文帝黄初	文帝践祚，拜招使持节护鲜卑校尉，屯昌平。是时，边民流散山泽，又亡叛在鲜卑中者，处有千数。招广布恩信，招诱降附。建义中郎将公孙集等，率将部曲，咸各归命；使还本郡。	《三国志》卷26《牵招传》（第731页）

续 表

姓名	时间	记载内容	资料出处
公孙滕	大约魏明帝年间	太史丞公孙滕少师事达，勤苦累年，达许教之者有年数矣，临当喻语而辄复止。	《三国志》卷63《赵达传》（第1424页）
公孙珩	魏明帝太和	谨遣西曹掾公孙珩奉送贼权所假臣节、印绶、符策、九锡、什物，及弥等伪节、印绶、首级。	《三国志》卷8《公孙度传》注引《魏略》载公孙渊上表魏明帝（第256页）

第三类，辽东郡的公孙延家族，包括公孙延、公孙度、公孙康、公孙恭、公孙晃、公孙渊、公孙修，总共7人。辽西郡的公孙瓒家族，包括公孙瓒、公孙续、公孙越、公孙范，总共4人。辽东属国的公孙昭，1人。第三类总共合计12人。

细究表2中的公孙氏，公孙模和公孙珩2人基本可断定其籍贯为辽东郡。因为自初平元年（190），公孙度自立为辽东侯开始，直至魏明帝景初二年（238），司马懿灭了公孙渊，将近50年的时间，辽东郡都是一个脱离了中原政府直接管辖的独立王国，这个独立王国之内的官员，来自外部的可能性极小，所以公孙康派往带方郡收集遗民的公孙模、公孙渊的西曹掾公孙珩，籍贯基本可断定为辽东郡。

魏文帝时的公孙集，被委以针对幽州军务的建义中郎将，军将不存在需回避出生地的问题，出生于某地反而有利于把控军情，因此，公孙集出生于辽东郡、辽西郡和辽东属国的可能性极大。

玄菟太守公孙域（其子公孙豹）按回避规则，虽然不会是玄菟郡人，但可以是辽东、辽西、辽东属国的人。比如，公孙度的父亲公孙延，本为辽东郡襄平县人，因为避吏居住在玄菟郡，其子公孙度被任用为玄菟的郡吏。可见，辽东、辽西、辽东属国、玄菟这几地的人，互相为官吏的情况应该比较常见。

如果上述推断成立的话，那么《三国志》中出现的23个公孙氏中，除去2个春秋战国时期的人，属于汉末三国时期公孙氏的确切数字是21人，其中有17人都集中在幽州的这三个地区。只有4人籍贯不明，即崔琰少时的学伴公孙方、袁绍所置中郎将公孙犊、孙吴政权里的公孙阳和公孙滕。

另外,《后汉书》中还提到了与公孙瓒关系较密切的公孙纪，作为幽州刺史从事的公孙纪必定是幽州人。虽然幽州所辖并不限于辽东郡、辽西郡和辽东属国，但史籍所载的公孙氏还未见于幽州的其他郡，因此公孙纪的籍贯为此三地的可能性极大。

因此，可以断定，汉末三国时期，22个公孙姓氏中的18个集中于幽州的辽东郡、辽西郡和辽东属国。

一个姓氏，在汉末三国这个时间段里，如此集中于一个地域，以至于这一姓氏和这个时期、这一地域紧密相连。不免引人疑问：他们从何而来?

二、《史记》《汉书》《后汉书》中的公孙氏

通过细致爬梳《史记》《汉书》《后汉书》中的记载，可以将公孙姓氏的发展演变按时间顺序分为三个时期。

（一）春秋战国。此时期有两点值得注意：

1. 以公孙某为名出现的人，并不集中于某国，而是分散于各国中。如鲁人公孙归父、公孙敖、晋人公孙支、宋人公孙纠、吴人公孙雄、卫人公孙敢、齐人公孙无知、郑人公孙挥、公孙黑（见附表3、4)。需要特别指出的是：因为春秋战国时期，士阶层流动性极大，所以某人在某国任职，未必就是某国人，比如公孙支，是秦缪公起用的晋人；公孙颀则自宋入赵，自赵入韩。而以上所举公孙归父、公孙敖、公孙支、公孙纠、公孙雄、公孙敢、公孙无知、公孙挥、公孙黑9例均可以明确其国属，分别为鲁、晋、宋、吴、卫、齐、郑，亦足证以公孙某为名是春秋战国时的普遍现象。

2. 此时的“公孙”，应该是一种身份的标识，而非后世的姓氏。典型如宋人公孙纠，其父名为公子褍秦，让人很容易产生联想，公子褍秦之名来自宋元公之子，所以称为“公子”瑞秦，而公孙纠则为宋元公之孙，所以称为“公孙纠”。再如齐人公孙无知，是齐釐公同父异母弟弟的儿子，当然也就是齐釐公父亲的孙子，其名公孙无知的“公孙”正指齐庄公之孙。所以，可以从字面上来理解，所

谓“公孙”指的是“公”之孙，“公子”指“公”之子。当然，这种指称并不是一一对应的，而更多的只是一种对公族后代的泛称。比如上述公孙纠的儿子，名为公子特，而公孙纠并非继承宋国公位之人，称不上是某公，但其子亦名为公子特。

3. 称为公孙某的人，有的另有姓氏，比如齐人公孙固，即传《诗》的韩固①。韩固之“韩”应为其姓，另名公孙固之“公孙”，当指其为齐国某公族之后。

秦灭六国之后，“公孙”不再是标示公族出身的称名，被亡之国的公族后代子孙，大多也不会再以“公孙”为名。所以，春秋战国时期普遍以公孙某为名的现象逐渐消失。曾经以公孙某为名的人，应该是要么回归其本姓，比如公孙固，可以称名为韩固；要么有了新的姓。可以基本断定，到了秦国末年，仍称名为“公孙”的，应该是将“公孙”固定为姓，而非身份的标识了。所以，自西汉开始，名为“公孙某”的人，都可以视为姓“公孙”的人了。

（二）西汉。此时期以公孙某为名出现的人，主要集中在齐鲁、义渠、扶风三地。

1. 齐鲁。如汉文帝时的鲁人公孙臣、汉景帝时梁王的属臣齐人公孙诡、济北王属臣齐人公孙获、汉武帝时齐菑川国薛县的公孙弘和公孙度父子、为汉武帝求仙问道的齐人公孙卿、汉元帝时的学者琅邪人公孙文。

2. 义渠。如汉武帝时的公孙昆邪和公孙贺父子，以及公孙敖。

3. 扶风。西汉末年东汉初年，割据蜀地的公孙述家族，包括公孙仁（公孙述之父）、公孙述、公孙永、公孙光和公孙恢。

上述三类合计15人。

除此之外，有明确籍贯记载的：淮阳人公孙勇、汾阴人公孙滂洋、颍川人公孙禄。共3人。

---

①（汉）司马迁：《史记》卷14《十二诸侯年表》载：“及如荀卿、孟子、公孙固、韩非之徒。”《索隐》曰：荀况、孟轲、韩非皆著书，自称“子”。宋有公孙固，无所述。此固，齐人韩固，传《诗》者，北京：中华书局1982年，第510页。

另有公孙戎（汉高帝时人）、公孙耳[①]和公孙渐父子、公孙戎奴（汉武帝时人）、公孙遂、公孙季功、公孙习、公孙婕妤、公孙闳、公孙益寿、公孙光（与公孙述弟弟同名的另一人）、公孙守。此12人史籍未载其籍贯。

也就是说，可以确定为西汉时人的30个公孙氏中，有15人集中于齐鲁、义渠和扶风三地，占了一半。

（三）东汉。史料记载显示，只有5人为公孙姓氏，即光武帝时的北海人公孙丹，汉明帝时的幽州从事公孙弘，汉和帝时辽东太守蔡讽的兵马掾公孙酺、蜀郡人公孙松，汉桓帝时的琅邪人公孙举。据此5人的籍贯，可以看到史籍有记载的公孙姓氏已集中至幽州，及与辽东隔海相望的北海、琅邪。只有1人为蜀郡籍贯。

将西汉与东汉公孙氏的情况综合考察，结论如下：西汉扶风的公孙氏大多应随公孙述入蜀，所以蜀郡的公孙氏可能主要与公孙述曾称帝于蜀的历史有关，但随着光武帝灭公孙述之后，其人数渐少；东汉的公孙氏仍旧集中于齐地，此与西汉齐地的公孙氏较多，应该是延续的关系；西汉义渠的公孙氏，不见于东汉。

让我们回到汉末三国时的情况，如前所述，22个公孙氏中，有18人可以基本断定籍贯为幽州的辽东、辽西和辽东属国。这18人上溯而去，是否与齐、义渠两地的公孙氏有关呢?

三、魏晋公孙氏的来源考察

汉景帝封公孙昆邪（义渠人）为平曲侯，汉武帝封公孙弘（齐菑川国薛县）为平津侯、公孙敖（义渠人）为合骑侯。巧的是，平曲侯、平津侯和合骑侯的封地，据裴骃的《史记集解》称，均在高城。也就是说，公孙昆邪、公孙弘、公孙敖的侯国分别在高城的平曲、平津、合骑。据谭其骧主编的《中国历史地图集》

① 《史记》卷18《高祖功臣侯者年表》载，公孙耳因功封为禾成侯，而《汉书》卷16《高惠高后文功臣表》中的禾成孝侯是公孙昔而非公孙耳，但两书记载其子均为公孙渐。不知《史记》与《汉书》孰是。

（西汉）显示，高城均属幽州的勃海郡。

另有高帝时封公孙耳（籍贯不明）为禾成侯，据《中国历史地名大辞典》称：“禾成侯国，西汉高帝十一年置，治所疑在今河北辛集市、赵县之间（一说在今河北晋县西）。文帝时废。”①

高城在今河北盐山县东南，辛集市在今河北盐山县东。总之，从汉高帝始，经文帝、景帝和武帝，各公孙氏所封的平曲侯、平津侯、合骑侯和禾成侯，其封地均在勃海郡。汉代皇帝们喜欢把公孙氏都封往同一地域，原因已不得而知。但却提供了一条线索，可以追寻汉末三国时幽州三地公孙氏的来源。

上述各公孙氏，公孙耳的儿子公孙渐袭其父爵，无后，国除。公孙昆邪的儿子公孙贺并未袭其父爵位，公孙敖后因与匈奴作战失败，当斩，赎为庶人，国除。公孙弘的儿子公孙度因罪国除。这些公孙氏虽然都没有后人留下记载。但古人子嗣一般很少是独子，即便长子袭爵之后因各种原因国除，但并不妨碍次子各支，包括嫡子嫡孙支系继续在封地开枝散叶。最重要的是，勃海郡与辽西郡、辽东郡隔勃海相望，当时浮海相通也不是难事。东汉末年公孙度在辽东自立时，“越海收东莱诸县，置营州刺史”。正是跨海将青州的东莱郡划归己有，可见当时的海上交通亦频。所以，西汉中前期被封到勃海郡的各公孙氏，在繁衍生息的过程中渐次通过海路集于辽东、辽西地区是完全有可能的。

综上所述，“公孙”从春秋战国时各国普遍存在的公族身份标识，到秦灭六国后，身份标识作用的渐次消失，个别者将其作为姓氏传下来，再到西汉，公孙氏主要集中于齐鲁、义渠和扶风三地，再至东汉，公孙氏主要为幽州和齐地人，最后到了汉末三国时期，公孙氏主要为幽州人氏。虽然史籍所载的明确线索并不连贯，但将中间空白环节补齐，即西汉四个侯国的封地均在幽州勃海郡，其子孙的开枝散叶、浮海相通，使得汉末三国时期幽州公孙氏的来历稍稍有迹可循。

---

① 魏嵩山主编:《中国历史地名大辞典》，广州：广东教育出版社1995年，第297页。

表3 《史记》所载公孙姓氏汇总表[①]

姓名	时间	籍贯	记载内容	资料出处
公孙归父	春秋	鲁	襄仲立（鲁）宣公，公孙归父（襄仲子）有宠	卷33《鲁周公世家》（1536页）（详情见《汉书》卷27上《五行志》第1324页）
公孙雄	春秋	吴	吴王使公孙雄肉袒膝行而前[②]	卷41《越王勾践世家》（第1745页）
公孙支	春秋	晋	昔缪公求士，西取由余于戎，东得百里奚于宛，迎蹇叔于宋，来丕豹、公孙支于晋[③]。此五子者，不产于秦，而缪公用之，并国二十，遂霸西戎。	卷87《李斯列传》（第2542页）
公孙光	春秋	齐	臣意闻菑川唐里公孙光善为古传方[④]	卷105《扁鹊仓公列传》（第2815页）
公孙翩	春秋	不明	前昭公欺其臣迁州来，后将往，大夫惧迁，公孙翩射杀昭公。	卷47《孔子世家》（第1928页）
公孙余假	春秋	不明	（卫）灵公使公孙余假一出一入。	卷47《孔子世家》（第1919页）
公孙固	春秋	不明	成公弟御杀太子及大司马公孙固而自立为君。[⑤]	卷38《宋微子世家》（第1627页）
公孙固	战国	齐	及如荀卿、孟子、公孙固、韩非之徒[⑥]	卷14《十二诸侯年表》（第510）
公孙纠	战国	宋	（宋）昭公父公孙纠，纠父公子褍秦	卷38《宋微子世家》（第1631页）
公孙敢	战国	卫	子路入，及门，公孙敢阖门，曰："毋入为也！"[①]	卷37《卫康叔世家》（第1601页）

① 表中的资料均出自（汉）司马迁:《史记》，北京：中华书局1982年。（以下脚注中的《集解》《索隐》均出自本书，不赘注）

② 《集解》虞翻曰："吴大夫。"

③ 《索隐》丕豹自晋奔秦，《左氏传》有明文。公孙支，所谓子桑也，是秦大夫，而云自晋来，亦未见所出。《正义》《括地志》云："公孙支，岐州人，游晋，后归秦。"

④ 《索隐》谓好能传得古方也。《正义》谓全传写得古人之方书。

⑤ 《正义》《世本》云："宋庄公孙名固，为大司马。"

⑥ 《索隐》荀况、孟轲、韩非皆著书，自称"子"。宋有公孙固，无所述。此固，齐人韩固，传《诗》者。

续 表

姓名	时间	籍贯	记载内容	资料出处
公孙无知	战国	齐	（武公）十三年，齐人管至父、连称等杀其君襄公而立公孙无知。晋灭霍、魏、耿。齐雍廪杀无知、管至父等而立齐桓公。	卷5《秦本纪》（第183页） 卷32《齐太公世家》（第1483页）
公孙龙	战国	不明	公孙龙字子石，少孔子五十三岁②	卷67《仲尼弟子列传》（第2219页）
公孙贾	战国	不明	太子，君嗣也，不可施刑，刑其傅公子虔，黥其师公孙贾。	卷68《商君列传》（第2231页）
公孙痤	战国	不明	与魏、晋战少梁，虏其将公孙痤	卷5《秦本纪》（第201页）
公孙喜	战国	不明	白起为左更，攻韩、魏于伊阙，斩首二十四万，又虏其将公孙喜，拔五城。	卷73《白起王翦列传》（第2331页）
公孙杵臼	战国	不明	（按：与程婴一起救了赵氏孤儿）	卷43《赵世家》（第1783页）
公孙操	战国	不明	燕将成安君公孙操弑其王。	卷43《赵世家》（第1821页）
公孙颀	战国	不明	公孙颀自宋入赵，自赵入韩。	卷44《魏世家》（第1843页）
公孙阅	战国	不明	其后成侯邹忌与田忌不善，公孙阅谓成侯忌曰	卷46《田敬仲完世家》（第1892页）
公孙奭	战国	不明	公孙奭党于韩……公孙奭欲以韩取齐。	卷71《樗里子甘茂列传》（第2314）
公孙昧	战国	不明	楚围雍氏，韩求救于秦。秦未为发，使公孙昧入韩。	卷45《韩世家》（第1873页）
公孙庆	秦末	不明	（楚王）景驹使公孙庆让齐，诛庆。	卷16《秦楚之际月表》（第766页）
公孙耳	西汉高帝	不明	（禾成侯国）十一年正月乙未，孝侯公孙耳元年。	卷18《高祖功臣侯者年表》（第954页）
公孙渐	西汉文帝	不明	（禾成侯国）十四年，侯渐薨，无后，国除。	卷18《高祖功臣侯者年表》（第954页）
公孙臣	西汉文帝	鲁	是时北平侯张苍为丞相，方明律历。鲁人公孙臣上书陈终始传五德事，言方今土德时	卷10《孝文本纪》（第429页）

① 《集解》服虔曰："公孙敢，卫大夫。言辄已出，无为复入。"

② 《索隐》郑玄曰楚人，《家语》卫人，《孟子》云赵人。然庄子所云"坚白之谈"，则其人也。

续　表

姓名	时间	籍贯	记载内容	资料出处
公孙诡	西汉景帝	齐人	齐人羊胜、公孙诡、邹阳之属。	卷58《梁孝王世家》(第2083页)
公孙昆邪	西汉景帝	义渠	1. 平曲(侯国)《索隐》按:《汉表》在高城。 2. 以将军击吴楚功，用陇西太守侯，户三千二百二十。 3.(孝景)六年四月己巳，侯公孙昆(《索隐》《汉书》作浑)邪元年。中四年，侯昆邪有罪，国除。太仆贺父。	卷19《惠景间侯者年表》(第1015页)
公孙弘	西汉武帝	齐菑川国薛县	卒以弘为丞相，封平津侯[①]。 (平津侯国)《索隐》表在高城。 1. 以丞相诏所褒侯。 2.(元朔)五年十一月乙丑，献侯公孙弘元年。 3.(元狩)三年，侯庆元年。 4.(元封)四年，侯庆坐为山阳太守有罪，国除。	《史记》卷112《平津侯主父列传》(第2951页) 卷20《建元以来侯者年表》(第1030页)
公孙度	西汉武帝	齐菑川国薛县	元狩二年，(公孙)弘病，竟以丞相终。子度嗣为平津侯。度为山阳太守十余岁，坐法失侯。	《史记》卷112《平津侯主父列传》(第2953页)
公孙勇	西汉武帝	淮阳(今河南境内)	(潦阳国)江德，以园厩啬夫共捕淮阳反者公孙勇等侯。	卷20《建元以来侯者年表》(第1058页)
公孙季功	西汉武帝	不明	太史公曰：……始与公孙季功、董生与夏无且游，具知其事，为余道之如是。	卷86《刺客列传》(第2538页)

① 《集解》徐广曰:“《大臣表》曰元朔五年十一月乙丑，公孙弘为丞相。《功臣表》曰元朔五年十一月乙丑，封平津侯。”骃案《汉书》，高成之平津乡也。《索隐》案:《汉书》曰“汉兴，皆以列侯为丞相，弘本无爵，乃诏封弘高成之平津乡六百五十户为平津侯。丞相封侯，自弘始也。”“平津城，在今河北盐山县南。西汉元朔五年封公孙弘为平津侯。”魏嵩山主编:《中国历史地名大辞典》，广州：广东教育出版社1995年，第217页。

续 表

姓名	时间	籍贯	记载内容	资料出处
公孙遂	西汉武帝	不明	使济南太守公孙遂往征之（朝鲜）	卷115《朝鲜列传》（第2988页）
公孙贺	西汉武帝	义渠	贺，义渠人①，其先胡种。	卷111《卫将军骠骑列传》（第2941页）
公孙敬声	西汉武帝	义渠	南茆（侯国）	卷20《建元以来侯者年表》（第1032页）
公孙敖	西汉武帝	义渠	将军公孙敖，义渠人。 合骑（侯国）《索隐》表在高城也。 1. 从大将军击匈奴，至右贤王庭，得王功侯。元朔六年益封。 2.（元朔）五年四月丁未，侯公孙敖元年。 3.（元狩）二年，侯敖将兵击匈奴，与骠骑将军期，后畏懦，当斩，赎为庶人，国除。	卷111《卫将军骠骑列传》（第2941页） 卷20《建元以来侯者年表》（第1034页）
公孙戎奴	西汉武帝	不明	从平（侯国）《索隐》表在乐昌邑。	卷20《建元以来侯者年表》（第1036页）
公孙卿	西汉武帝	齐	（按：为汉武帝求仙问道）	卷12《孝武本纪》（第467页）

表4 《汉书》所载公孙姓氏汇总表②

姓名	时间	籍贯	记载内容	资料出处
公孙兹	春秋	鲁	是岁，鲁公子季友、鄫季姬、公孙兹皆卒。	卷27下《五行志》（第1519页）
公孙黑	春秋	郑	伯州犁曰："子姑忧子晳之欲背诞也。"①	卷27中《五行志》（第1382页）
公孙挥	春秋	郑	郑行人子羽曰："假不反矣。"②	卷27中《五行志》（第1382页）

① 《正义》今庆州，本义渠戎国也。《地理志》云北义渠道也。

② 表中的资料均出自（汉）班固《汉书》，北京：中华书局1962年。

续　表

姓名	时间	籍贯	记载内容	资料出处
公孙敖	春秋	不明	文公时，大夫始颛盟会，公孙敖会晋侯，又会诸侯盟于垂陇。	卷27中《五行志》（第1391页）
公孙戎	汉高帝	不明	是故公孙戎位在充郎	卷99上《王莽传》（第4061页）
公孙获	汉景帝	齐人	公孙获遂见梁王（按：劝说梁王为济北王说情）	卷51《贾邹枚路传》（第2356页）
公孙滂洋	汉武帝	汾阴	汾阴男子公孙滂洋等见汾旁有光如绛，上遂立后土祠于汾阴脽上，如宽舒等议。	卷25上《郊祀志》（第1222页）
公孙遗	汉昭帝	不明	（汉武帝征和元年）光禄大夫公孙遗守少府。 （汉昭帝后元二年）守卫尉遗 （汉昭帝元凤元年）冬十月，诏曰："燕王遣寿西长、孙纵之等赂遗长公主、丁外人、谒者杜延年、大将军长史公孙遗等，交通私书，共谋令长公主置酒，伏兵杀大将军光，征立燕王为天子，大逆毋道。"	卷19下《百官公卿表》（第788页） 卷19下《百官公卿表》（第791页） 卷7《昭帝纪》（第226页）
公孙婕妤	汉宣帝	不明	孝宣皇帝五男……公孙婕妤生东平思王宇，	卷80《宣元六王传》（第3311页）
公孙益寿	汉宣帝	不明	御史属公孙益寿谏，以为不可。	卷94《匈奴传》（第3786页）
公孙文	汉元帝	琅邪	（严彭祖）授琅邪王中，为元帝少府，家世传业。中授同郡公孙文、东门云。云为荆州刺史，文东平太傅，徒众尤盛。	卷88《儒林传》（第3616页）
公孙习	汉成帝	不明	故长定许贡人及故成都、平阿侯家婢王业、任孋、公孙习前免为庶人，	卷97下《外戚传》（第3994页）
公孙禄	汉哀帝	颍川	（建平二年）卫尉贾延为少府，一年迁。五官中郎将颍川公孙禄中子为执金吾。 （建平三年）右将军公孙禄为左将军，二年免。	卷19下《百官公卿表》（第845页） 卷19下《百官公卿表》（第846页）
公孙光	汉哀帝	不明	（王）嘉因荐儒者公孙光	卷86《王嘉传》（第3492页）

① 师古曰："子晳，郑大夫公孙黑也。"

② 师古曰："行人，官名。子羽，公孙挥字也。"

续 表

姓名	时间	籍贯	记载内容	资料出处
公孙闳	汉平帝	不明	琅邪太守公孙闳言灾害于公府	卷100上《叙传》(第4204页)
公孙述	刘秀称帝前后	蜀汉	世祖即位于冀州。时隗嚣据垄拥众，招辑英俊，而公孙述称帝于蜀汉。	卷100上《叙传》(第4207页)

注：1. 与《史记》重复者不录。具体名录：公孙度、公孙庆、公孙龙、公孙诡、公孙弘（还有一个同名的，是战国时齐人）、公孙勇、公孙归父、公孙耳（昔）、公孙渐、公孙广意、公孙昆邪、公孙遂、公孙敬声、公孙戎奴、公孙敖、公孙臣、公孙卿、公孙无知、公孙杵臼、公孙固。

在《古今人表》中出现的公孙氏，信息太简略，仅有人名，因此不收录表中。具体名录：公孙丁、公孙强、公孙丑、公孙寿、公孙楚、公孙技、公孙朝、公孙素、公孙发、公孙尼、公孙尼子。

表5 《后汉书》所载公孙姓氏汇总表①

姓名	时间	籍贯	记载内容	资料出处
公孙守	光武帝	不明	公孙守据长陵。	卷17《冯异传》(第647页)
公孙弘	汉明帝	不明	又欲辟幽州从事公孙弘。	卷33《虞延传》(第1154页)
公孙丹	光武帝	北海	以大姓公孙丹为五官掾。	卷77《董宣传》(第2489)
公孙松	汉和帝	蜀郡	表用郡人处士顾奉、公孙松等。	卷36《张霸传》(第1241页)
公孙酺	汉和帝	不明	兵马掾公孙酺以身扞讽。	卷85《东夷传》(第2815页)
公孙举	汉桓帝	琅邪	太山、琅邪贼公孙举等反叛，杀长吏。	卷7《孝桓帝纪》(第300)
公孙纪	汉献帝	不明	时州从事公孙纪者，瓒以同姓厚待遇之。	卷73《刘虞传》(第2356页)

注：1. 与《三国志》重合的人物不收录表中。具体名录：公孙康、公孙度、公孙延、公孙瓒、公孙续、公孙域（《三国志》是公孙域）、公孙越、公孙范、公孙弘、公孙鞅。

2. 公孙述家族已知为扶风人，不收录表中。具体名录：公孙仁、公孙述、公孙光、公孙恢、公孙永。

作者简介：郝虹，女，大连大学历史学院教授，主要从事魏晋思想史、中国文化史研究。

① 表中的资料均出自（南朝宋）范晔《后汉书》，北京：中华书局1965年。

清代围场木材资源开发与管理

王铁男

清代，位于热河和东北的围场是帝王演武行猎之所，同时也是优质松木的产区，随着康熙中期以来各种建筑工程的兴起，清政府的木材需求量激增，开发距离京城较近的围场内的木材资源自然成为不二之选。纵观整个清代，在围场内采伐木材次数之频繁、数量之巨大为全国其他木材产区所不能比拟，可以说是围场内源源不断的木材供应支撑了清代以三山五园为代表的各项建筑工程的顺利进行。由于清代的围场属于封禁区域，围场内各种资源被视为皇室之私产，因此围场内木材资源的开发与管理以皇室管家内务府为主导，其管理者以满族大臣为主，具有明显的民族特色和时代特征。

围场是中国古代皇帝演武打猎的场地，早在北宋时期政府便开始在近郊设置围场，《宋史·礼志》载："太祖建隆二年，始校猎于近郊。先出禁军为围场，五坊以鸷禽细犬从"。[①]由于国家版图、文化传统等因素的限制，宋代初设的围场位于近郊，规模也不大，而到了清代，满族统治者崇尚骑射，围场的数量、规模与面积都空前膨胀。清代的围场有多处，木兰围场置于康熙二十年（1681），内设七十二围，地处喜峰口蒙古各部中间，面积达一万多平方千米，东北围场置于康熙二十一年（1682），有盛京围场、吉林南山围场、伯都讷围场、索约尔济围场等几处，总体上看，清代的围场集中分布于热河和东北两个区域。

围场以行猎演武为职能，因此必是林木繁茂之处以滋生牲兽，热河围场的"千里松林"早在辽金时期就是皇帝的猎场，《辽史》记载辽国曾设置过"围场都太师、围场都管、围场使、围场副使"[②]等官员管理围场，属北面官。不论是热河

---

① （元）脱脱等撰：《宋史》卷121，北京：中华书局1977年，第2840页。

② （元）脱脱等撰：《辽史》卷46，北京：中华书局1974年，第731页。

还是东北，清代以前都是各中原王朝的边陲之地，基本没有经过农耕民族的大规模开发，保留了较为原始的生态环境，因而围场内的木材和野生动物资源都极其丰富。由于气候原因，清代围场内的林木树种以松木为主，围场所处的口外以及关外东北地区都是优质松木的产区，明代李时珍在《本草纲目》中言："松处处有之，其叶有两鬣、五鬣、七鬣。岁久则实繁。中原虽有，不及塞上者佳好也。"①也就是说中国内地虽然也产松木，但其质量与塞外不可同日而语。

一、开发围场木材的动因与条件

（一）迫切的木材需求

清代从康熙中期国家政治局势稳定之后便开始大兴土木，刘敦桢先生对此有云："且考清世苑囿，自康熙中叶首营畅春、澄心二园与热河、香山行宫。雍、乾继起，复有圆明、长春、万春、清漪诸园之建，数量之众，为元、明以来数百年所未有。"②中国传统建筑以砖木结构为主，木材是工程建材之大宗，康熙中期以来国家的木材需求量激增。但南方两广、云、贵、川等地区的大型楠杉木料经过明代的采伐已经接近枯竭，清代多次派员赴西南采伐楠木的结果都不理想。湖南、江苏、江西和浙江四省承担每年额解年例木料进京，但每省也仅有数千根且规格较小，根本不敷应用。为了满足工程对大型木料之需求，清政府将目光从南方的楠木转移到北方的松木之上。

康熙八年为修太和殿采楠木，"四川巡抚张德地疏报，采取楠木八十株。得旨：修造宫殿，所用楠木不敷，酌量以松木凑用，着停止采取。"③康熙二十一年，太和殿再度兴工，二十五年四川松威道王骘上疏谏言采办四川楠木，康熙帝上谕曰："四川屡经兵火，困苦已极，采木累民。塞外松木，取充殿材，足支数百年，

---

①（明）李时珍撰：《本草纲目》卷34，《景印文渊阁四库全书（第774册）》，台北：商务印书馆2008年，第6页。

② 刘敦桢：《同治重修圆明园史料》，《圆明园》学刊1981年11月第1期，第118页。

③《圣祖仁皇帝实录》卷二十八，康熙八年三月已卯，《清实录》第4册，北京：中华书局1985年，第391页。

何必楠木？令免采运。”[①]雍正皇帝在关于修建万年吉地的上谕中也称：“楠木难得，如果不得即松木亦堪应用。”[②]虽然松木与楠木相比具有密度小，耐久性差，木质软，易开裂变形，含水率高，松脂含量高等诸多缺点，但是当时能够获得的与楠木围圆、丈尺相似的大型木料仅有松木，另外松木产区距离京城较近开采运输成本较楠木低得多，尤其是在兴建热河园林之时许多木料可以就地取材，因此松木成了楠木的最为理想的替代品。在皇帝首肯以松木代替楠木的情况下，清代在围场的采伐松木的活动逐渐展开。

（二）对松木产区的有效控制

客观条件上，清代具备了大规模采伐优质松木的条件。清代以前塞外和关外地区虽然已经划入国家版图，但属于边疆地区，中央政府对这些地区以实际控制力并不强，中央朝廷象征性的征收贡赋与派遣官员，实际控制权仍然掌握在当地少数民族首领手中，无法实现对当地资源的开发利用。《明会典》中记载的松木采办其地点都在山西真定，如嘉靖三十六年重建朝门午楼，题准“差大臣一员、司官一员，又差郎中二员，一往山西真定采松木，一往浙江、徽州采鹰架木。”[③]到了清代，采伐松木的条件则大为改观，关外松木产区本就是满洲人的龙兴之地，长城以北的塞外地区主体部分为漠南蒙古，清入关前便已经控制了该区域，因此在清代中国的主要优质松木产区都已经在中央政府的实际有效控制之下，其采伐条件完全成熟。

（三）松木建材使用技术的成熟

中华先民对松木的认识和利用具有较为悠久的历史与技术积累，使用松木的技术处理上已经非常成熟，除建筑材料外，车船、军器、医药等行业均有使用松木的记载。《诗经》中《鲁颂·閟宫》有：“徂徕之松，新甫之柏。是断是度，是寻是尺。松桷有舄，路寝孔硕，新庙奕奕”，此处松木已经用来修建宗庙的正殿，

---

① 赵尔巽等撰:《清史稿》卷二百七十四，北京：中华书局1977年，第10051—10052页。

② （清）允禄奉敕编、弘昼续编:《世宗宪皇帝上谕内阁（一）》卷四十八,《景印文渊阁四库全书（第414册）》，台北：商务印书馆2008年，第451页。

③ （明）申时行等修:《明会典》卷一八一工部一，北京：中华书局2007年，第918页。

可见松木在先秦时期就已经作为建筑材料来使用。《陈书》载陈朝名将侯安都被余孝顷切断后路，“孝顷俄断后路，安都乃令军士多伐松木，竖栅，列营渐进，频战屡克，孜乃降”[①]，此处侯安都竖栅列营使用的木材是松木。《旧唐书》中记载，唐德宗李适“计料造神龙寺，需长五十尺松木”[②]，唐代使用五十尺的松木，说明松木在唐代已经使用松木作为建筑的梁柱。宋代李诫《营造法式》锯作解割功中亦有使用白松木的记载。明代以来，松木的使用更加普遍，明代官方厂库内储存有大量松木备用，正统七年正月“广昌木厂火，焚松木八千八百余株”[③]，可见明代松木用量之大。《明会典》《工部厂库须知》等明代文献的记载中，松木已经作为建筑的柁、梁、枋、椽以及板材使用。如《明会典》载：“司设监成造夏季竹帘，每年一次，杉木十一根，松柁木三十三根。成造冬季毡帘，每年一次，杉木十五根，松柁木二十四根，松木枋二十四根。”[④]《工部厂库须知》中也有大量使用松木枋柁、松木椽柱、松木板的记载。除此之外，松木大量应用于车船制造业和军器制造业，《诗经・卫风・竹竿》中“淇水滺滺，桧楫松舟。驾言出游，以写我忧”，言卫国的女子远嫁别国思念着家乡，想象自己能划着松木的小船，于淇水上漫游，回到自己的家乡，说明先秦时期松木已经成为制造船只的原材料。明代，《明会典》《南船纪》《龙江船厂志》中所记载的制造各式船只大量使用松木料，《全浙兵制》《兵录》《武备志》等明代兵书中，松木是制造战车、修筑工事、制造军械的重要原材料，如《武备志》中载：“手牌宜用白杨木或轻松木为之，取其轻而坚也，每面长五尺七寸，阔一尺上下，两头比中间阔三、四分，俱小尺。”[⑤]由于松木内含油脂较多，极难自然风干，因此在西方松木脱脂技术进入中国以前，中国人基本不使用松木制造家具，小件松木通常只能制造烧火的把柴使用。

---

① （唐）姚思廉撰:《陈书》卷八，北京：中华书局1972年，第144页。

② （后晋）刘昫等撰:《旧唐书》卷一百三十五，北京：中华书局1975年，第3721页。

③ （清）张廷玉等撰:《明史》卷二十九，北京：中华书局1974年，第462页。

④ （明）申时行等修:《明会典》卷二〇七工部二十七，北京：中华书局2007年，第1032页。

⑤ （明）茅元仪:《武备志》卷一〇四军资乘战器械三，《故宫珍本丛刊（第355册）》，海口：海南出版社2000年，第232页。

二、木料采伐与管理

（一）采伐数量、规格与用银情况

清代采伐松木的活动从顺治时期便开始了，“顺治九年题准：各工需用木料，招募商人，自备资本，出古北、桃林、潘家等口，采伐木植，运至通湾地方，照数验收给价，其各商出口，先期具呈工部，取身家住址邻右，并各商联名甘结，移咨兵部，给批付商，照验出口。工部仍给采木批文，并移守关官员，确查出口人数及进口木植树木，报部。俟木植到日，本部差官，亲至通湾，确估时价，部抽三分，给商七分。”[①]这次出口采木开清代采伐松木之先河，但形式上与此后的采伐活动颇有不同，这次采木的时间较早，当时还没有设置被封禁的围场，属于官招商采，与后来由内务府官员负责采办有较大区别。

康熙中期以来，清代建筑工程数量增多，木材需求激增，康熙皇帝明确表示塞外松木可以代替楠木使用后，塞外松木的采伐开始大规模展开。尤其是在热河行宫动工以后，更是就地取材，木兰围场附近的松林开始被大规模采伐，除供给热河行宫修建以外还供应京城等其他各处。康熙四十一年（1702）热河行宫选址完成后，康熙皇帝便传谕工部：“著于山东、直隶招延工役，近于围场伐运木植，兹地选山采石，预修窑场。”[②]明确指示其工程所用木料、石料就近采取，砖瓦就地置窑烧造。雍正二年（1724），圆明园的扩建工程正式开始，当年正月十八日，“一等侍卫兼郎中宝德告知：职于本月初八日奏，圆明园所用柁梁大树，原欲交付卖树人采办，卖树人云：此树若于京城周围寻觅，已难得到。若于边外步步高、板结塔两处派人觅伐，或许可得。因步步高临近围场，板结塔在围场内，臣未敢擅行，谨奏请旨。”[③]雍正皇帝下旨：“此二处虽围场之地，亦为联属，既然柁梁等

---

① （清）伊桑阿等撰，关志国、刘宸缨校点：《大清会典（康熙朝）》卷之一百三十二物料，南京：凤凰出版社2016年，第1737页。

② 《工部来文》康熙四十一年七月壬子“圣祖朱批”，清华大学图书馆藏。转引自刘玉文：《避暑山庄初建时间及相关史事考》，《故宫博物院院刊》2003年第4期，第25页。

③ 中国第一历史档案馆编：《清代档案史料——圆明园（上）》，上海：上海古籍出版社1991年，第3页。

需用大树，著内务府总管行文该部，遣一家臣，将所用大树砍伐运京。”[①]雍正皇帝奏准由内务府派员前往热河围场一带采伐林木之后，凡大内、西苑、陵寝及三山五园营建所用木料，大部分来自围场。整个清代，采伐围场木料比较集中的时期有三个，第一次是乾隆三十三年至三十九年（1768—1774），采伐各类松木高达365549件[②]，第二次是乾隆五十一年至五十三年，采伐各类木料近121396件[③]，第三次是嘉庆四年至九年，采伐木料96623件[④]。其他时期时有零星的采木活动从未停止，多则几万件，少则百余件。仅据清宫热河档案的不完全统计，从乾隆十三年至嘉庆二十二年，有明确数字记录的采伐热河围场木值数量达667474件，另外期间尚有多次采伐活动没有确切数字记载，康熙、雍正年间的伐木数量以及东北围场的伐木数量也未能计入，按此推测，整个清代官方在围场砍伐的木料数量当不少于一百万件。

其中嘉庆九年是热河围场采伐木材的转折点，此年的木兰秋狝受到采木的影响无法举行，嘉庆皇帝遂下令停止采伐围场木材，令下后虽然没有完全禁绝木兰围场采木，但数量和规模急剧下降，偶有采伐其数量也在一千余件左右，与此前动辄采伐上万件大件木料相比规模急剧缩小。嘉庆十六年（1811）底，热河都统毓秀在围场砍伐敦仁镇远神祠工程所需木料1283件[⑤]，嘉庆二十二年底，热河都统

---

① 中国第一历史档案馆编:《清代档案史料——圆明园（上）》，上海：上海古籍出版社1991年，第3页。

② 中国第一历史档案馆、承德市文物局合编:《清宫热河档案（3）》，北京：中国档案出版社2003年，第406页。

③ 人民大学赵珍教授《清代塞外围场土地资源环境变迁》一文统计乾隆时期有两个在木兰围场砍伐木材相对集中的时间，即乾隆三十三年至三十九年和乾隆五十一年至五十三年，按其统计数据，乾隆五十一年至五十三年合计砍伐围场木材337813件，通过详细阅读比对《清宫热河档案》中的记载，其所言乾隆五十一年七月在黑龙山等处砍伐103329件和乾隆五十三年在黑龙山、小西沟等处砍伐118116件实为一次砍伐的两次不同奏报，其中乾隆五十三年这次为核销后的实际数据。乾隆五十二年在都呼岱、莫多图、哈萨克图、固尔班拜察4处勘察得木料116368件，但据后来的核销实际仅采伐3280件，其余备案未采。因此，乾隆五十一年至五十三年，采伐各类木料数量应当为121396件。

④ 中国第一历史档案馆、承德市文物局合编:《清宫热河档案（10）》，北京：中国档案出版社2003年，第368页。

⑤ 中国第一历史档案馆、承德市文物局合编:《清宫热河档案（12）》，北京：中国档案出版社2003年，第74—75页。

庆溥采伐协义昭灵神祠应用木材坚实黄松1299件[①]。咸丰八年（1858）九月修万年吉地工程，“需用细丝黄松木植荒料长四丈径四尺者，其余自长一丈至三丈者均合应用，”[②]此次采办需用木料没有进入围场，而是选择在热河围场外围的多伦诺尔等地采伐。清代文献所记载的官方最后一次大规模在热河围场内砍伐木材是在光绪时期，这次砍办木料的目的已经不再是为了修建各式建筑而是作架设电线的杆木之用，光绪二十四年九月，“盛宣怀电称恰克图电工由乌得至张家口，所需杆木在库砍运艰难，请由多伦诺尔所属围场采用，分运较易等语。著准其砍运杆木一万根，仍不得砍伐大松木，并著直隶总督、察哈尔都统派员点验，毋许逾数。”[③]

木兰围场伐木量的减少一方面是由于康雍乾三朝以及嘉庆前期大量伐树对围场造成极大损害，野兽数量急剧下降影响了木兰秋狝的举行，因此，保护围场林木恢复其功能已经刻不容缓；另一方面嘉庆时期清朝国力已经大不如前，无力再进行大规模的工程兴建，对木材的需求量也在下降。另外，东北地区松木采伐量的增加也在一定程度上缓解了热河围场的伐木压力。

东北是中国另一大松木产区，由于清代对东北实行封禁政策以及运输成本问题，东北地区的松木采伐量远远小于热河地区，至嘉庆年间，东北采伐松木的范围也仅限于盛京、辽阳附近的山地围场，吉林和黑龙江两个将军辖区的木材资源直至晚清柳条边开放以后才陆续被开发利用。在热河围场木材减产的情况下，东北盛京一带的木材采伐量逐渐增多，嘉庆十一年，皇帝明确指定裕陵大碑楼需用的三百三十九件木料在盛京附近采伐，道光以后在热河档案中已经见不到采伐松木的记载，而《清实录》中却有道光年间为修万年吉地赴东北采伐松木的记录，盛京一带山地围场逐渐取代热河围场成为官方工程的主要木材供应地。道光二年七月，“晋昌奏躧获黄松树株，筹议砍运事宜一折。据称嘉庆十一年采办工用木植

---

① 中国第一历史档案馆、承德市文物局合编:《清宫热河档案（13）》，北京：中国档案出版社2003年，第272页。

② 《文宗显皇帝实录》卷二六五，咸丰八年九月壬寅，《清实录》第43册，北京：中华书局1987年，第1118页。

③ 《德宗景皇帝实录》卷四二九，光绪二十四年九月癸亥，《清实录》第57册，北京：中华书局1987年，第637页。

查照乾隆年间旧章，系由直隶总督拨船转运。此次躧获树株一百四十件，俟明岁春融上紧运至岫岩大孤山海口，请循照旧例，仍由直隶拨船载运等语。此项黄松木植为紧要工需，著颜检于明岁春融时拨雇商船、派委妥员押赴岫岩大孤山海口，迅速载运工次以备应用。"①通过《清实录》中的这段记载可知，乾隆、嘉庆时期均有砍伐过东北的松木，木料运输路线是先运至岫岩厅所属的大孤山海口，再从这里出海运至关内，直至道光年间依然延续这条线路。道光二年至三年，在东北盛京附近共采得各类木料共9063件②。

从道光年间在东北采办松木的过程来看，整个东北地区的木材储量依然十分丰富，吉林和黑龙江尚处于未开发状态，但是东北南部盛京将军辖区内的高大坚实黄松木不再轻易可得，经过官员仔细勘察选择后还是能够凑足数量供应工程需要，暂时没有继续向北砍伐吉林将军辖区木材的必要。

表1　清代采伐围场木材统计表（不完全统计）

时间	承办人	采办地点	数量（件）	用银数（两）
乾隆13-14年	戴文、善宝等	莫里哈喇沁、赖头沟、葛哈围、卜古围	20250	33647.0188
乾隆32年	玛常等	永阿柏至他里雅图等二十二围	34729	不详
乾隆33-35年	胡什图、三全等	都呼岱、莫多图等四围	123191	301773.658
乾隆36-39年间	三全等	后围、英图围、莫多图围等	223065③	470417.812④

① 《宣宗成皇帝实录》卷三八，道光二年七月庚辰，《清实录》第33册，北京：中华书局1986年，第676—678页。

② 《宣宗成皇帝实录》卷五五，道光三年七月壬午，《清实录》第33册，北京：中华书局1986年，第974页。

③ 乾隆四十年四月十一日内务府总管英廉等奏报的对乾隆三十三年至三十九年采伐围场各类松木最终统计结果为365549件，奏称期间三次进入围场采木，其中两次采伐后有奏报记录载于热河档案，第一次开始于乾隆三十三年，至三十五年所有木料全部交工应用，采伐数量123191件，最后一次为奉命续行采伐19293件，具体年份未知，但时间应在最后。因此可以根据采伐总量和两次奏报数量推算第二次采伐数量为223065件。

④ 乾隆四十年四月十一日内务府总管英廉等奏报乾隆三十三年至三十九年采伐围场各类松木最终用银799250.701两，详见《清宫热河档案（3）》第406页。根据用银总量和两次分批奏销银两数量可以推算此次用银为470417.812两。

续　表

时间	承办人	采办地点	数量（件）	用银数（两）
乾隆36-39年间（续砍）	三全、全德等	英图、巴彦木敦等四围	19293	27059.231
乾隆41-42年	多肃、明山保等	都胡岱、莫多图、哈萨克图、四处	26345	85409.066
乾隆43年	明山保等	莫多吐、哈萨克图、都胡岱等围	不详	约50000
乾隆47年	伊桑阿等	不详	不详	约95000
乾隆51年	佛保等	黑龙山、小西沟等处	118116	79009.586
乾隆52年	恒善保、讬伦等	都呼岱、莫多图、哈萨克图、固尔班拜	3280	5573.095
嘉庆5年	德勒克扎布、董椿等	按巴鸠、森吉查罕扎布、永安湃、博里沟、莫多图、哈萨克图、都呼岱、巴彦穆敦八围	59884	125058.023
嘉庆8年	董椿、穆腾额等	都呼岱围、努呼岱围	约26730①	58094.221
嘉庆11年	不详	盛京	339	不详
嘉庆16年	毓秀等	莫垒喀喇沁、石胡子沟、板松沟等六处	1283	1914.403
嘉庆22年	庆溥等	博里沟、布都尔沟、托霍奈等七围	1299	2473.887
道光2-3年	晋昌等	盛京	9063	不详
咸丰8年	庆祺等	围场外多伦诺尔等处	不详	不详
光绪24年	盛宣怀等	多伦诺尔	10000	不详

注：此表为根据《清宫热河档案》（中国档案出版社2003版）、《清实录》（中华书局影印本）等文献绘制的不完全统计表，详细资料来源为：《清宫热河档案（1）》第292-293页，《清宫热河档案（2）》第45-49页、第208页，《清宫热河档案（3）》第399页、第406页，《清宫热河档案（4）》第70-71页、第108页、第190页，《清宫热河档案（5）》第85页，《清宫热河档案（6）》第227页、第81-82页，《清宫热河档案（9）》第180页，《清宫热河档案（10）》第185页、第492页，《清宫热河档案（12）》第74-76页，《清宫热河档案（13）》第272-274页，《宣宗成皇帝实录》卷三八（《清实录》第33册）第676-678页，《文宗显皇帝实录》卷二六五（《清实录》第43册）第1118页，《德宗景皇帝实录》卷四二九（《清实录》第57册）第637页。

① 董椿在嘉庆八年四月二十三日给嘉庆皇帝奏折中称在都呼岱围号计26730件备采，但出于节省运输成本考虑请求在都呼岱围和努呼岱围两个围场内采伐，获准。拟采伐数量未变，但档案内未载入实际采伐的精确数字，详见《清宫热河档案（10）》，第185页。但根据后来庆杰所呈报的嘉庆四年至九年采伐96623件的总量来看，如无其他未见记载的采伐，此次采伐数量应当多于原定26730件之数。

从围场采伐而来的原木一般就地进行粗加工制成荒料再行运送出山场，加工后的木材可以分为圆线、榔子、枋子、檩子、杴板、丈板、七尺板等名目，其中既有作为梁、柱、枋、檩的大件木材，也有各式小件板材，各名目的木料其规格按长度和直径等记录再案。以乾隆三十二年十一月，署理热河副都统玛常上报的木料清单为例，此次共砍伐红、黄松共木34729件，其中黄松10618件，红松24111件。按其规格，圆线318件（黄松74件、红松244件），径二尺至一尺六寸不等，长三丈五尺至二丈四尺不等。榔子3339件（黄松906件、红松2433件），径一尺五寸至一尺二寸不等，长二丈五尺至二丈二尺不等。长一丈六尺枋子红、黄松共661件（黄松210件、红松451件）。檩子7635件（黄松1772件、红松5863件），径一尺至七寸不等，长一丈六尺至一丈四尺不等。杴板共4380件（黄松920件、红松3460件）。丈板3718件（黄松木1018件折七尺料3428料5分7厘、红松木2700件折七尺料4817料7分5厘）。七尺板14678件（黄松木5718件折料7585料1分、红松木8960件折料9120料）。①

清代统治者将封禁围场视为皇家私产，雍正皇帝曾直接表示围场内的各种资源“亦为朕属”，木材也不例外，因此内务府遣人入围场采伐木材不存在商业买卖，这与在南方官府从木商手中采买木料截然不同，从围场采木的主要花销是雇觅工匠所花的“砍工银”和运输木材所花的“运价银”。“砍工银”内主要包括伐木工匠工资、饭食、住宿以及其他犒劳赏赐等项。“运价银”内主要包括陆运雇觅车辆的车价银、牲畜草料，水运雇觅船只的船价银、扎伐原料，以及押运兵丁、人夫的工资、饭食、犒劳赏赐等项。除了采运花销外，置办采伐木材所需的工具设备等也是重大开销项目之一。经过采伐运输，运至京城和其他工所的松木料其价格已是不菲。据《圆明园松木价值例》载：圆明园工程中使用的最大规格的松木，其径三尺、长六丈，单价高达每根银1334.94两②，而清代一品大员的年俸禄才只有

① 中国第一历史档案馆、承德市文物局合编:《清宫热河档案（2）》，北京：中国档案出版社2003年，第45—49页。

② 王世襄主编:《内廷圆明园内工诸作现行则例》，《清代匠作则例（第1卷）》，郑州：大象出版社2000年，第467页。

180两。

（二）木材采运流程及其管理特点

清代在塞外长城沿线以及东北地区采伐木料主要有两种形式，分别是招商采伐和内务府派员采伐，从采伐规模和数量上看是以内务府派员采伐为主，两者的采伐范围有着严格的限制，招募的汉族木商领票后只允许采伐未封禁区域的木材，严禁木商越界采伐，而对于围场封禁区域皆由内务府派员采伐，即雍正皇帝所言“遣一家臣”采伐，因为这些封禁地区是“亦为朕属”的皇家私产，在晚清开放采伐禁令之前汉族商民不得染指。商人越界采木会遭到查处而带来严重的后果，乾隆二十八年六月二十八日，乾隆皇帝谕内阁：“方观承奏摅热河道良卿报称，富贵山等处木值有木商吕均成领票砍伐，现经该厅员等查共堆放木值有在封禁界牌以内者，恐不无越界影射情状，著侍郎安泰带同工部司官一员由驿前往并著热河道派厅官一员随往查勘办理。”①在封禁的围场内，也被划定允许伐木的区域和禁伐区，承办采伐事项的官员严禁越界采木，乾隆以来开放采木的区域主要有都呼岱、莫多图、英图、巴彦木敦、固尔班柏、黑龙山、小西沟等围，经过逐年的采伐至嘉庆年间又新增按巴鸠、森吉查罕扎布、永安湃、博里沟四围。

起初被派遣赴围场采木的内务府官员级别并不高，乾隆十三年承办采伐事项的戴文职务为内务府员外郎而善宝仅仅是个笔帖式，且此二人在承办采木过程中出现了所报之数与实际采伐数不符以及越界采伐的情况，并且导致寿皇殿工程延误，因此遭到革职发热河工程处效力的处罚，上级官员三和与海望分别被罚俸三年和一年。此后，承办围场采木事务的官员级别逐渐提高，基本固定为热河方面为历任热河正、副都统中的一人（副都统承办情况较多）与热河总管协同办理，东北则由盛京将军负责采伐并陆运至出海口，再交由直隶总督运输。与其对接的机构为内务府所属的总理工程处，对于各类木料的采运情况需及时向总理工程处通报，同时也需要直接向皇帝本人汇报木材采伐运输的详细状况。由于采伐地区

---

① 中国第一历史档案馆、承德市文物局合编:《清宫热河档案（1）》，北京：中国档案出版社2003年，第474页。

封禁的特殊性，承办官员绝大多数为满族大臣，汉族官员基本被排除在外，皇室管家内务府在采伐围场木材中起主导作用，而作为最高国家工程管理机构的工部被排除在外，这是围场采木在管理上的重要特征。

其采伐流程：首先，由总理工程处根据工程需求下达木材需求指标，热河都统等承办官员进入围场勘察合适木料进行标记造册以备砍用。之后，根据伐木围场的位置以及需砍伐木料数量等情况做出砍伐人工费用与运输费用的预算，获得批准后从热河道支领钱粮进行采办。在热河围场内采伐的木料运输实行水路联运，按照木材的规格来规划运输线路，其中较大的柱木、柁枋等料无法水运，只能用四轮练车装载从陆路运输，其余规格略小的木料一般水旱联运，运输路线涉及白河、潮河、大小滦河等水系，上岸后再装车运至工所应用或各地木厂备工。如乾隆三十五年七月三全奏报木材运输线路："圆木俱旱运出西面吗呢图布拉克栅门至红旗营入大滦河水运至金沟屯出岸，此内径二尺至一尺六寸者即由金沟屯旱运进京，径一尺四五寸者自金沟屯旱运至密云县由白河、潮河汇水之处入河运抵通州。枋榔一尺四五六寸者亦俱旱运出吗呢图布拉克栅门入大滦河水运至金沟屯出岸，此内径一尺六寸者由金沟屯旱运至密云县入河水运抵通，一尺四五寸者由金沟屯旱运至古北口入潮河运抵通州，一尺三寸以下之枋榔檩枚料木俱旱运至他班陀罗海入小滦河出海流苏汰栅门归大滦河运至金沟屯出岸旱运至古北口入潮河水运抵通。旱路自英图等围至京近者计一百三十五里，远者计五百五十九里不等，水路自红旗营至通州近者计七百里，远者计一千十五里不等。"[①]木材运输过程中还需注意季节和气候的变化，夏季河流水量大时容易将木材冲失一般无法运输，冬季北方河流封冻且陆运风雪较大运输也较为困难，因此木料运输一般选择在春秋季节进行。东北采伐的木料固定运输线路是先运至岫岩大孤山海口，再由直隶总督负责安排海运入关进京。木材运到目的地后再进行最后的财务核算，如有剩余银两需要缴回，不足可申请补发。需要指出的是，采伐封禁围场木料虽然由官府直接管理，但

---

① 中国第一历史档案馆、承德市文物局合编:《清宫热河档案（2）》，北京：中国档案出版社2003年，第200页。

是并非没有民间商民参与其中，而且参与采伐的工匠并非官方机构的隶属匠役，而是从当地招募而来。另外，政府一般不直接承担木料的运输工作，往往招徕商人承包办理，官府给其运输费用并允许其携带一部分私人木值用于出售，但是整个运输过程处于官方的监管之下，为了防止商人在运输途中营私舞弊，木材起运前承办官员需亲自查看，将数目、规格等信息登记造册并加盖印鉴，甚至连用于扎筏的白阡等辅助材料也不得遗漏，运至目的地之后再按照登记内容逐一核对，出现数目规格不符以及损坏遗失等状况需要追究责任。

从围场采伐而来的木材一般直接运至工地应用或运至位于通州的木厂存留备工，从围场木材的应用范围来看，园林、陵寝、寺观、宫室等建筑工程都有使用围场松木的记录。表2与表3为乾隆三十三年至三十九年采伐松木料和嘉庆四年至九年采伐松木料的最终用途明细。

表2　内务府总管英廉奏报乾隆三十三年至三十九年采伐松木料用途

工程名称	用料数量	工程名称	用料数量
万佛楼	四十二项共53297件	圆明园	五十项共16374件
万善殿		长春园	
宁寿宫		狮子林	
雍和宫		正觉寺	
大光明殿		火器营营房	37996件
八旗营房		盘山园	414件
九门兵房		冲失着赔	1328件
清漪园	二十三项4334件	畅春园	三项共917件
静明园		西马厂	
静宜园		黄新庄	四处共130件
望蟾阁		半壁店	
三世佛殿		秋澜村	
观音阁		良各庄	

续 表

工程名称	用料数量	工程名称	用料数量
热河园	十七项47219件	热河交商变价	127136件
布达喇庙		通州交商变价	12906件
罗汉堂		京厂现存	11627件
戒台殊像寺		宁寿宫现存	64件
文园		圆明园木厂现存	2件
热河木厂现存	384件	殊像寺现存	58件
共计314186件			

资料来源：中国第一历史档案馆、承德市文物局合编:《清宫热河档案（3）》，中国档案出版社2003年版，第409-411页。表内各项木料共计314186件，档案内载英廉奏报期间另有51363件正在由围场运往通州，具体应用情况未定，详见《清宫热河档案（3）》第411页，合计共365549件，与前文乾隆三十三年至三十九年采伐松木料总量一致。

表3　热河都统庆杰奏报嘉庆四年至九年采伐松木料用途

工程名称	用料数量	工程名称	用料数量
裕陵圣德神功碑楼	3619件	裕陵隆恩殿	2366件
太平峪	39853件	圆明园	26044件
清漪园	9件	寿皇殿	2267件
重华宫	482件	建福宫	991件
庄静固伦公主府第	9981件	瑶亭行宫	1856件
贤良祠木厂备工	4158件	热河备工	4997件
共计96623件			

资料来源：中国第一历史档案馆、承德市文物局合编:《清宫热河档案（10）》，中国档案出版社2003年版，第368-369页。

（三）围场功能受损与限制采伐

大规模砍伐围场木材持续了一百余年之后，至嘉庆时期，围场内的木材储量急剧下降且环境也逐渐恶化，围场内野兽数量也急剧减少，围场行猎、军事训练的功能大受损害。嘉庆九年拉旺多尔济赴木兰围场勘察的结果是“本年所定十三围地方内巴彦布尔哈苏台、巴雅额尔滚、郭委逊格尔、巴彦喀拉四围并未见有鹿只，并详看各围场鹿只甚少者四十余处，”[①]由于野兽数量的减少，正常的围猎活动已经无法举行。被砍伐后的围场也是一片狼藉，“砍剩木墩余木甚多，兼有焚毁枯株犹在，往来车迹如同大路，运木多人各立寮铺。”[②]围场内每采得一件合适木料往往要放倒相似规格的树木多棵，又因为木料要从林中运出其附近的树木也都要砍伐放倒以开路，“令夫匠各处寻觅大树查看尺寸似可应用，及至砍倒丈量绕知尺寸不敷，只好做寻常件料另找大树，又因砍伐大木其左右树木有碍工运人须砍伐。”[③]此外，除了官方的砍伐与狩猎外，私人偷猎和盗伐现象也十分猖獗，“查有奸徒乘间逸入偷打鹿只，是以较前更行短少等语，围场为□武重地自应严密稽查，毋令有私砍木值、偷打鹿只等事，今因节年有大工是以砍伐官木，任令匪徒逸入私立寮铺，影射偷砍运载出境牟利。”[④]在皇帝赴围场行猎时，围场管理官员为了逃避管理不善的责任，便放火焚烧堆积在路边的违规砍伐的木材，“其本运之木尚堆积路隅不可胜数，及闻知朕行围，伊过复将余木焚烧灭迹，竟系烈山泽而焚之禽兽遁匿，可见热河副都统、总管等竟籍工程木值为名任令通同舞弊。”[⑤]虽然围场砍木伊始便做出了限制砍伐范围的规定以减少采木对围场行猎演武的影响，但是官私盗采、官员舞弊等行为导致木兰秋狝此时已经无法正常举行，官私人等“于限定行围处所肆意偷砍至令鹿只远逸，并有携带鸟枪偷打鹿只售卖鹿茸之事，是以国家百余年秋狝围场竟与盛京、高丽沟私贩木厂无异，而习劳讲武之典连岁阙如。”[⑥]

---

① 中国第一历史档案馆、承德市文物局合编:《清宫热河档案（10）》，北京：中国档案出版社2003年，第352页。

② 中国第一历史档案馆、承德市文物局合编:《清宫热河档案（10）》，北京：中国档案出版社2003年，第352页。

③ 中国第一历史档案馆、承德市文物局合编:《清宫热河档案（10）》，北京：中国档案出版社2003年，第354页。

④ 中国第一历史档案馆、承德市文物局合编:《清宫热河档案（10）》，北京：中国档案出版社2003年，第352页。

⑤ 中国第一历史档案馆、承德市文物局合编:《清宫热河档案（10）》，北京：中国档案出版社2003年，第352页。

⑥ 中国第一历史档案馆、承德市文物局合编:《清宫热河档案（10）》，北京：中国档案出版社2003年，第352页。

早在乾隆十四年，砍伐围场木材后皇帝便曾下旨："完竣之后木兰山场永行封禁不许开采。"[①]但大修宫室、园林、陵寝总是让统治者欲罢不能，此后的木材采伐量有增无减，此命令已为一纸具文。嘉庆九年，由于采木已经造成木兰秋狝不能正常举行，皇帝下令彻底清查已经砍伐的木植收储备用，"嗣后围场地方不准再行砍伐木植，以杜影射私砍之弊，庶期牲兽繁多永行秋狝大典。"[②]嘉庆十一年八月，裕陵大碑楼木料不敷使用，需用木料三百三十九件但木厂库存仅有二十四件，总理工程大臣苏楞额奏请在围场内砍伐木料，但是直接被嘉庆皇帝驳回，重申"围场地方前因砍办木植承办官员经理不善，致将牲兽惊逸，有误秋狝大典，自前年查明惩办后严立章程，随时查察牲兽渐得蕃孳甫后旧观，此时若再行采办必致复滋前弊。"[③]为了弥补工程木料的缺口，禁止采伐热河围场木材后，采木的方向继续向北转移，嘉庆皇帝谕令在东北盛京城外山内勘察采伐相应木材，采木的方向开始由口外向关外转移。另外，由于围场地区伐木数量的减少，进而出现了热河行宫所用木料从外地调入的情况，嘉庆十八年热河布达拉庙四面群楼工程所用的木料是从湖南省年例木中所调拨的，其中桅木三十五根、杉木二百四十根。[④]虽然嘉庆九年皇帝下旨不再砍伐围场木值，但是根本无法做到完全禁止，零星的采伐活动依然断断续续，不过此后的采伐数量则大幅下降，再也没有出现过一次性采伐十几万至几十万件松木的规模。

三、打击盗采与开放民采

（一）打击盗采偷猎

围场内外丰富的木材和野生动物资源自然会引起不法之徒的觊觎骚动，伴随

---

① 中国第一历史档案馆、承德市文物局合编:《清宫热河档案（1）》，北京：中国档案出版社2003年，第282页。

② 中国第一历史档案馆、承德市文物局合编:《清宫热河档案（10）》，北京：中国档案出版社2003年，第354页。

③ 中国第一历史档案馆、承德市文物局合编:《清宫热河档案（10）》，北京：中国档案出版社2003年，第492页。

④ 中国第一历史档案馆、承德市文物局合编:《清宫热河档案（12）》，北京：中国档案出版社2003年，第344页。

着官商采伐、围猎的进行，私人盗采木材、偷打野兽的违法行为一直不能禁绝，并且出现官、民、商勾结监守自盗的现象。

乾隆三十一年三月，“围场翼长鄂呢济尔噶勒拿获偷伐木植人等，解到即亲诣查勘，共偷伐三千余株，讯据供称兵丁伙同民人偷砍等情。”[①]此事属于典型的官民勾结盗伐树木，引起乾隆皇帝的极大不满，“围场坐卡人等专司看守，胆敢伙同民人偷伐树木至数千株之多，情殊可恶，复敢恃众夺刀尤为可恨，若不严审从重治罪，不足以示儆。”[②]犯案人员及失职官员都遭到从重处罚，骁骑校巴雅尔图被解任，涉案的委署领催温都顺、披甲阿毕什克等及拿获民人解送刑部严审治罪，并将失察的总管扎什泰、章京衮布并伊交部分别议处，同时赏赐了拿获罪犯的鄂呢济尔噶勒缎二匹。惩处力度不可谓不严，但是盗采和偷猎行为依旧无法禁绝。

嘉庆以后，在官方采木减少和国力下降的情况下，私人偷伐树木、偷猎野兽的行为则较前代更为猖獗，私伐偷猎者除居住在围场附近的汉族居民外，不少蒙古牧民也参与其中。为了敦促地方官员严格管理盗伐木植、偷打牲畜之行为，加大了对地方官员失察的处罚力度，此前规定的“地方州县武弁、道府副将及失察察哈尔之佐领捕盗官、总管官，失察蒙古之札萨克等皆定有处分，惟系按失察次数分别定拟地方官失察至四案以上例止降留，札萨克等处分亦轻且大伙小起漫无区别，实不足以示惩儆，”[③]嘉庆十五年底议定，此后“将人犯罪名按照偷打牲兽只数并偷砍木值斤重分别定拟，所有该管地方文武各官及察哈尔官员并蒙古札萨克等失察各境所属人犯窝顿之处，应即以人犯罪名之轻重酌定处分，应请嗣后围场附近居民有犯偷打牲兽盗砍木值罪名，拟徒者将失察之该管地方厅州县官及武弁俱罚俸六个月，人犯罪名应拟流者该管官罚俸一年，人犯应发乌鲁木齐等处种地者将该管官降一级留任，人犯应发乌鲁木齐等处给兵丁为奴者将该管官降一级调用，该管道府副将于所属失察仅止罚俸者免其处分，若属吏例应降级者该管上

① 《高宗纯皇帝实录》卷七五七，乾隆三十一年三月甲午，《清实录》第18册，北京：中华书局1986年，第340页。

② 同上。

③ 中国第一历史档案馆、承德市文物局合编：《清宫热河档案（11）》，北京：中国档案出版社2003年，第598页。

司罚俸一年，其承德府失察所管境内人犯仍照州县例议处。”[①]反之，“如地方官有能拿获邻境内偷窃牲木人犯，仍照向例每案准其纪录一次，自行拿获偷牲木人犯者每二案纪录一次。”[②]对于偷猎和偷砍树木的蒙古人规定：“察哈尔及札萨克旗下蒙古私入围场偷打牲兽在十只以上、偷砍木值在五百斤以上者发遣河南、山东，牲兽二十只以上、木值八百斤以上者发遣湖广、福建、江西、浙江、江南，牲兽三十只以上、木值一千斤以上者发遣云南、贵州、广东、广西，其零星偷窃随时破案者，牲兽五只以内、木值一百斤以内鞭一百、枷号两个月，牲兽十只以内、木值五百斤以内鞭一百、枷号三个月，案内从犯各减一等。”[③]对于失察失职的蒙古官员，“其失察围场附近察哈尔有犯罪应枷责者，该管佐领捕盗官罚俸六个月，人犯应发河南、山东者该管官罚俸一年，人犯应发湖广等省该管官降一级留任，人犯应发湖、云南等省该管官降一级调用，其该总管□□属官至降级者罚俸一年，时近围场之札萨克旗下蒙古有犯偷打牲兽偷砍木值罪应枷责者失察之该管官罚牲畜一七，札萨克罚牲畜一五，人犯应发河南、山东者该管官罚牲畜一九，札萨克罚牲畜一七，人犯应发湖广等省者该管官罚牲畜二九，札萨克罚牲畜一九，人犯应发云南等省者该管官罚牲畜三九，札萨克罚牲畜二九，其应罚牲畜札萨克照例折抵，罚俸无俸者实罚牲畜。”[④]

虽然政府加大了对偷伐偷猎的监管和处罚力度，但是依然无法禁绝，嘉庆十七年，捕获偷砍木值要犯恭讷春、姚祥、傅六等十人，其首犯恭讷春原系正红旗所属围场兵丁，行为属于监守自盗，在官兵缉捕时反抗拒捕导致九名官兵受伤，其中一人死亡，案发正值皇帝行围之时，因此导致嘉庆皇帝的震怒，示意严惩。首先，有关管理官员受到处分，“该翼长巴达朗贵如此防范不密，该部议以降四级

① 中国第一历史档案馆、承德市文物局合编：《清宫热河档案（11）》，北京：中国档案出版社2003年，第598页。

② 中国第一历史档案馆、承德市文物局合编：《清宫热河档案（11）》，北京：中国档案出版社2003年，第598页。

③ 中国第一历史档案馆、承德市文物局合编：《清宫热河档案（11）》，北京：中国档案出版社2003年，第598—599页。

④ 中国第一历史档案馆、承德市文物局合编：《清宫热河档案（11）》，北京：中国档案出版社2003年，第599页。

调用，实属咎有应得，巴达朗贵着降四级调用。总管安福有统辖围场之责，着革去副都统职卫，戴用三品顶戴仍带降三级留任。”[①]其次，首、从犯人从严治罪，首犯恭讷春、姚祥被判处斩，其余从犯按情节轻重，参与殴打官兵者处以绞刑，其余枷号鞭责后发配各地。

除热河围场外，东北地区的松木也存在着严重的被盗伐现象，嘉庆八年八月，军机大臣策拔克等奏称“在辽阳州所属地方搜获私伐黄松木植二千四百余件，又兴京城厂边内查出木植甚多不可胜数等，”[②]策拔克等人此时还尚未到达盛京，仅辽阳一地的盗伐现象便已经如此严重，这种现象引起了嘉庆皇帝的极度不满，下令彻查并处罚有关官员，前任盛京将军琳宁和现任盛京将军晋昌均遭到斥责，相关属员交部议罪。

不论是热河还是东北，围场木材被盗伐的数目绝对不在少数，仅档案中所记载的被官府查获的几起盗采案件中被偷采的木材已有近万件之多，其实际损失当远远高于此数，由于盗采偷猎的行为往往是官民勾结的监守自盗，查办的难度也相对较大，从中也可以窥见当时吏治之坏以及管理的混乱。

（二）开放围场民采

由于民人盗伐围场树木和偷猎围场牲兽的行为单纯依靠打击处罚无法禁绝，有鉴于此，咸丰十一年十二月，根据那木济勒旺楚克、色伯克多尔济的奏请，规定：“围场地方树木业经奏准开采自当核实办理，不准私行采伐。著管理工程王大臣严饬该工头等核估应用木植成数，不得任意开采，并不准于围场内建盖房屋、偷射牲畜、开垦地亩，如查有前项情弊即行从严惩办。”[③]既然私自盗伐盗采不能禁绝，清政府便试图将私人采伐纳入国家管理之下，此前严禁私人以任何形式进入围场采伐木材，但从咸丰十一年十二月起，在得到国家管理工程部门批准后私人

① 中国第一历史档案馆、承德市文物局合编:《清宫热河档案（12）》，北京：中国档案出版社2003年，第194页。

② 《仁宗睿皇帝实录》卷一一八，嘉庆八年八月丙子，《清实录》第29册，北京：中华书局1986年，第582页。

③ 《穆宗毅皇帝实录》卷一四，咸丰十一年十二月丙子，《清实录》第45册，北京：中华书局1986年，第375页。

可以采伐围场内的木材，但不得在围场内建筑房屋、开荒种地以及猎杀野兽。到了晚清光绪三十一年政府在热河围场“设屯垦木植总局以经理之木植”[1]，更是直接通过砍伐出售木材以营利。

结　语

仅从统计的清代木材采伐数量上来看，南方江苏、浙江、江西、湖南四省历年分别解运的例木仅数千件，赴西南采办的楠木多则百余件、少则仅数件，而在热河和东北的围场采伐的木材数量单次便能达到万余件，因此可以说是围场采伐的木料支撑了清代各类大型工程的营造活动，没有围场源源不断的松木建材供应，清代的三山五园及各帝王陵寝的修建工作是难以为继的。

在晚清围场开放封禁以前，围场内的一切自然资源都被皇室所垄断，由其管家内务府负责打理，因此围场内的木材资源开发与管理形成了一个极具满洲民族特色与时代特色的管理模式。在这个管理模式下对围场木材资源的开发利用既有其成功之处，又存在严重的局限与不足。其成功之处在于保障了整个清代国家木材资源的供应，虽然绝大部分木材被用于修建皇室私家园林与陵寝等工程，但是为后人留下了一大批宝贵的物质文化遗产，也为中国传统建筑技术积累了经验。另一方面，围场伐木的负面效应也是非常明显的，最直接的后果就是对当地生态环境的破坏，且这种破坏是不可逆的。除此之外，官员在采木过程中玩忽职守、徇私舞弊、中饱私囊的状况也是层出不穷，如乾隆三十五年六月十六日，存放在砂石堆的木料由于堆放不善被水冲失，冲走木料数量高达6万余件，此后耗费大量人力在河流下游寻找，绝大部分被寻回，但依然损失了1228件，又如乾隆五十一年热河总管佛保赴围场采木，初次上报木值数量为20余万件，但实际采伐数仅有近12万件，所报与实际采伐数量不符，多领银二万五千余两，遭到革职留用的处罚，此类管理不善的事件在清代采木过程中非常多见。

唐人杜牧诗云：“蜀山兀，阿房出”，几乎中国历代王朝都有大修宫室园林的

---

① （清）查美荫修、谢霖溥纂：《围场厅志》卷六地亩，全国图书馆缩微文献复制中心1992年胶片。

记录，修建砖木结构为主的中国传统建筑，大量优质木材是必需品，京畿附近的木材产区首当其冲。在清代，砍伐距离京城不远的围场松木自然是不二之选，围场皇家封禁的属性以及地处满、汉、蒙多民族杂处的特殊地理位置都给围场木材资源的开发与管理赋予了浓厚的时代与民族特征。

（原刊于《科学·经济·社会》2019年第3期）

作者简介：王铁男，男，博士，大连大学历史学院讲师，主要从事明清史研究。

试析顾梅羹对辽宁古琴文化史的影响

鲁　霞

顾梅羹（1899—1990），名焘，字梅羹，别号琴禅，祖籍四川华阳。出身于湖南省长沙古琴艺术世家，家系古琴川派张孔山亲传弟子。1949年中华人民共和国成立后，在中国共产党“百花齐放，百家争鸣、古为今用、推陈出新”的方针政策指导之下，来自全国各地的古琴专家齐聚北京积极地展开了古琴文化交流与传承活动。顾梅羹先生于1956年作为特约通讯研究员受聘于中央音乐学院民族音乐研究所，入北京古琴研究会，活跃在古琴文化领域。1959年，沈阳音乐学院设置了古琴专业，顾梅羹先生又受聘赴辽宁，作为东北地区高等院校古琴专业第一位教授，真诚投入于沈阳音乐学院的古琴文化教育与研究之中，为辽宁省古琴文化的发展做出了重要贡献。

一、殚精竭虑于辽宁省古琴文化的拓荒与播种

古琴是中国最古老的乐器之一。古琴又称瑶琴、玉琴、七弦琴或七弦古琴，最具人文色彩与民族精神的一种乐器，列于象征中国历史文化四元素的琴、棋、书、画四元素之首。古琴最初有五根琴弦，后来增加了第六、七两根弦被称为文、武二弦，形成七弦十三徽长体制式的古琴定制。

顾梅羹，是中国古琴文化精髓的传承者与弘扬者。中国古琴文化的传承性人才培养、中国古琴文化与世界文明的弘扬教育是其一生的活动轨迹。古琴，在中华人民共和国成立之后走进高等院校的课堂，古琴文化艺术中的琴人、琴曲随即提到了议事议程。顾梅羹先后以不同方式培养了龚一、顾泽长、丁承运等一批古琴文化的传承人，这些传承人不仅成为全国各地音乐院校的知名教授，也是当下古琴文化传承与推广的领军力量。顾梅羹亲自培养了沈阳音乐学院古琴专业的研究生朱默涵，

而今同为沈阳音乐学院古琴专业教授的朱默涵在古琴的琴道、琴艺共进轨迹中循序传承，为辽宁省古琴文化的普及与推广竭尽其力。1980年顾梅羹与诸位古琴界艺术家成立了“辽宁古琴研究会”，成为弘扬并传承古琴传统文化的重要基地之一。现在，以辽宁省古琴研究会为核心，在全省各大、小城市均有不同规模的琴社组织进行古琴文化活动的推广。1984年沈阳音乐学院录制了古琴专题艺术片《似闻流水到潇湘》记录了这位古琴文化拓荒者与播种者对辽宁省古琴文化事业的卓越贡献。可以看出，50年代末期进入辽宁地区的顾梅羹，以沈阳音乐学院为基点所辛勤耕耘撒播的古琴文化种子已经以不同的方式与渠道发芽成长在大江南北古琴文化领域，这势必为中国非物质文化遗产保护传承活动领域中的冉冉之星而照亮着中国古琴文化的未来发展之路。

中国古琴文化的历史渊源悠久，不单纯以古琴谱曲所形成的古琴曲目，也有各个时代所吸取的民间歌曲的贯穿、综合所改编到古琴曲中的创作。古琴是“保存了几百年乃至千年以上的弦律形式和风格的中国历史文化的精髓”[①]。所以古琴所再现的不单纯是中华民族的器乐，更是中华民族的民族性、历史性的文明凝聚。这样的内涵在顾梅羹的古琴文化教育、研究与传承推广的进程中似乎形成了一种无形的理念。这一理念在古琴专业的教学与研究中，在《琴学备要》等书籍文献中都可以捕捉。这里以《琴学备要》作蓝本考察顾梅羹的中国古琴文化与世界文明弘扬性的同步教育中窥视一下这一理念的贯穿：在中国古琴文化历史上曾经有人倾向于欧亚大陆高原民族的弦乐同源的观点，这是以一般弦乐器形制统一为根据的。对此，顾梅羹提出“看了‘楚文物’展览中的楚国弦乐器，再综合多种秦、汉金石上的古琴形制，现在的古琴显然就是楚、汉弦乐发展而成的。我们固然承认同源于巴比伦的琴，可能在汉以前也到过中国的，但我们也想说中国的古琴可能是另有来源的”。上述横向的比较说明与分析在《琴学备要》等书籍与多部文献中都给予了阐释。古琴是中国历史上最为古老的一种弹弦乐器。汉朝时期的某些文献（例如世本、琴操）就是以伏羲造琴之说，也有些文献（如桓谭新论）就是

① 顾梅羹:《琴学备要》(下)，上海：上海音乐出版社2016年，第901页。

以神农造琴之说。所以“我们虽还不能肯定它产生的真确时代，但是今天存在的很久以来被承认比较可靠的更远古的经籍中如尚书所说的，博拊琴瑟以咏，毛诗说的妻子好合，如鼓瑟琴，和琴瑟友之等等，这说明琴是在周朝以前就有了的，至少有了三千年以上的历史”①。此外，在《琴学备要》中的具单项曲谱与琴谱解题中给予了旁证。诸如《广陵散古指法考释》、《古琴古代指法的分析》、《嵇氏四弄问题考证》、《存见古琴指法谱字辑览》（合著、主笔）等这些古琴文化理论研究的重要资料中都可以体现出中国古琴文化与世界文明的弘扬性教育相融合的理念。无疑，这种古琴文化的传承态度为古琴文化的发展建设奠定了一个优质基础，如此的教育与传承理念对今后辽宁省古琴文化的建设与发展意义深远，是古琴文化传承与推广进程中需要始终把握的重要元素。

二、身心真情于古琴艺术的演绎与研究

顾梅羹出身于文化世家，自幼受祖父顾玉成的教育与熏陶，酷爱中国传统文化尤其是古琴艺术。依据已有的研究资料记载，顾先生6岁起开始读私塾，同时，还受学于晚清的湖南著名画家粟谷青，善长画梅、兰、竹等。至12岁起正式随同父亲顾哲卿、叔父顾卓群学习川派古琴，并加入南熏琴社成为正式社员。在这样的环境中顾梅羹的古琴演绎水准也日渐卓熟，造诣匪浅。这不仅体现在日后的古琴教学生涯中，更卓著于古琴研究中。

顾梅羹在中国古琴文化历史上的卓越贡献之一是对古琴曲目的整理与研究，并明确指出了古琴的优良特点——古琴曲的标题化。也就是说古琴曲不仅用曲名来标示了一个题，而且每一个标示题的曲名之后，都必定跟进着一个解题，这个题解也一定是非常详尽地述说这个标示题目所要再现的意义和内容。因此“古琴曲标题与内容是完全统一的，它符合于标题音乐中所标题的意义的。这是古琴的优良传统”②。

顾梅羹各种古琴文化研究成果，不但展现出古琴技艺上的精湛与娴熟，更展

① 顾梅羹:《琴学备要》（下），上海：上海音乐出版社2016年，第881—882页。
② 顾梅羹:《琴学备要》（下），上海：上海音乐出版社2016年，第555页。

现出文字与文献功底的雄厚。浏览古琴文化的阐述文献，比比皆是博古论今，佐证又引。这里以享誉中国历史文化经典的“高山流水”之典故为范例，展现古琴文化艺术中的标题与解题之优良传统，借以考察顾梅羹对古琴文化的真情演绎与精髓研究。

《琴学备要》说明了“高山流水”原本为一曲，后来流行的古琴曲资料中分别是以“高山”“流水”两个主题来表达并弹奏的。那么，中国历史文化经典之“高山流水”，何以在古琴文化中被分别演绎？顾梅羹的研究中做了详尽的阐述。在《琴学备要》中，最先被整理成形的是《高山》琴曲。1960年4月在整理《高山》琴曲的后记里简介道：所谓《列子・汤问篇》中记载了历史上的周朝春秋时期的伯牙非常善于弹琴，而钟子期却非常善于听琴，钟子期可以听出伯牙弹琴所表达的意境是“巍巍兮志在高山，洋洋兮志在流水”。历史上“《吕氏春秋》也有同样的论说，并且多添了‘子期死后，伯牙皮擗琴绝弦，终身不再弹琴，以为世上再没有知音了’一段文字。这一故事，两千年来传为知音美谈，所以很早就传有高山流水琴曲的名称”[①]。《琴学备要》中，通过文化与历史两个层面解说了“高山流水”的历史与文化的蕴意，并指出“高山流水”的琴曲不仅承载了如此的历史佳话，更是流传了两千年之久的古琴琴曲。但是，顾梅羹并没有接续论述“流水”，而是紧接着强调了弹奏《高山》古琴曲目时的艺术要求与文化意境。即这首琴曲的各个音节，都体现出一种雄厚中兼具和平的蕴意，要求演奏者要以雍容大雅之态势来行进，而不是“以变异纤小取胜，而苍古浑沦中未尝不精彩生动”。整个曲子是由五个层次的手法来描摹与表达高山的崇高之境界的，因此第一段弹奏时要以散弦的方式而缓缓地弹奏进入曲调之中。要展现以“纵容端庄，大气磅礴，巍然如泰岱岳宗，有众山仰止”的气象；换句话说，是没有进入高山之前的状态，是站在山外而遥望远山的意境。所以解题可理解为“远写高山巍峨的形貌”。第二段的弹奏则要求每一句都要顿挫，恰如登高，步步上升的趋势。“是初入山麓，近写盘旋石蹬转折岩坡的境界。”到了第三段和第四两段，则需要以滴滴的泉水

① 顾梅羹:《琴学备要》(上)，上海：上海音乐出版社2016年，第364页。

之咚，以及嘤嘤的鸟语之鸣，乃至丁丁的樵斧、与谡谡的松涛之声进行演奏，即“如从空谷传来，有万山皆响的意趣，是入山已深”，所要表达出一种在涧壑林谷之中来精细刻画思绪中的应接不暇之情景。进入第五段和第六段的时候则需要抑扬起伏的气势达到一气呵成。宛然“万壑争流，千岩竞秀”。即如同在嵯峨崇峻的景象环绕之中瞬间描述表达出“山光岚景，缥缈飞扬”的盛大境况。所以，第六段与第七段是《高山》全曲的精神之集结处，也就是“振衣千仞，登峰造极”的时候。最后一段进入到打圆、跌宕来收音的时候，而曲终是以滚拂的演奏方式结束。但是，《琴学备要》中强调指出，“一段首尾相应，而意致不同，有身凌绝顶，居高临下，俯视一切的气概。”那么，其文化精神意境就是犹如诗人杜甫所作望岳诗所所表达的“‘荡胸生层云……一览众山小’的意境，是从山上高写‘峻然于天’，‘而小天下’之势，以为《高山》全曲作结”[①]。顾梅羹的上述研究，将《高山》古琴曲置于历史、文化、艺术等多个层面与视点的详尽阐述，也是古琴曲目之人文、自然、社会的综合意境汇聚。那么，问题还是：作为中国历史文化经典的“高山流水”，何以在古琴文化中被分别叙述？

《高山》琴曲整理成型后的第三年（1962年3月25日），《流水》琴曲的整理脱稿，承接《高山》的余韵，在《流水》的琴谱整理后记中既可以总结出答案，也可以见证顾梅羹先生琴学、琴道与琴艺精髓的凝塑之精，乃至中国古琴文化艺术的经典之巅。依据《琴学备要》沿着“高山流水”琴曲的历史轨迹追溯可知：高山、流水原本是一个合二为一的曲目，琴曲的前半部分主要描写高山的内容，表现出仁者乐山之意境。而琴曲的后半部分则主要描写流水的内容，借助琴曲来表现智者乐水的意境；《琴学备要》指出：这个曲目在唐代直至清代有着不同的段落划分。也就是说唐代分为两部分曲目来演奏，但并不分段数；那么，宋代的古琴家们则将高山和流水分别以四段和八段的形式来表达。接续的明代晚期、清代，琴曲高山的段落划分四段、六段、七段、八段各不相同，而琴曲流水却一直保持着八段的表达形式。《琴学备要》通过上述追溯，考察了高山流水古琴曲历史发展

① 顾梅羹：《琴学备要》（上），上海：上海音乐出版社2016年，第366页。

轨迹后，阐明了自己所整理的谱本采用了百瓶斋本，是继承百瓶老人所受传于张孔山的弹法整理而成的。顾梅羹认为：既然将高山、流水作为自然景观衬托各自的人文情怀，那么就不必拘泥于单纯的自然景观的模拟再现，应该是演进至今日“高山流水”琴曲各自为段的缘由。顾梅羹指出：根据中国史书经典《列子·吕子》等的记载，历史上的钟子期对于伯牙弹奏古琴之赞美与欣赏使用的原典是“巍巍兮若泰山，洋洋兮若江河”。所以钟子期是在借助自然景观之山水来做一种比喻，其比喻的内涵是什么呢？在这样的设问中，顾梅羹以“巍巍兮洋洋兮形容崇高和浩大的词汇，暗示所想要表达而未说明的某种内容”。亦即做了自问自答式的解题，进而又提出了当下古琴演奏所需注意之处“今日弹这高山流水两曲时，就不要单纯地摹拟自然”[①]。也就是说，对《流水》古琴曲目的理解与演奏需要有自然、人文与社会的情怀与大气磅礴的理解视点，这样的视点在如下的琴曲解题中得到了充分的展现。《琴学备要》的解题是：进入流水琴曲的结构首先是通过首段来作引出现，演奏的表达则是以两淌、一滀、一轮、一滚拂、长锁振起全曲的水流之势；这样的一个快速、多样演奏结构对于左手和右手的要求都非常严格。“左指滑下轻稳不浮，复上掉转有力，右指滀、轮、滚、拂连贯分明泯然无迹”，进入的曲谱虽然很短，只有三、四句的表达，但是“飞扬动荡一派千浔的形貌”的气势却已经完全隐具在演奏者的指下。紧接着是第二、三两段，要求以“叠滀、轮历、拂、锁”的弹奏技法，并且以古琴中的泛音表达方式来推出“山谷中小溪、瀑布潺湲滴沥”；对此，演奏者的运指必须达到“简净清灵”，如此古琴的取音才会“清脆劲健”。古琴流水的第四、五两段所表达的是“幽壑之泉，已出山汇流，渐有风起水涌，波涛起伏之势”；这一气势的再现完全依靠两手“应合顿挫”的演奏结构才能传出流水的神韵。从第六段开始，曲谱所表现的内容进入一个高峰，所谓“水流已入大江，汪洋浩荡，势正湍急”，就如同穿过峡谷、越过滩险之后却又出现了“惊涛骇浪”等诸多不可测度的危险元素。到了第七、八段的流水已是度过了前述的各种“惊涛骇浪”之后进入了渐次平缓的水面。然而，这水面是前

① 顾梅羹:《琴学备要》(上)，上海：上海音乐出版社2016年，第382页。

述惊涛骇浪的余波，并非一下子进入平复时期。所以这两段的表达一定是“忽缓忽急，或放或收，再三跌宕的”演奏效果，再续接上“四转滚拂往来，显示出回澜激石，漩洑滎涡之势”的古琴演奏。最后则以“打圆二下徽外，转作入慢收音”来完成流水的全曲内容。[①]

中国古琴文化中《流水》琴曲，承载了中国千年历史的经典，是当下中国古琴文化界的代表之作，备受琴人喜爱；是世界文化宝库中的经典之作，得到各界瞩目。1977年8月20日美国宇航局对外太空发射的“旅行者”号宇宙飞船搭载的镀金唱片也录入了《流水》的古琴曲目。

众所周知，中国历史上的古琴，最初是上层阶级所必须学习的一种典礼（郊天、祀地、祭祖）和修身（防邪、正心）兼用的乐器，并为此将其设定于六艺之首。后来由于战国时的内战和秦王朝时的第一次农民大革命，古琴逐渐流传到民间，变成纯欣赏性的音乐并由此得到普及型发展和提高，这样的一个特殊过程，也使得古琴渐次成为中国历史上最悠久，最有琴、人、曲融汇一体的一种体系化的乐种。这样，古琴也就同步承载了琴人、琴道与德行并存的文化内涵。

顾梅羹的古琴艺术演绎风格与研究态度，积淀中国古琴文化的丰厚文韵。这样一种古琴演绎与研究的精神对辽宁省乃至全国古琴文化事业的推进都是一面优秀的旗帜。顾先生在教授古琴历史的讲义中这样谈到这种教学态度，对辽宁省古琴文化的推进更是一笔无价财富，尤其值得我们将古琴文化推向大中小学生的活动中照鉴前行。

三、毕生致力于古琴精髓的阐释与践行

古琴的精髓在哪里？它体现在古琴家的气度里，凝聚在千年积淀的曲目里。比如中国历史上一些脍炙人口的经典故事，中国历史上的各种民间传说等，历代古琴家们都将此融汇于古琴的曲谱之中，在琴曲中得到了再一次的传诵。《琴学备要》对此均做了不同程度的阐述：聂政刺韩王的历史题材在古琴文化的历史上被

---

① 顾梅羹：《琴学备要》（上），上海：上海音乐出版社2016年，第381—382页。

谱曲成为著名的“广陵散”，昭君出塞的历史经历在古琴文化中有三段著名的古琴曲目:《龙朔操》《龙翔操》《秋塞吟》等等。顾梅羹指出“对它们加以分析研究，以历史唯物主义观点加以清理，并对它们去伪存真，去旧取精的加工后，仍然是十分珍贵的古琴曲音乐遗产的一部分”①。古琴文化不仅是中华民族的文化基因和历史记忆，更是中华民族的智慧与精神的凝聚。

在古琴历史文化发展的长河中传承方式是多元化的，各专业音乐院校和各地琴会组织对古琴音乐的传承发展以各自不同的方式与方法进行，起到了至关重要的作用。历史上的东北地区被文人称为“文化荒漠”，今天的辽宁与东北希望通过古琴文化的发展助力东北文化事业。古琴文化涵盖了历史、思想、经济、文学等元素，从某种意义上说，古琴文化可以是传唱中华民族文明历史的百科艺术。

此外，古琴历史渊源上，存在多家多派。顾先生对古琴文化民族性强调的同时，客观承认派别存在的优良性。“浙派和后来的虞山派古琴器乐的节奏方法也是独特的。明代朱权在他的神奇秘谱序中，强调过琴曲有能察出乐句和不能察出乐句的两类。”②

作为上千年的古琴文化在中原大地边疆塞外产生了多种风格，历史文献上早有精辟论述。《琴学备要》中举例唐代赵耶利就曾生动形象的描述过：吴声清婉，若长江广流……蜀声峻急，若激浪奔雷……这些演奏风格上的差异，虽然经过多年来的交流融合，但仍保留着它们的特点。顾梅羹认为“不同地区的特点，加之以不同师承渊源的陶炼熔铸，又形成了多种流派的风格特点。各流派中成就较高，影响较大的古琴家，又常常以他个人的气质修养和独到的艺术创造而丰富了它们的风格。即同一时代地区同一师承渊源的古琴演奏家，由于学习的态度不同，熏染接触不同，生活习惯不同，阶级不同，经常有意无意的在改变琴曲演奏的情感和风格”③。这样的状态，对于当代的古琴家来说也不失为有利。如古琴文化领域所倡导，这样可以听到刚健浑厚的功力见长的演奏，也可以听到以流畅华丽的气

---

① 顾梅羹:《琴学备要》(下)，上海：上海音乐出版社2016年，第902—903页。

② 顾梅羹:《琴学备要》(下)，上海：上海音乐出版社2016年，第900页。

③ 顾梅羹:《琴学备要》(下)，上海：上海音乐出版社2016年，第911—912页。

韵取胜的演奏；既有着豪放不羁，又有着活泼洒脱；既有着恬淡稳重，又有着秀丽清新等多种的演奏风格。

结　语：对辽宁省古琴文化传承与推广的几点思考

其一，关于古琴文化与中华文明的双维度思考。古琴文化在21世纪初的历史节点上，被联合国非物质文化遗产保护运动列项、被中国政府的保护非物质文化遗产重申，成为古琴文化发展与前行的契机。联合国非物质文化遗产保护的古琴，不应该局限于艺术技艺，古琴是中华文明、是居于几千年中国琴棋书画之首的中华文明。辽宁省如何更好地将顾梅羹先生对古琴文化、琴艺和琴道整理好？辽宁省在顾梅羹积淀的底蕴中以其弟子朱默涵先生，以各市区院校、地方琴社开启了各种古琴文化活动。而在这一系列的活动中如何将顾梅羹先生在辽宁地区从事古琴文化教学与研究中的精神和内涵融会贯通其中，还是需要进一步考量的问题。

其二，古琴文化与东亚文化圈文明的国际视野之思考。顾梅羹对辽宁古琴文化的历史奠基，今天我们如何在东亚文化圈的政治、经济、文化等诸元素的视野中共进发展？辽宁省地处东北亚地带，衔接了东亚文化圈的诸多国家和地区。日本、韩国均在古琴文化领域有着一定的古琴与琴曲、文献与书籍的积累。如何在今后的古琴文化传承与推广中更好地利用这些资源，也是辽宁省古琴文化界的一个未来课题。

其三，古琴文化与民众修养的精神文明建设之思考。2004年底，辽宁省相继制定下发了《关于加强我省非物质文化遗产保护工作的通知》。古琴文化传承者们如何接续省政府的政策法规，将政府的政策真正体现到古琴文化的推广活动之中？尚为小众的古琴文化之传承、推广仍需要赢得大众的共识，并在推广的进程中切实可见地纳入现代民众的精神文化生活之中，实在是需要大众与小众相辅并进的努力。

（原刊于《大连大学学报》2020年第2期）

作者简介：鲁霞，女，大连大学历史学院副教授，主要从事日本文化、思想史研究。

禁毒与纵毒
——从日本对中国东北鸦片政策的二重性看其侵略实质

安善花 任永泽

第二次世界大战结束后，日本侵华战争期间所犯的诸如屠杀、掠夺、鸦片侵略等罪行都在东京国际军事法庭上受到国际社会的审判追究。就鸦片侵略一项来看，其罪恶性、侵略性显而易见。但由于日本在侵略中国的过程中，将鸦片政策冠之以“渐禁”“断禁”之名义，使得战后有关日本鸦片政策的性质问题引起争议。一些学者对日本鸦片政策中的“渐禁主义”表示认同，如定时秀和认为：“基于日本在台湾鸦片严禁政策的成果，其后的‘满洲’及中国其他地区都相继采用渐禁主义。”[①]而栗原纯等一些学者则认为“渐禁主义”充满虚伪：“日本在台湾的鸦片渐禁政策，是为了保持鸦片吸食人数，进而宣扬日本对台统治的正当性与意义。”[②]足见日本对中国广大地区的鸦片政策具有很大的欺骗性。国内学界高度关注日本对中国的鸦片政策问题，不仅搜集、发掘了大量原始档案资料，而且取得了丰硕的研究成果。如1991年中央档案馆组织合编出版的《日本帝国主义侵华档案资料选编·东北“大讨伐”》《日本帝国主义侵华档案资料选编·东北经济掠夺》等资料，通过对伪满时期的档案整理，包括伪满洲国的经济统治政策、移民计划、经济掠夺计划、鸦片政策等的记录，揭露了日本帝国主义对中国东北施行的鸦片毒化政策，为我们的研究提供了大量可靠的史料支撑。2002年，邓一民主编《日本鸦片侵华资料集（1895—1945）》，依据大量原始文献、档案报刊等对日本的鸦片侵华罪行作以梳理，其中包括日伪政权对中国各地的贩毒情况、相关政策报告

---

① ［日］定時秀和：《日本の阿片侵略と中国阿片の抵抗について》，《歴史研究》1993年第30期。

② ［日］栗原纯：《日本帝国主义与鸦片》，《台湾总督府的鸦片政策》，台湾大学出版中心2017年，第1—2页。

等，较为详细地还原了历史事实，因此，《日本鸦片侵华资料集》是研究日本鸦片侵华政策的重要资料。学界还从日本鸦片政策的发展过程、目的、区域性特征及其差异、体系结构、实施路径、影响等方面进行了多角度研究。中国台湾学者洪敏麟是较早关注日本对中国鸦片毒化政策的研究者之一，其在1978年出版的《日据初期之鸦片政策》中，对明治年间日本在台湾进行的鸦片走私、贩卖活动，以及鸦片法令的颁布过程做了详细考察，揭示了鸦片毒化政策的实施对台湾社会生活所产生的严重影响。2005年出版的王宏斌著《日本侵华毒品政策五十年（1895—1945）》，对日本在中国各个占领地区的鸦片侵略政策进行分类研究，如台湾、伪满洲国、蒙疆、华北、华中和华南等地区，较为系统地梳理了日本对中国的鸦片侵略政策及其产生的严重后果。韩国学者朴橿的《中日战争与鸦片》，将蒙疆地区的鸦片贸易与日本的对华政策联系起来，突出了蒙疆的鸦片政策在日本对华战争中发挥的重要作用。

从目前的研究现状来看，学界对日本鸦片政策的研究主要有以下几个特点：一、多为区域性、阶段性研究。现有的研究大多集中在鸦片毒化政策在各殖民区域和势力范围内的施行情况，如对台湾、大连、满蒙等地区鸦片政策的考察。二、多侧重于对日本鸦片毒化政策的横向比较，缺乏从历史纵深考察这一政策演变过程的综合性研究。三、研究重点多为政策实施过程以及影响方面。现有的研究揭示了日本在华纵毒、贩毒活动的过程以及由此产生的巨大危害，而关于对日本鸦片毒化政策形成的动因研究却付之阙如，就该政策的形成原因只体现在部分著作的背景论述中，没有形成系统性研究。本文将在前人研究的基础上，从日本对中国东北鸦片政策的二重性入手，挖掘日本对中国东北地区鸦片政策确立、发展、变化的过程，厘清日本对中国东北禁毒与纵毒互为表里的对应关系，探明日本对中国东北地区鸦片政策的侵略实质，以期深化对日本侵华政策的研究。

一、日本对中国东北鸦片政策确立的背景分析

鸦片俗称烟土、阿片、大烟，原产自阿拉伯、印度等地。唐朝时期，鸦片经由阿拉伯商人传入中国，因其具有止痛镇定效用多被应用于医学救治活动中。至

明清之际，鸦片以其吸食成瘾的特性逐渐影响到社会各阶层，上至达官贵族，下至平民百姓吸食鸦片成风。鸦片毒品也成为阻碍中国社会发展的毒瘤之一。造成鸦片毒品在中国扩散的原因，不仅仅是中国自身对于鸦片毒害的防范不利，更多的是西方殖民列强东扩带来的恶果。1840年，以英国为首的西方殖民列强利用鸦片和武力打开中国国门，其中，鸦片作为帝国主义国家侵略扩张的有力武器，不仅加速了殖民列强在中国的扩张进程，同时带来的“鸦片问题”也对中国及周边国家产生了极其恶劣的影响。

所谓“鸦片问题”，一方面，是由于英国等列强向中国倾销鸦片，加快了中国吸食鸦片人数的增长，进而形成一种扩大鸦片种植、吸食鸦片成风的社会现象；另一方面，因鸦片瘾者过多带来的社会不稳定因素增加，为统治者带来新的危机与挑战。鉴于鸦片战争的冲击以及鸦片问题的影响，作为中国近邻的日本，不仅从中深化了对鸦片的认识，同时也看到了实现自己崛起夙愿的契机。

日本自幕末开国到明治维新后，就已对鸦片问题有了清醒的认识。最初，受鸦片战争的影响，日本在鸦片问题上表现出一种极强的“危机”意识，日本认识到鸦片是祸害中国的元凶之一，认为应汲取教训极力避免受到鸦片之害。1857年，日本各地藩主在详细考察了中国同英、法贸易中的鸦片问题后，纷纷上书提出日本防止鸦片毒祸意见。如德岛藩主蜂须贺齐裕表示：“鸦片者，国之鸠毒也，尤需严厉禁制使无之。其害及于倏忽致人殒命，甚可恐也。”福冈藩主黑田齐溥认为：“闻于亚人鸦片之事，英国即今尚欲发难，欲引发争端，鉴诸我国情，断不可疏忽。”[①]特别是幕末时期，日本与欧美列强签订了一系列不平等条约，日本由此产生的这种被害意识在鸦片问题上表现得更加明显。日本不仅在与美、英等国缔结的条约中对鸦片的输入严加禁止，同时也在国内明令禁止鸦片。

然而，日本在鸦片问题上的这种“危机”意识，到明治时代发生了改变。明治维新后，日本步入快速崛起的发展道路，不仅在器物、法律上学习西方，而且为了推动现代化发展，不断展开对周边国家的侵略，攫取殖民利益来反哺国家建

① ［日］佐藤三郎：《近代日中交涉史研究》，上海：上海人民出版社2013年，第155页。

设。就鸦片问题来看，日本形成两种截然不同的鸦片政策——一种是对日本国内的禁止政策，另一种则是对国外（主要是中国）出于一己私利的纵容政策。日本这种从“危机”到“获利”的心态转变，不仅是对西方殖民列强在中国实施鸦片侵略的“学习”，同时也是日本发展需求引导的结果。以甲午战争后日本在台湾的鸦片政策为例。日本在甲午战争中获胜后，强迫清政府签订《马关条约》，其中规定：将“台湾全岛及所有附属各岛屿让与日本；中国约将库平银贰万万两交与日本，作为赔偿军费等。”[①]由此，日本不仅侵占了中国领土，而且通过获得的巨额战争赔款来推动国内建设。在对台湾的管理上，由于台湾地区早已有相当数量的吸食鸦片的中国人，而且大多上瘾者都难以戒除毒瘾，因此，日本殖民当局为了解决鸦片问题，颁布了一系列鸦片渐禁政策来消除鸦片毒害。如1897年，《台湾鸦片令》规定：“总督府设立政府的鸦片制造工厂，由总督府鸦片专卖局统筹负责专卖，并以成本加三成售出，民间无权制造和贩卖鸦片。”[②]通过鸦片专卖制度，日本殖民当局虽然在一定程度上减少了鸦片毒害，却据此获得大量的鸦片收入。鉴于日本殖民当局在台湾攫取的丰厚鸦片利润，大量的海外日本侨民、商人等，相继利用上瘾者难以戒除毒瘾的脆弱性，在治外法权的保护下，更进一步展开对中国大陆的鸦片毒品走私，以攫取暴利。

日本不仅在台湾利用其殖民特权垄断鸦片，攫取丰厚利润，还煞费苦心地将其鸦片政策运用到新的统治区域中来。继台湾之后，日本将侵略视野重新转移到中国大陆上来，而东北地区因其重要的地缘价值，再次被纳入日本的扩张计划中。日本对中国东北的鸦片政策始于“关东州”地区。1905年日俄战争结束后，日本从俄国手中取得辽东半岛的租借地，以旅顺、大连为主形成“关东州”。这一地区成为日本向中国东北扩张的重要基地，同时也推动了日本在华鸦片政策的展开。1906年，日本在大连租借地成立“关东都督府”，开始全面的殖民统治。在“关东州”，鸦片问题十分突出。首先，因为这一区域人口流动较大，鸦片走私活动频

① 王铁崖:《中外旧约章汇编》，北京：生活·读书·新知三联书店1957年，第一册，第614—615页。

② 徐振伟:《日据时期日本在台湾的鸦片政策》，《日本学论坛》2008年第4期。

繁。大量的物资运输不仅经由大连港转出转入，而且许多来自山东等地的劳动务工移民也经由“关东州”向西伯利亚方向流动。这种流通性与开放性为鸦片走私活动的滋生提供了便利。其次，日本在“关东州”的管理力量不足。在“关东州”就“居住有相当数量拥有吸食鸦片习惯的中国人”①，由此带来的对鸦片瘾者的管理、陷入中毒状态者的治理以及社会上的不良风气等问题，给日本的殖民统治带来极大困扰。面对这一现状，日本急需确立起相应的鸦片政策，一方面杜绝鸦片毒害，巩固其殖民统治；另一方面则借口处理鸦片问题，在解决的过程中进一步攫取鸦片利润，深化对中国的殖民侵略。但由于东北地区复杂的地缘政治环境以及国际局势的不断变化，日本在这一地区的鸦片政策呈现出“禁毒”与“纵毒”这一互为表里的两个层面。

二、鸦片禁毒形象的构建：渐禁到断禁

日俄战争结束后，日本在大连租借地先后设立关东总督府、关东都督府、关东厅、关东州厅作为其最高统治机构，还下设民政署、民政支署等地方行政机构。日本以“关东州”为据点，开始了向中国东北地区的侵略扩张。为使其在中国东北地区的鸦片政策能够顺应国际社会的禁毒宣传，日本在开展鸦片政策的过程中注重对自身鸦片禁毒形象的构建，以期为后来确立鸦片垄断、鸦片殖民特权赋予正当性与合理性。

在20世纪初，国际社会就对鸦片毒品的危害有了明确共识，相继召开禁毒大会以促进各国间的禁毒合作。日本在表面上积极参与国际禁毒合作并签署相关条约。如1909年2月26日在上海召开的国际鸦片会议，有日、英、美、俄、葡、中等国参加并在会上签署《海牙国际阿片条约及最终议定书》，其中第十七条规定：“缔约国在中国境内的租借地、居留地及专管居留地对于鸦片吸食、习癖等进行限制，并且对于要取缔的鸦片窟及其类似场所采取必要措置”；第十八条规定：“缔约国在中国境内的租借地、居留地及专管居留地对于生鸦片及鸦片烟膏贩卖店的数量渐次减

① ［日］倉橋正直:《日本の阿片戦略：隠された国家犯罪》，東京共栄書房1996年，第149頁。

少。”[①]这些国际公约的出台在一定程度上显示了国际社会对毒品问题的重视以及帮助中国摆脱毒品危害的道义担当。其后，日本也分别在1912年签署《海牙国际禁烟公约》，1925年签署《日内瓦禁烟公约》。按照国际公约的规定，缔约国必须履行公约，承担相应的禁毒责任与义务。日本作为禁毒公约签字国之一，在东北地区实施鸦片政策的过程中，通过自我构建鸦片禁毒形象对此做出正面回应。

日本的鸦片禁毒形象构建主要分为两个阶段，第一阶段是以鸦片专卖名义实施的渐禁政策。随着日本殖民侵略的扩张，“渐禁”分别在“关东州”和伪满洲国的鸦片政策中有所体现。第二阶段是鸦片断禁政策的开展。“断禁”是日本对其战略的综合考量以及国际局势变动的及时应对调整，主要体现在伪满洲国后期的鸦片政策中。

（一）以专卖为名的鸦片渐禁政策

所谓“渐禁”意指日本在侵略中国的过程中，为解决其侵占区域内的鸦片问题，同时防止断然禁止鸦片可能出现的后果而出台的一系列逐渐禁止鸦片的政策。具体表现为借由鸦片专卖制度垄断其侵占地的鸦片行业，进而实施符合日本利益的鸦片政策。鸦片渐禁政策最初用于日本对台湾的鸦片问题处理上，即“暂时采取渐禁政策”，[②]后来随着日本侵略扩张的步伐逐渐扩散到大陆地区。日本在中国东北地区实施的鸦片专卖制度，就是对台湾鸦片问题治理经验的模仿与继承。最初，在“关东州”地区，日本殖民当局为了垄断鸦片，重新制定鸦片行业规则，先后经历了个人特许专卖、团体特许专卖以及官方经营三个时期。

1906年，日本殖民当局特许华人潘忠国专办鸦片售卖业务，民政署规定：“潘忠国每月将贩卖鸦片金额的13%作为特许费上交；设立贩卖鸦片的大连总局及各地分局的事项以及组织鸦片零售商工会的事项，这些相关事项都受财务科管理，须将相关情况上报财务科。”[③]1907年，鸦片售卖业务又改为日本人石本鏆太

---

① ［日］安藤明道：《國際阿片問題研究》，關東廳財務部1931年，东京日本国立国会图书馆，1985，附录11。

② 水野遵：《台湾阿片処分》，国立国会図書館，1899年，第22頁。

③ 杨洋：《日本在“关东州”鸦片制度研究（1906—1931）》，辽宁大学学位论文，2013年。

郎办理。此外，关东都督府还出台相关法令措施，规范了“关东州”的鸦片管理。1911年，关东都督府颁布《鸦片吸烟及鸦片管理相关文件》，规定：“鸦片吸食相关管理方法以刑法为依据进行管理；鸦片特许贩卖人由关东都督府指定；取缔鸦片烟馆业、罂粟种植以及鸦片走私等。”[①]从中可以看出，日本殖民当局以法律条文的形式规定了鸦片的吸食、贩卖，并禁止私人鸦片种植走私行为，这在一定程度上规范了“关东州”地区的鸦片生意，同时又以减少私人鸦片种植、走私为由，加强了对鸦片行业的监管与整顿。

日本殖民当局在初步介入鸦片生意、重新制定了鸦片行业的规则后，并不满足于此，而是寻求更进一步的鸦片垄断。从1915年开始到1924年《关东州鸦片令》出台，日本殖民当局逐渐终止鸦片个人特许专卖制度，开始了团体特许专卖制度。在团体特许专卖制度下，日本殖民当局将鸦片售卖业务交由一些团体来进行，以便加强掌控，而这些团体大多由中国人组成。这种考虑一方面是为了打消中国民众对日本殖民统治的戒心，进而扩大鸦片政策的影响范围；另一方面则是因为可以增强民间力量与日本官方的经营合作，培植亲日势力，形成“官民一体”的鸦片贩毒模式。为了使得鸦片政策顺利开展，日本殖民当局先后设立以慈善为名的“大连宏济善堂”作为团体特许专卖代表。在关东厅的监督下，大连宏济善堂作为特许代表，对内分为慈善部和戒烟部，其戒烟部便分管鸦片的进口，贩卖事务。1914年，关东长官对宏济善堂总理的《指令书》中规定：指定其堂作为“关东州”鸦片输入贩卖的指定人，如：“戒烟部的事业关系受大连民政署长的指挥监督；鸦片的贩卖价格受大连民政署长认可后制定；鸦片的输入种类及数量在大连民政署长认可后接受等。”[②]这一系列应遵守的规定说明，宏济善堂戒烟部实际上成为关东都督府官方经营鸦片的代理机构，为日本在“关东州”实施其鸦片政策提供了极大的便利。

随着日本对外发展的需要以及国际局势的变动，团体特许专卖已经不能满足

① 杨洋:《日本在“关东州”鸦片制度研究（1906—1931）》，辽宁大学学位论文，2013年。
② ［日］大井静雄:《阿片事件真相》，中外印刷株式会社1923年，第45页。

日本殖民当局的利益诉求，将鸦片行业完全垄断于官方之手，终成其鸦片政策实施之最终目标。第一次世界大战后，日本不仅大发战争横财，而且作为世界五大强国之一活跃于国际舞台，并伺机谋求在华利益的最大化。但受“关东州鸦片事件”[①]影响以及国际禁毒舆论的压力，日本殖民当局不得不调整策略，开始着手重新制定“关东州”的鸦片政策。日本对外宣称，通过渐禁的方式降低了“关东州”的鸦片毒害，减少了吸毒人数，为国际禁毒事业做出了贡献。1924年，日本制定了《关东州鸦片令》，借此开展鸦片渐禁政策。其中规定：“鸦片的吸食许可处只限于关东厅长官暂时规定的治疗鸦片瘾者的指定场所；鸦片烟馆的开设维持现状；关东州裁判事务处理令，本法令适用于刑法第二编第十四章规定。”[②]这一系列法令条文规定并指明了鸦片吸食场所、贩卖机构以及违反规定的相应处罚办法等，在法律上规范了鸦片政策。到1928年，关东厅专卖局在大连成立，鸦片生意受到官方更加直接的管控。

日本殖民当局通过在“关东州”实施的鸦片渐禁政策，一方面可以借渐禁之名控制鸦片吸食人数，强化殖民管理，进而响应国际社会的禁毒号召，标榜日本的鸦片禁毒形象；另一方面可以控制管辖境内的鸦片生意，通过特许与官营的方式来扩大销售渠道，培植贩卖势力，攫取丰厚利润，巩固殖民统治。这也为后来日本在伪满洲国制定鸦片专卖制度奠定了一定的基础，同时也提供了相关经验。

九一八事变后，日本在中国东北炮制出“满洲国”。这个傀儡政权的建立成为日本插在东北地区的尖刀，日本以此为据点不断展开对中国的蚕食与压迫。由于伪满洲国地域广阔，其境内的鸦片问题以及社会问题也更加突出。如何解决鸦片问题、维护其“王道乐土”的形象，成为日本殖民统治者急需解决的问题之一。

---

① “关东州鸦片事件”：1919年，大连民政署长中野有光，拓殖局长古贺廉造，宏济善堂戒烟部理事小畠贞次共同谋划以低价向中国走私鸦片赚取利润。后经“关东州”法院判决古贺有罪，导致日本国内舆论哗然，原敬内阁政治资金来源遭质疑，致使其声誉受损。同时，经过国际媒体公开宣传，致使日本在关东州“官民一体”的部分贩毒活动被揭露，引起国际舆论的关注。参阅李恩涵：《九一八事变前后日本对东北（伪满洲国）的毒化政策》，载《近代史研究所集刊》1996年第25期。

② 大正13年3日－（1924/03/01—9999/12/31）関東州阿片令A01200535000.4—10．日本国立公文書館。

因此，在“关东州”鸦片政策的基础上，伪满洲国相继引入鸦片专卖制度，以期通过这种形式来巩固其殖民统治，树立自身支持鸦片禁毒的形象。在伪满政府统治的前五年间，以专卖为名的鸦片渐禁政策成为“新国”宣传的名片之一，日本侵略者也寄希望通过这种方式来宣扬伪满洲国存在发展的合理性与正当性。

伪满洲国为了塑造良好的鸦片禁毒形象，先后在鸦片种植管理以及鸦片走私管理上施以严政。首先，在鸦片的种植管理方面，伪满政府先后出台相关政策，垄断了鸦片的种植管理权限，并严格禁止私人种植。根据伪满洲国总务厅次长古海忠之回忆：“1932年3月中旬时，伪满政府就已决定除热河省外，其他地区禁止种植鸦片，实施鸦片栽培和贩卖许可制，全部鸦片由国家收买等为内容的专卖法。”①到1932年底，伪满政府出台了《鸦片法》及《鸦片法施行令》并在长春设立专卖总署来统一管辖。根据当时官方报纸《大同报》记载，于1933年专卖总署规定种植鸦片区域：鸦片专卖公署依据鸦片法施行令，规定本年应行播种罂粟区域及面积规定如下：“热河省，从来播种之全面积；兴安省，从来播种之全面积；其他，依兰县，70 000亩；方正县，24 000亩；富锦县，60 000亩；勃利县，17 000亩；密山县，40 000亩；虎林县，12 000亩；同江县，6 000亩。”②这些虽未记载全部种植区域，但在一定程度上反映出伪满政府对于境内的鸦片种植面积的严格限制。其次，在鸦片的走私贩卖方面，伪满政府花费大量的时间和人力搜检鸦片密卖者。鸦片专卖署以及警务机关经常对个人走私者进行严缉捕获，如在哈尔滨松花江一带，每年鸦片成熟后，一些旅客和船员就从中渔利，借端发财。以1937年9月4日《大同报》记载：“鸦片违法者，捕获八百余件。开江以来，至七月末日止鸦片违法检举，专卖署576件，鸦片5 787 531两，器具352件，其他警务机关238件，鸦片2，807，80（文献原文都是顿号，应该是二十八万零七百八十）两，器具1，796件。”③由此可见伪满政府在禁毒宣传与缉私活动上的

① 中央档案馆，中国第二历史档案馆，吉林省社会科学院：《日本帝国主义侵华档案资料选编·东北经济掠夺》，北京：中华书局1991年，第812页。

② 《专卖总署规定种植鸦片区域》，《大同报》1933年4月9日第2版。

③ 《鸦片违法者》，《大同报》1937年9月4日第4版。

成效，这些措施也在一定程度上减少了私人毒品流通。

总之，日本对东北地区实施的鸦片政策，不论是为了殖民统治需要还是维护自身形象的考虑，鸦片专卖制度的出台与发展，都在很大程度上表达出日本对鸦片的渐禁之意。在国际社会中，日本也借此塑造了自身支持鸦片禁毒的形象，暂时规避了国际舆论的谴责。这些不仅对日本国际地位的提高与话语权的增加提供了极大的支撑，同时也强化了其在东北地区的殖民统治，推动了日本侵略战争的继续进行。

（二）鸦片断禁政策的开展

随着日本全面侵华战争的爆发，日本在武力侵华的同时更加注重殖民政策的辅助作用。在东北地区鸦片问题的处理上，日本由鸦片渐禁政策改变为鸦片断禁政策。“断禁”一词源于日本占领台湾之初为解决鸦片问题所主张的“断禁主义”①，即处理的宗旨为严格禁止。鸦片断禁政策即为彻底断绝鸦片毒害之意，是日本对鸦片禁毒形象构建的进一步强化，同时也是审时度势后做出的最符合日本国家利益的政策调整。在此之前，日本利用伪满洲国的特殊地位与殖民优势实行的鸦片专卖制度，虽然表面上是为了减少鸦片吸食人数，解决鸦片毒祸，实际上却公开地扩大了鸦片的流通与使用，使得鸦片问题更加严重，这种实则为纵毒的活动被披露，最终引起国际社会的关注。1937年，在日内瓦召开国际联盟鸦片咨询委员会第22次会议，美国代表富勒指出：“鸦片生产在国民政府的统治下受到限制，日渐减少，而在满洲国却成增大的事实……也是完全无视对世界其他政府所负义务的例证。”②日本迫于各方压力以及对外战略考量，认为伪满洲国作为其“大陆政策”的重要一环，在中日战争全面爆发后可为日本提供后备支持。因此，日本在伪满洲国的鸦片政策也须做出相应调整。

在日方授意下，伪满政府提出“鸦片十年断禁”口号。1937年10月，伪满政府出台《断禁鸦片方策要纲》，计划在10年内根绝鸦片吸食者，同时在禁毒宣传、对瘾者的管理两方面做出应对改变。首先，在禁毒宣传方面，伪满政府通过报纸

---

① 岡田芳政:《续・現代史資料（阿片问题）》，みすず書房1986年，第32页。
② ［日］江口圭一:《日中鸦片战争》，天津：天津人民出版社1995年，第99页。

等媒介向外界表现出禁毒的决心。1938年，总务厅次长谷次哼公开发表称："我满洲帝国标榜王道，故对禁烟政策并不拘泥于表面，亦不固执于法理，其根本方针，即恩威并用，情理兼顾，秉持最大之决心，不畏于进行之困难，不惑于反对之异说，请洞察以往之经过，盖可窥其大概矣。"① "夫断禁鸦片一事，不独能使瘾者之更生，亦为一扫民族耻辱之工作也，进而言之又能为后进者开拓莫大之出路，实是吾人之一大责任也。"② 如此言论一经发表，一方面可以起到表明伪满政府实施断禁政策之决心；另一方面可以扩大断禁宣传，提升政府影响力，加强对普通民众的渗透与控制。其次，在对瘾者的管理方面，伪满政府通过采用鸦片吸食许可登记制度，对于年满25周岁以下者，坚决不发给鸦片吸食许可证。表1为伪满洲国时期大部分年份的鸦片瘾者登记数目。

表1　鸦片瘾者登记数目表③

年别	鸦片瘾者登记数	年别	鸦片瘾者登记数
1933	56804	1938	700235
1934	115447	1940	410490
1935	217060	1941	460734
1936	491965	1942	506938
1937	811005	1943	468360

数据来源："满洲国史编纂刊行会"，副会长：古海忠之

根据上表提供的数据可知，1933—1936年间，伪满治下的鸦片瘾者数目在快速增长。1937—1938年，因鸦片断禁政策的贯彻，登记力度加大，瘾者登记数据也达到最高峰。而在断禁政策全面实施后，数据统计呈现出新瘾者一度减少的迹象。但到1941年，瘾者登记数据又再次上升。由此可见，虽然伪满政府提出鸦片

① 《关于鸦片断禁之谈话》（上），《大同报》1938年8月13日第6版。
② 《关于鸦片断禁之谈话》（下），《大同报》1938年8月14日第6版。
③ ［日］满洲国史编纂刊行会编，东北沦陷十四年史吉林编写组译：《满洲国史（分论）》下，东北师范大学校办印刷厂印刷（吉林省内部资料准印证第90098号）1990年，第916页。

断禁政策，在表面上有一定的治理成效，但伪满洲国统治期间的潜伏瘾者与鸦片瘾者基数的扩大却是不争的事实，这一切都离不开日本殖民统治者对鸦片交易的纵容与姑息。

1939年，伪满政府制定《管烟机构整备要纲》，成立禁烟总局来接替之前专卖公署的职能，同时也将此前官督民营的鸦片售卖方式改为官营，即“各市县旗公署都设置了禁烟科或禁烟股；改鸦片零卖所为管烟所”[①]。鸦片官营后，政府对鸦片生意的掌控以及吸食鸦片人员的管理也随之增强。

综括而言，日本在对东北地区的殖民统治中，投入了大量的精力竭力构建自身鸦片禁毒形象。不论是以专卖为名的渐禁政策的出台，还是其后鸦片断禁政策的开展，都在一定程度上表明日本对鸦片问题的重视与应对。但日本对于鸦片禁毒形象构建的根本目的并不是减少殖民统治范围内的鸦片毒害，而是打着禁毒的幌子，暗中进一步展开鸦片走私与掠夺，这些禁毒表象无法掩盖其鸦片政策的虚伪及隐藏于其间的侵略实质。

三、鸦片纵毒本质的凸显：走私与掠夺

日本对中国东北鸦片政策的实质主要表现在鸦片禁毒表象背后的纵毒活动里。纵观日本在“关东州”、伪满洲国鸦片禁毒形象的构建过程，以及日本鸦片政策在不同区域的实施阶段、实施路径等，可见日本在刻意构建鸦片禁毒形象的同时，也在极力扩大殖民统治范围内的纵毒活动，借机牟取暴利的实质。

（一）鸦片走私活动的泛滥

就“关东州”而言，日本在这一地区的纵毒活动主要表现在鸦片走私方面。由于“关东州”的特殊战略地位，日本在占领后即视其为本土的一部分而进行建设，如佐藤弘在《大东亚的特殊资源》一书中，在分析日本的鸦片供给状态时，将日本内地、中国台湾与“关东州”相提并论，[②]足以说明日本对这一地区的特殊定位。因此，在“关东州”鸦片问题的处理上，日本殖民当局多数遵循严格的鸦片处理办法，在吸食

---

① 郑敏：《“九一八”事变后日本在我国东北地区的鸦片毒化政策》，《日本学刊》2000年第2期。

② ［日］佐藤弘：《大東亜の特殊資源》，大東亜出版1943年，第24頁。

者管理以及鸦片的控制方面表现出极为严苛的态度。这一方面是为了减少统治范围内的吸食鸦片人数，防止日本实力受损；另一方面也是为了稳定社会治安，强化殖民统治。但由于“关东州”具有极大的开放性与流通性，加之鸦片走私利润的吸引，在这些禁毒措施的背后，却是日本官方力量主导下的鸦片毒品走私活动的泛滥。

从1905年起，在日本占据“关东州”的四十年时间里，日本殖民当局庇护下的一些日韩商人、日本浪人等纷纷从事特许的鸦片吗啡生意，甚至形成相当规模的贩卖网，使得当时的大连成为世界有名的鸦片吗啡走私中心。如：“1914年，日本从英国进口19,845斤吗啡，其中9,639斤运至大连，再由大连走私到中国东北、华北一带。”[①]当时，在大连的日本商人，包括大阪、神户的许多商人都在从事吗啡走私生意，他们获利颇丰。据载：“日本国内医药用的吗啡消耗量，每年为五十至二百磅，估计最大限度为五千三百盎司，而日本从英国进口的吗啡数量百倍于此数，都是向中国转口输出的。”[②]日本殖民当局则通过这些商人再特许贩卖走私到中国各地赚取利润。对于日本而言，“关东州”一直被作为其本土来经营建设，因此日本在殖民管理过程中，通过鸦片渐禁政策减少鸦片瘾者，注重消除鸦片毒害带来的影响是事实；在日本殖民当局的鸦片政策下大量的鸦片毒品通过大连传向中国乃至世界各地也是事实，而且这种纵容鸦片毒品走私的行为带来的恶劣影响远远超过鸦片渐禁产生的影响。如此禁毒亦是纵毒。

不仅如此，日本还通过在“关东州”的鸦片垄断，攫取到丰厚的利润，这也有力地证明了鸦片政策的纵毒特性。据载，1934年，“关东州”的鸦片收入约637万日元，1935年约300万日元，各占总岁入的16.3%、10%左右。[③]这些收入占“关东州”财政收入的比重相当大，为日本在东北地区的殖民统治活动提供了资金支持。

---

① 何忠诚：《试析日本殖民统治时期在大连地区推行的鸦片政策》，《辽宁大学学报》（哲学社会科学版）1995年第4期。

② ［日］山田豪一著，叶昌纲译：《论本世纪一十年代日本对中国鸦片和吗啡走私机构的形成》，《山西大学学报》（哲学社会科学版）1985第4期。

③ ［韩］朴橿著，游娟镮译：《中日战争与鸦片（1937—1945）：以内蒙古地区为中心》，台北“国史馆”1998年，第51页。

（二）鸦片走私与资源掠夺并行推进

伪满洲国建立以后，日本的纵毒活动进一步表现为鸦片走私活动的加剧以及对鸦片资源的掠夺。面对如何解决鸦片问题，实现利益最大化这一目标，日本有以下三方面的认识：首先是关于其侵占地财政税收的考量。得益于台湾、“关东州”治理鸦片问题的经验，伪满洲国建立之初就十分觊觎鸦片带来的丰厚利润。1932年6月4日，关东军参谋长致函陆军次长说：“满洲国财政现遇到很大困难，以实现当初建国时原所估计的收入6400万元的估计数，因要维持和平与秩序，此总数内除海关收入2000万元与鸦片收入1000万元之外，满洲之预计全年支出，则需9300万元。除非前两项收入加速增加。”[①]由此可以看出日本方面为了扶植伪满洲国，对鸦片收入极为重视，这成为推动伪满政府鸦片政策出台的直接动力。其次是关于其侵占地管理统治的考量。在伪满洲国建立以前，在中国东北就已存在十分严重的鸦片问题，而且鸦片瘾者的基数庞大，这些都十分不利于日本在伪满洲国的殖民统治管理。因此，通过积极出台鸦片渐禁政策，不仅可以有效地加强对统治区域内中国人民的管教与束缚，同时还可以将鸦片垄断于日本手中，牢牢掌控鸦片瘾者，减少吸毒闹事等问题，维持社会治安的稳定。最后是出于维持“新国”国家形象的考量。伪满洲国的建立，本身作为日本军方炮制出来的傀儡，急需获得作为新国家的法理地位以及国际社会的认可。因此，有关鸦片毒品等有悖于国际法理与道德的因素，都应该被取缔和禁止。但日本又无法拒绝鸦片生意的巨额利润以及鸦片垄断后对其侵占地统治产生的种种好处。所以，在伪满洲国成立之初，日本殖民当局就出台了一系列有关鸦片的禁毒政策，打着禁毒的幌子来暗中垄断鸦片生意、扩大鸦片的种植与走私。

在鸦片的走私以及资源掠夺方面，伪满政府通过禁止私人种植的法令法规，将鸦片种植管理权收归官方，扩大官方种植面积来为鸦片税收的增加提供保障。以热河省为例，自1933到1939年间，该省的鸦片栽培面积分别为“5800顷、3930顷、

---

① 李恩涵：《九一八事变前后日本对东北（伪满洲国）的毒化政策》，《近代史研究所集刊》1996年第25期。

3100顷、6000顷、7000顷、6600顷、6500顷”，“在1936年鸦片专卖利益金更是达满洲国岁入的5%，约1330万日元”。[①]正是以这些鸦片种植量为物质基础，伪满政府的鸦片专卖收益得以快速增加，进一步推动了鸦片的走私贩卖与吗啡毒品的广泛传播。一些大城市如奉天（沈阳）、哈尔滨等地，秘密吸食鸦片的地点和麻醉剂贩卖店铺在大街上随处可见。在许多街市，日韩商人设立了简单而操作性强的吸食场所，如：“1936年，仅在哈尔滨就有妓院172家，秘密吸食鸦片地点56处，麻醉剂商店194户。”这些场所不仅在官方的保护下赚得盆满钵满，而且为增加伪满洲国的税收助力。[②]在伪满洲国垄断鸦片的前五年，鸦片是政府收入的三大来源之一。据一份报告估计：“1932年，官方鸦片收入为865万元，占政府总收入的9%。1935年，这一数字上升到1323.4万元。”[③]对此，鸦片专卖当局的解释为：“主要是由于采购机制的改进、非法销售的减少和对专卖制度本身的更好理解，后者导致长期吸食鸦片的人从非法供应转向政府产品。”[④]从中可以看出，事实上伪满政府从鸦片的垄断控制中获得巨大好处，之前实施的所谓禁毒宣传的根本目的还是满足日本殖民统治的需要，对非法生产、吸毒贩毒的打击进展甚微，而吸食鸦片的情况则有增无减。

1937年，《盛京时报》的一位日本籍主编M.T. 菊地公开批评了伪满政府的鸦片政策，他指出：“鸦片零售许可制度并没有遏制毒品使用的蔓延；政府一方面倡议改善公众健康，但另一方面又允许使用麻醉品来毒害人民，这是相互矛盾的。”[⑤]随着日本侵略战争的推进以及国际局势的变动，伪满洲国的鸦片政策逐渐抛却了禁毒的虚伪面具，开始了公开的纵毒贩毒活动。1941年，太平洋战争爆发后，由于鸦片作为吗啡、麻醉品的生产原料，在战时体制下也成为日本重要的战略资源之一。日本为了满足战时体制下的资源需求，开始在伪满洲国和中国其他占领区

---

① ［韩］朴橿，游娟镮译：《中日战争与鸦片（1937—1945）：以内蒙古地区为中心》，台北“国史馆”1998年，第54—55页。

② ［日］倉橋正直：《日本の阿片戦略：隠された国家犯罪》，东京共栄書房1996年，第159页。

③ S，K；Merrill，Frederick T，“Japan and the Opium Menace”［M］. *The American Journal of Nursing*，1942（42）：98.

④ S，K；Merrill，Frederick T，“Japan and the Opium Menace”［M］. *The American Journal of Nursing*，1942（42）：98.

⑤ 韩华：《罪证：从东京审判看日本侵华鸦片战争》，北京：中国言实出版社2015年，第132页。

搜刮鸦片，奴役中国人民。1942年8月，日本在东京召开了大东亚鸦片会议，指出："大东亚的鸦片政策，是在帝国领导之下，以恢复鸦片战争前的状态为目标"，"由满洲国和蒙疆生产并保证供应大东亚各地区所需鸦片。"①

日本在伪满洲国的纵毒活动具体表现在提高鸦片生意利润和压榨奴役中国人民两方面。首先是提高鸦片生意利润。伪满政府借口提高烟价来督促瘾者禁毒，榨取其剩余财富，如1941年7月6日《大同报》记载："黑山，实施鸦片增价及减量，用为增加瘾者经济负担上之痛苦，以唤起其发挥戒除之决意，期使禁烟政策向完遂途上迈进之顺利，本县保健禁烟当局，兹奉令自七月一日起，对鸦片实行增价，以每份四角五增为五角，特令管烟所遵照实行云。"②但瘾者之所以吸毒上瘾，乃是对药物产生长期的生理依赖以及防范意志缺失的结果。伪满政府借用涨价禁烟的措施来进行戒烟戒毒宣传，实不能令人信服，究其政策根本目的还在于对经济利益的追求。其次是压榨奴役中国人民。到日本侵华战争后期，伪满政府开始进一步加强人口管控，奴役鸦片瘾者。如："1945年，日本设立鸦片断禁协会，将已登记瘾者进行名义上分期禁烟，在服用戒烟药东光剂后，将这些人编队送至各矿山、工厂充当劳工。"③这种行径不仅极大地破坏了中国人民的身心健康，而且磨蚀了他们的反抗意识，进而消耗了中国人民反抗日本侵略者的组织力量。

总之，近代日本在对中国东北实施鸦片政策的过程中，纵毒活动的痕迹贯穿其殖民统治的始终。无论是对鸦片走私活动的纵容，还是对鸦片资源的掠夺，无一不是为其侵略中国服务的。对于日本鸦片政策中的禁毒表象，要透过现象看本质，明晰其禁毒的目的也是纵毒，认识到鸦片政策的实质最终还是为了侵略。

结 语

毒品的出现对人类社会产生了极大的影响，特别是在鸦片战争、日本侵华战

---

① 郑敏:《"九一八"事变后日本在我国东北地区的鸦片毒化政策》,《日本学刊》2000年第2期。

② 《增加鸦片价》,《大同报》1941年7月6日第3版。

③ 中央档案馆，中国第二历史档案馆，吉林省社会科学院:《日本帝国主义侵华档案资料选编·东北经济掠夺》，北京：中华书局1991年，第820页。

争期间，鸦片毒品成为帝国主义国家侵略扩张的另一种武器，给中国人民造成难以想象的伤害。日本在侵华战争过程中，由于鸦片政策的罪恶性与特殊性，很多真实档案资料都未保留下来或者在战后被日本政府集中销毁，这为我们了解这一政策带来很大的难度。但日本的这种侵略罪行却无法被抹去，不论是从中国的历史档案、报刊资料、亲历者回忆，还是国际联盟的禁烟报告、观察者的著述等，都留下了日本对中国鸦片侵略的罪证。窥一斑而知全豹，对于日本在战争中的鸦片侵略罪行，我们应予以揭露，并警示世人。面对战后日本一些扭曲史实、美化战争的行为，我们更应该做出辩驳、纠正。正如日本著名历史学教授家永三郎评论称："大纲已明晰，日本对中国的战争是第二次鸦片战争的形象，不应有疑。"① 日本对中国东北的鸦片政策具有禁毒与纵毒这一互为表里的二重性特征，却又始终与其侵略政策相伴并为之服务，其对中国东北鸦片政策的毒化实质，以及隐藏于其间的侵略实质已昭然若揭，这也表明在研究日本对中国的鸦片政策问题时，综合性研究与理论性研究尤为重要。日本对中国的鸦片毒化政策是其侵华政策的重要一环，日本企图通过鸦片毒化政策得以更快地实现"大陆政策"的既定目标，从而实现其称霸东亚的野心。日本之所以会选择以鸦片作为殖民扩张的突破口，与日本在现代化进程中片面追求经济现代化的取向和称霸东亚的野心有着深厚的关联，同时也与近代日本的对外观以及国际形势的变化密不可分。通过探析日本在中国东北地区实施的鸦片毒化政策，把日本的鸦片政策纳入日本现代化畸形发展的视野中进行综合分析，或可更深入地把握日本鸦片毒化政策的形成动因与演变轨迹。

作者简介：安善花，女，大连大学历史学院副教授，主要从事中日关系史研究。

任永泽，男，大连大学历史学院研究生，主要从事中日关系史研究。

① ［日］家永三郎：《战争责任》，东京：岩波书店1985年，第81页。

近代大连城市规划与城市文化形成初探*

曹明玉　资慢玲

自改革开放，特别是近几十年城镇化进程不断加快以来，我国城市经济不断发展，城市建设风潮席卷全国，在这一过程中大连曾经凭借其独特的城市广场建筑格局成为许多城市模仿借鉴的典范。别具一格的城市格局，成为大连城市文化特征最为外在和直接的体现。追根溯源，探究近代大连城市形成和建设发展过程及相关问题，对进一步认识城市建设和文化发展的推动因素，凝聚城市文化具有一定的价值和意义。

一、自由商港建设与早期城市发展

大连因港立市，以港建市。对初期的大连而言，港口的作用决定了大连城市的性质和规模。伴随着近代日俄对旅大地区的侵占，大连百年城市的发展历程就此开启。

1897年11月，“巨野教案”事件发生，德国借此事端强占胶州湾，沙俄军队见此形势，以“中国政府对于德国在胶州的强硬行动感到惶惑不安，请求我们保护。因此，我们在北京很容易把占领大连湾解释为为我国舰队获取一个坚固的基地，以防备太平洋上再次发生对中国不利的事件”为借口，①趁机向清政府提出占领辽东半岛的诉求。随后，在清政府默许下，沙俄舰队驶入旅顺口。在此期间，沙俄政府加速实行租界辽东半岛计划。次年3月，沙俄以协助清政府促使日本归

* 本文为大连市社科院2020年度重大调研项目（项目编号2020dlsky135）阶段性成果。

① 俄罗斯联邦国家档案馆（568-1-127）:《俄国外交大臣给沙皇尼古拉二世的信（1897年11月11日）》。转引自蒋耀辉:《大连开埠建市》，大连：大连出版社2013年，第25页。

还辽东半岛为由，强迫清政府签署《旅大租地条约》，侵占了旅顺及大连等地区。[1]

沙俄政府选址今大连地区作为自由贸易商港，是出于多重考虑。地理位置方面，这一地区位于渤海咽喉之地，京津海上门户，战略意义非常重要；自然环境方面，这一地区气候常年温和舒适，冬无严寒夏无酷暑，港口终年不冻。对沙俄而言，拥有不冻港是其长久以来的夙愿；沙俄虽有东部海参崴港口，但其封冻期一年中有百余天，其间沙俄政府不得不租借日本港口长崎，这严重限制了其在太平洋地区的军事及对外贸易活动；历史因素方面，为保卫京津地区，清政府曾派遣李鸿章在大连训练北洋海军，修建炮台，因此这一地区具有一定的军事建设基础。除上述因素以外，沙俄也欲将辽东不冻港与南满铁路形成海铁联运，从而联系东清铁路，连接西伯利亚大铁路，直通欧洲，打造贯通欧亚的海铁联动大动脉，实现沙俄控制远东的战略企图。[2]

1898年4月初，沙俄政府派遣以盖尔贝茨为首的专家组，在俄国驻旅顺海军的协助下，对旅大地区沿海各处海湾逐一进行勘测和考察。专家组经过多次讨论，最终选址青泥洼一带的海畔（今大连湾）为建设大型商港之地。从此，大连湾从一片未开垦的处女地日渐成为国际重要的运输贸易往来中心之一。

沙俄对大连湾的开发具有强烈的殖民性。但是，不可否认的是，沙俄的这一举措对大连的蜕变起到了举足轻重的影响。据史料记载，战国时期大连地区属燕国辽东郡，辽金时设置金州，明朝时朝廷收复辽东郡，修建了金州城和复州城，这一时期大连地区的政治经济中心为金州；晚清鸦片战争后，清政府为保卫京津地区，派李鸿章筹建海军，疏浚旅顺港，修建海防炮台，此时大连地区以金州和旅顺为中心，其中旅顺驻军和军民约2万人。[3]大连湾商港的出现，使得大连地区的中心由金州和旅顺逐渐转移到大连湾附近的新建城市——大连市。1904年日俄战争爆发时，沙俄对大连湾的规划仅完成了初期的建设。日本占据大连之后，对

---

① 刘存惠主编:《大连中山印迹（1898—1945）》，沈阳：辽宁科学技术出版社2015年，第1页。

② 蒋耀辉:《大连开埠建市》，大连：大连出版社2013年，第84页。

③ 萧宗谊:《大连城市形态初探Ⅰ.1898—1904年沙俄占领时期》，《大连理工大学学报》1988年第S2期。

于俄据时期的港口和城市规划，予以了肯定和保留，并依据沙俄城市规划继续建设。至1930年，大连港口可以同时容纳19万吨的海轮37艘并泊，码头的货物堆栈75处，可容50万吨货物。大连港的基础设施已达到国内一流水平，为其日后成为近代中国对外贸易五大港口之一奠定了基础。[①]沙俄在规划商港的同时，港口城市的建设也在如火如荼地进行，斯科里莫夫斯基将大连设计为以巴洛克式的多核心、开放式、辐射状街区布局的现代化都市，这一规划为后世大连城市建设奠定了深厚的艺术底蕴。

二、广场城市的初步规划与建设

近代日俄两国在占领大连时的规划设计，对大连城市形态发展产生了直接的影响。在城市布局方面，从俄据时期单纯采用“巴洛克式规划”发展到日据时期“巴洛克式规划”与“美式方块状规划”相结合的模式；在建筑风格方面，由俄据时期以折中主义古典主义为主到日据时期古典主义和现代主义交相辉映。在整个发展过程中，大连城市文化日渐体现出多元开放的特征。

1899年3月，沙俄政府将负责符拉迪沃斯托克港口和城市建设的萨哈洛夫调往旅大地区，担任大连湾商港和城市建设总工程师。建设之初，沙俄欲在短期内将大连湾打造成远东商品集散地，进而成为世界贸易中心，将大连打造成类似北美繁华都市的港口城市。“眼前有许多北美洲城市的例子，例如：旧金山、芝加哥、温哥华和其他城市，由于兴建了铁路和港口，几十年的时间，就由一个贫瘠的小村庄演变成人口众多的繁华城市。可以想象，大连湾将会有独特的发展条件，也会这样快速地发展。”[②]1898年8月，沙俄将大连正式命名为“达里尼”，沙皇尼古拉二世在致财政大臣维特的信中曾提到，“目前我们承认，是为追求财富而在它（大连湾商港）周边着手兴建城市设施，并将其称为达里尼”[③]。

---

① 姚永超:《大连港的中转贸易（1907—1931）》,《中国历史地理论丛》2004年第1期。

② 俄罗斯国家历史档案馆（560-28-104）:《财政部关于大连湾商港建设和允许东清铁路公司兴建大连湾城市情况》。转引自蒋耀辉:《大连开埠建市》，大连：大连出版社2013年，第128页。

③ 俄罗斯国家历史档案馆（500-38-179）:《1899年7月30日，沙皇尼古拉二世在致财政大臣维特的信》。转引自蒋耀辉:《大连开埠建市》，大连：大连出版社2013年，第126页。

萨哈洛夫规划中的大连市整体用地6.5万平方公里，东至今寺儿沟，西至今马栏河，北至今黑嘴子，南至今老虎滩区域。初期建设工程征用了今青泥洼、黑嘴子和西岗子的3.3万平方公里土地，将市区划分为三个区：市政区、欧罗巴区和中国人区。市政区为城市行政办公中心；欧罗巴区为城市商贸金融、交通和文化中心，其中又细划分商业区、市民区、行政区和住宅区；中国人区则是当时中国人居住生活的场所，基础设施极为简陋。

在街区布局上，萨哈洛夫最初设想采用"美式方块状规划"的格局，但这一设计初衷被后来加入建设队伍的斯科里莫夫斯基改变，因大连地形以丘陵为主，多山多陡坡，采用"美式方块状规划"不仅使街道起伏过大，同时建设成本高，施工难度大。①对此，斯科里莫夫斯基在萨哈洛夫的规划上进行调整，仍然保留城市分区，但因地制宜将街区布局改为多核心、开放式和辐射状，将市中心广场设置在地势相对较高之处，街道自高向低扩散，呈放射状，这样街道布局更为巧妙，也可以减少建设施工难度和成本。斯科里莫夫斯基设计下的巴洛克式的空间布局，使得广场成为达里尼市的核心，以广场为中心，道路向四周扩散，相互连通，形成如同蛛网式道路骨架。这改变了原来萨哈洛夫设计的以道路为核心的城市形态，由原来设计3个广场增至15个广场，其中欧罗巴区设计了11个大小不一的广场，行政区设计了3个广场，中国区设计了1个广场，各个广场根据其功能进行定位，大致分为交通疏导类广场、标志性建筑类广场、集市类广场和城市美化娱乐休闲类广场，②广场多为圆形，椭圆形或半圆形。其中最为著名的为尼古拉耶夫广场（今中山广场），以广场为中心，10条大街从广场向四周辐射，广场中间设有绿地、花园，周围规划警察局、邮局、银行等建筑，围绕尼古拉耶夫广场，周围又分布6个广场，每个广场通过道路相互联结，形成交通网。除尼古拉耶夫广场外，今民主广场、友好广场、三八广场和二七广场等均为沙俄时期设计。由于沙俄在1904年日俄战争中战败，沙俄被迫撤离达里尼市，城市建设只进行了初期阶段，沙俄

---

① 张晓刚、万映辰、邹圣婴：《试析俄日两国对旅大城市规划的特点》，《大连大学学报》2015年第2期。

② 蒋耀辉：《大连开埠建市》，大连：大连出版社2013年，第168页。

欲将达里尼市建设成为世界一流的远东港口城市的愿望，也随着战争局势的变化走向破灭。

沙俄对大连地区的统治虽然仅7年时间，但众多具有沙俄民族特色的建筑已经彰显出大连地区文化的独特性。1898—1904年间，沙俄先后建设了达里尼市政厅东清轮船会社、关东州陆军炮兵部、旅顺火车站、旅顺监狱和旅顺市营旅馆等。①这些建筑风格以折中主义为主，同时具有古典主义和哥特式风格，为大连城市文化元素增添了多样性，这些典雅别致的建筑成为展现大连城市文化的载体。

三、近代城市规划的基本定型

在沙俄侵占旅大地区之前，日本对辽东半岛早已觊觎已久。在1895年甲午中日战争中，清政府因战败屈辱签订《马关条约》，被迫割让辽东半岛、澎湖列岛和台湾等岛屿给日本，最终因俄国在内的三国干涉，日本被迫归还辽东半岛，这一事件为日俄矛盾的加深埋下隐患。1904年2月，日俄战争爆发；1905年1月，俄方递交投降书，宣布投降；同年9月，在美国的调停下，日俄签订了《朴次茅斯和约》，条约规定沙俄在辽东半岛的权利及南满铁路长春宽城到旅顺大连的路权归日本掌管。

日本占领大连地区不久后，便对大连进行了城市规划与建设。这一过程大体可分三个时期；初期：1905—1919年，日本占领初期至关东厅成立；中期：1919—1931年，关东厅成立至九一八事变；晚期：1931—1945年，九一八事变至日本投降。②日本规划初期，因当时日本对规划近代大规模城市缺乏经验，且沙俄的大连城市建设充分体现了西方先进的理念，深受日本推崇，故日本当局确立了“承袭俄治时期规划”的原则，进一步修建完善大连城市基础设施，但这种承袭仅体现在今劳动公园以东的中山区一带，对劳动公园以西的规划，则按照实际情况进

① 关国磊：《大连近代历史建筑风格特点与保护对策研究》，吉林大学硕士学位论文2011年，第24—28页。

② 王劲松、张晓刚、王珍仁：《日本殖民时期大连城市发展状况初探》，《大连大学学报》2012年第4期。

行了调整。在城市分区上，分为军用区、日本人居住区、中国人居住区；将原欧洲区大广场（中山广场，俄占时的尼古拉耶广场）以东包括铁路与海港划为军用地区；日本人居住区大致为原来俄国人居住的行政区和欧洲区；中国人居住区则为西公园以西一带。在街区布局上，基本保留沙俄时期所规划的巴洛克式的布局，只是将曲折的道路变为直道，以方便交通运行。在沙俄规划的基础上，这一时期日本基本完成了城市道路建筑的基础设施建设，今中山广场、港湾广场、友好广场、三七广场、二八广场等均在这一时期修建而成。

随着大连经济贸易的蓬勃发展，日本殖民当局计划永久占据大连，大量日本人涌入，大连市区人口随之快速增长。由是，日本开始计划对外扩张建设，大连市区面积由原来的892万平方米扩大为1570万平方米。将原来的三区制，改为按土地使用功能为标准，划分住宅区、商业区、工厂区、混合区四种。这一时期，城市建设最大的变化在于，将原来以广场为中心蛛网式的街道布局转变为以道路为中心的方格状街区布局，从而大大提高了土地利用率，形成了在城市东部以大广场（今中山广场）为中心的蛛网式道路系统，西部棋盘式的道路系统。虽然街区布局上以道路为中心，但日本殖民当局在西部也建设了多个广场，如长者广场（今人民广场）、花园广场、大正广场（今解放广场）、回春广场（今五一广场）等。整个城市的重心随着日本的重新规划发生西移，在大连大广场与长者广场之间，即各线路交会的常盘桥（今青泥洼桥）形成市中心。[①]日本之后又陆续建设多条东西走向的干线道路，至20世纪20年代末，大连的城市基本雏形日渐形成。

到1929年时，大连城市人口已达25.8万，[②]迅速膨胀的人口现象引起日本当局的关注。1930年，关东厅厅长正式下令进行城市规划，并颁布第18号令决定设置大连都市规划长官咨询机构大连都市规划委员会，其任务是以建设大连成为可容纳百万人口的城市为前提，以现代科学为出发点，制订出综合性的都市规划方案。1934年10月，第三次特别委员会确认了大连城市规划区域，以常盘桥为大连市市

① 荆惠兰:《近代大连城市文化研究（1898—1945）》，东北师范大学博士学位毕业论文2009年，第44—45页。

② 顾明义等编:《日本侵占旅大四十年史》，沈阳：辽宁人民出版社1991年，第8页。

中心，以16公里为半径画圆，以此为基准。与前期和中期建设侧重向内完善基础设施不同，后期建设侧重对外扩张，通过明确分区，将中心城市与周边城镇结合起来，互为依凭，共同发展，将城市空间利用率最优化。[①]此后，大连都市规划委员会陆续通过和施行了甘井子工业卫星城、黑石礁附近区域、寺儿沟附近区域等相应规划方案。

日本在城市规划上极尽细致周密，在相关建筑的修建上也常常不惜重金，务求精奢，以炫耀日本建设大连的成果。城市建筑的建设方面，基本可以分为两个阶段：第一阶段为初期阶段，从1906年至1930年；第二阶段为后期阶段，从1931年至1945年。[②]第一阶段建筑风格以仿效欧美洋风和西方古典主义为主，其中最具代表性的为大广场建筑群（今中山广场建筑群）。大广场周围分布着大连民政署厅舍、横滨正金银行大连支店、大和饭店、大连市役所办公楼、朝鲜银行大连支店等八个建筑。这八个建筑虽形态各异、风格不同，但因它们都以广场为中心呈向心状分布，大小高度比例与广场空间相适宜，从而营造出和谐统一的氛围。除此之外，日本殖民者当局在这一时期还建设了“满铁”图书馆，满铁日日新闻大楼等建筑。由于第一次世界大战前后欧洲经济萧条，深刻影响了当时建筑的创作风格；欧洲建筑师们被迫讲求实效，禁绝浮夸，[③]这一思潮影响到崇尚西学的日本，1927年，日本相继出现了倡导“功能主义”“现实主义”的国际建筑学派建筑。在此背景下，大连城市建筑风格随之发生改变，崇尚现代主义，其中标志性建筑有南满铁路医院、关东州地方法院、关东州厅厅舍、大连火车站等，使得20年代以后大连在建筑上形成古典主义与现代主义文化交相辉映的景观。[④]

四、城市文化的形成与发展

近代大连的发展是多方面因素综合推动的结果，俄日两国给大连带来了外来

---

① 蒋耀辉:《大连开埠建市》，大连：大连出版社2013年，第265—268页。

② 王劲松、张晓刚、王珍仁:《日本殖民时期大连城市发展状况初探》,《大连大学学报》2012年第4期。

③ 庄裕光:《风格与流派》，天津：百花文艺出版社2005年，第80页。

④ 曲晓范:《近代东北城市的历史变迁》，长春：东北师范大学出版社2001年，第168页。

文化的塑造，此外还有另一个推动大连城市发展较为重要的内部因素，即大连市民阶层的形成与影响。随着近代大连不断开放，城市经济和民族工商业得到迅速发展，市民群体不断壮大，近代市民阶层开始产生并发展。市民阶层尤其是其中的绅商阶层，对城市发展特别是城市气质的塑造产生了重要的影响。

与中国其他传统城市相比，大连的市民群体除具有其他传统城市市民的共性外还具有自身的特点，大连的城市化与中国传统城市不同，它在城市的形成过程中没有经过手工工厂而直接进入到资本主义的大机器生产阶段，而这种以大机器生产为主的经济模式，在大连近代城市化的过程中，随着工商业的兴起和人口的增长，城市中出现从传统的乡民到近代市民的转变，并催生出了与传统城市截然不同的市民群体，他们构成了大连近代城市社会体系。在市民群体中，传统士绅阶层随着大连近代城市的发展，也开始发生变化，出现了比较有特色的绅商群体。绅商群体的出现，在一定程度上壮大了市民群体的力量。所谓绅商，就是指绅与商两者合流之后产生的一个新的社会群体。从绅商阶层的起源来看，它是在资本主义发展到一定阶段，在传统经济伦理发生较大变化的基础上，通过绅与商相互渗透合流的方式形成的；它既区别于传统士绅阶层，又相异于一般旧式商人，他们有一定的社会地位，又从事工商业活动，手中握有相当的财力，不仅能上通官府，且能下达工商，这是大连传统的士绅所无法比拟的，也使绅商阶层在城市社会结构中成为最为瞩目的在野阶层。

大连绅商阶层的出现，是伴随着近代大连城市崛起破土而出的，它不仅具有其他中国传统城市市民的基本特征，也具有殖民地城市的鲜明特点。大连开埠后，在各个行业中涌现出了一批重视技术、精通管理、善于经营的绅商企业家，他们对大连城市建设发展提出很多建设性的意见，对大连发展起到了一定的推动作用。例如，当时华人缺少医疗机构治病，时任华商公议会总理刘肇亿便向华商劝募，集资建立简易医院为华人诊治，对贫苦市民还免费施诊送药。此外，为促进华人子弟就学，他还积极筹款设立普通小学创办中文版报纸《泰东日报》，举办各种慈善及公益活动，深受广大华人的欢迎。此外，还有西岗华商公议会副会长、泰来油坊创始人周子扬为发展华人经济，为方便商民的货物储运，主动出面与满铁会社多次交涉，开辟小岗货车站（今大连西站建立存储货物仓库），解决商民货物运输存储的困难。周子扬还代表西岗居民请求殖民当局允许在西岗热闹地段开辟一条现代化的大马路，以改善当地狭窄脏乱的石板道。获准后，他又向华商中的各大商家募集专款、辟路造街，耗时两载建成了一条崭新的现代化柏油马路，并将之命名为新开大街（今新开路）。[①]这种自觉意识、主人翁精神，对城市建设的热情也成为大连城市文化的重要组成部分。

在大连市民阶层的构成中，还有外来移民这一特殊的群体，特别是来自山东地区的移民，他们为大连这座城市带来了特别的文化。大连地区移民古已有之，到19世纪末期20世纪初俄据日据时期，沙俄和日本为满足在当时旅大地区修建港埠、铁路、开矿等用工之需，从山东、河北等地招募了大量劳动力，因旅大地区气候温和且与山东交通最为便利，故山东移民人数颇多，远高于其他地区。以1936年和1937年数据为例，山东省移民占据大连地区国内移入移民数量的89.1%。[②]

以山东地区为主体迁徙而来的大连移民，基本都具有一定生产技能和劳动经验，他们勤俭耐劳、性情爽直、毫不屈从，具有质实苦干的精神气质和浓重的孝悌纽带，把山东的齐鲁文化精神带到了大连，传递给了后代。他们为近代大连地区经济文化的重建和发展，做出了重要的贡献，他们为维护自身的利益勇敢抗争，展现出了近代市民阶层的自觉意识，影响了城市文化的特质。从文化角度而言，近代大连城市的发展，是在吸收西方先进思想和文明生活方式等元素的基础上，融合内地先进的齐鲁文化和当地少数民族文化，逐渐积累和沉淀而形成的。[③]

结　语

大连是经历俄日两国占据、建设过的一座城市，其因重要的地理位置被日俄

---

① 吕绍绅:《试论大连近代市民群体的产生和发展》,《理论界》2004年第2期。

② 刘世锜:《旅大地理》，上海：新知识出版社1958年，第49页。

③ 刘新朔:《〈泰东日报〉与近代大连的市民文化变迁（1911—1928）》，东北师范大学硕士学位论文2019年，第9页。

重视，开发建港，港口的作用决定了早期大连的城市规模和性质。沙俄为实现其远东长远战略要求，在建立大连港的同时建设大连市，采用巴洛克式的空间布局，建设了诸多具有折中主义和古典主义风格的建筑，奠定了大连城市的基本形态。市民阶层的壮大也为大连城市发展注入了新的活力，不论是本土的绅商阶层，还是外来移民，他们都为这座城市的经济建设、文化塑造做出了重要的贡献。正是在一系列内外因素的推动和作用下，近代大连城市发展呈现出一种兼收并蓄、自强不息的特点，并影响至今。

作者简介：曹明玉，男，大连大学历史学院讲师，主要从事大连地方史与地方文博研究；

资慢玲，女，大连大学历史学院本科生，主要从事大连地方史学习与研究。

论当代中国海洋观的转型及构建战略
——以大连建设东北亚国际航运中心为视角

安善花

海洋观是一个民族或一个国家对包括海岸、海底以及赋存于其中和水体中的资源在内的海洋本质属性以及海洋与人类关系的总体认识，而这一认识是在包括政治、经济、军事、文化、法律等在内的各种实践活动中所获得，并通过理论思维而形成的，且具有鲜明的时代特征。①传统的海洋观终使中国错失走向海洋的历史契机，成为近代以来中国滞后于世界发展的一个重要原因。随着世界范围内对海洋争夺的日益加剧，呼唤中国海洋观实现当代意义的转型。大连建设东北亚国际航运中心为当代中国海洋观的转型提供了实践载体和历史契机，凸显了当代中国海洋观转型之于中国和平崛起的重要意义。

一、古代狭隘的海洋观使中国错失走向海洋历史契机

古代中国的海洋观是其世界秩序观的一部分。在16世纪西人东来之前，中国的世界观很狭隘，可谓坐井观天。受地缘因素和历史文化的影响，形成了狭隘的古代世界秩序观。②在自然地理世界观方面，早在先秦时代，中国人的地理观念基本上是“天圆地方”，像锅盖似的圆形天空靠着四根擎天柱的支撑笼罩着方而平的大地，并认为中国是世界的中心。而到明代万历年间，中国人心目中的世界还是这样的：世界的中央为陆地，四周为海洋，在中央陆地上分布着大明帝国的15个

---

① 此处参考了黄顺力:《海洋迷思 中国海洋观的传统与变迁》，南昌：江西高校出版社1999年，前言部分。

② 由于当时囿于交通和视野的限制，人们对世界的认识大体上停留在东亚地区的范围内。中国尚无区域国际秩序的概念，视野所及就是世界的全部。因此称之为世界秩序观更为适合。

省，其四周海洋散布着若干小岛，这些小岛合在一起还不如大明帝国的最小的一个省的面积大。[①]

正因为中国古代文明发源于黄河中下游，具有明显的大陆内聚性。基于古代自然地理世界观和封建统治者“普天之下，莫非王土；率土之滨，莫非王臣”[②]的“华夷秩序”思想以及中国社会长期实行以农为本立国理念的影响，中国古代的海洋观带有浓厚的守土防御、保守自居等内敛情结。明清以降，东南沿海地区的海洋经济迅速发展，但由于封建统治者实行严厉的海禁政策，压抑了中国海洋观的开放性走向。因此，这种海洋观一方面使中国的内循环经济日臻完善，但另一方面又产生了限制国际视野、排斥外来文明的副作用，终使古代中国错失走向海洋的历史契机。以16世纪中叶耶稣会士和贸易商人的东来为契机，近代世界观开始传入中国。“尽管在15世纪初郑和下西洋在中国历史上传为千古佳话，但中国却没有自己的‘地理大发现’时代。”[③]

因此，“近代以后，在开始于西方的产业文明世界里，我们充当了历史的迟到者”。[④]欧洲人经历了“地理大发现”时代，这一发现带来了世界观的变革，确立了以西方为中心的新的世界坐标系统，由此开始了以西方为中心向全球辐射的海洋时代。[⑤]

二、中国近现代海洋观的转型及其失败的实践

在中国，以耶稣会士来华为标志，世界地理知识开始输入中国。代表著作有著名耶稣会传教士利玛窦的《万国舆地图》、南怀仁的《南舆地图》等，向中国介绍了许多崭新的世界地理知识，如五大洲的概念、地圆说、经纬度的测量等，传播了科学实证的自然地理世界观。当时以李之藻、徐光启为代表的开明封建士大夫对全新的西方地理知识表现出极大的热情，这些少数开明知识分子开始摒弃传

---

① ［意］利玛窦·金尼阁著，何高济等译:《中国札记》，北京：中华书局1983年，第179页。

② 李学勤主编:《毛诗正义》，北京：中华书局1999年，第797页。

③ 罗荣渠:《现代化新论》（增订版），北京：商务印书馆2004年，第277页。

④ 金泳三著，郑仁甲译:《开创21世纪的韩国》，北京：东方出版社1992年，第48页。

⑤ 罗荣渠:《现代化新论》（增订版），北京：商务印书馆2004年，第277页。

统的文化偏见，承认西学在某些方面优于中国文化，已逐渐对唯我独尊的“中国中心”观念产生了怀疑，其世界秩序观也发生了变化，体现了他们对科学的尊重。但绝大多数国人对近代世界地理知识半信半疑，甚至批判。1584年当利玛窦第一次向国人展示其《山海舆地图》时，因为中国的位置不在中间而受到国人的抗议。迫使利玛窦重新把中国画在正中间。明清时期的典籍，也是怀疑、排斥西方全新的世界地理知识，斥之为“邪说惑众”，甚至到处可见“西学中源”说，对西方全新的科技成果不屑一顾，拒绝接受。正因为当时绝大多数士大夫基于传统的华夷理念，顽固地坚持“中国中心论”世界秩序观，极力排斥西方文化，这种对科学的藐视致使中国失去了借此了解世界大势之契机。从华夷观念出发，明清士大夫把“英吉利”“意大利亚”“佛郎机”等西方国家一厢情愿地列入中华帝国的朝贡国系列，视其为“夷狄”。在鸦片战争前夕，与西方打了300多年交道的中国封建统治者甚至不知道中国在世界中的地理位置。这样，固守“天朝大国意识”的中国，因过度自信，忽视周边民族和国家的发展，漠视世界的变化，一直到鸦片战争前，未能形成近代世界秩序观。直到第二次鸦片战争惨败，才意识到中国正处于“数千年未有之变局”面对的是“数千年未有之强敌”。①

近代以来弱肉强食的世界竞争，唤醒了中国人的忧患意识，传统的海洋观受到冲击。尽管迟滞确立科学的自然地理世界观，但终使中国突破了“中国是天下中心”的陈腐观念，其海洋观也开始了向近代的转型。近代以来西方列强对中国的入侵大都是从海上发动的。从1840年的鸦片战争开始，中国被迫与西方列强签订了一系列不平等条约。面临着来自海上的种种危机，“海防”就成为确保中国国家安全的重要因素，关于“海防危机”“海防建设”“海战”“海军建设”等议论亦日渐增多。特别是1874年日本侵略台湾后，“海防”日益为清廷所重视，并作为清政府重要的对外政策一直延续到清末。晚清开始的近代海洋意识的转型，就是在这些外患侵扰的背景下进行的。海防作为国防的一部分，成为国家层面的海洋观在国家政策中的实践。李鸿章作为晚清中国外交的首席代表，又是洋务派的主

① 中国史学会:《洋务运动》一，上海：上海书店出版社2000年，第41—42页。

要领导人物之一，在中国近代海防思想的形成与近代海军的建设上占有极其重要的地位。他的海防思想经历了从产生、演变到编练北洋海军的实践，在中国海防近代化历史上有着举足轻重的作用。无论是李鸿章本人还是其海防思想，对于中国海防近代化都产生了巨大的影响，李鸿章是中国海防近代化的先驱。但是，后来的历史证明，中国海洋观向近代转型的所有努力，皆因传统大陆意识的禁锢而遭到失败。近代以来挥之不去的大国悲情，更多的是让中国人充满痛苦和无奈。中国人不得不把大部分精力放在抵御外侮的民族解放斗争中。作为连带的结果，必然会影响到中国走向世界的进程，遑言海洋观向近代的成功转型？现代中国的海洋蓝图也在当时军阀割据、政局混乱的情况下无法实现。

三、中国当代海洋观的转型及对和平崛起的意义

进入21世纪，中华民族迎来了民族复兴的伟大历史时期，中共十八大把将中国建成海洋强国上升到国家战略的高度。然而，从世界范围来看，因为主要资本主义国家已经进入后工业化时代，因资源、环境等压力，世界范围内对海洋的争夺日益加剧。这对以和平崛起为目标的中国，是一个极大的考验。

东北亚是中国和平崛起的政治基础。这是因为，如果说南海问题关乎中国的主权归属以及石油利益，并对未来中美利用印度洋、西南太平洋进行长期、全面的博弈具有实质意义的话，我们必然要为我们自己能够具备足以支撑这一角逐的经济和军事实力留有一定的提升时空。同样，相比较台湾问题的复杂和艰巨性，在东北亚区域国际事务中，中国具备了在上述其他地区所不具备的独特条件。由于中美俄日等大国因素在此交汇，中国如果能够以在这一地区的传统影响力，借助对东北亚地区经济合作向高层次的推进，使这一地区的政治互动超越现有的低层面合作的状态，使这一地区国际秩序的构建和发展向着有利于区域和平发展的方向推进，势必会促成该地区成为中国实施和平崛起战略的突破口。而国际航运中心作为属于国家或地区之间以航运为主要活动而进行经济贸易交往活动的载体，其活动本身就是在推动国家海权、空权的发展。大连作为东北亚国际航运中心，在行使自身地缘经济使命的同时，也可以实现地缘政治的目标。因为全球化、国

际体系与国家关系的演变对区域合作产生重要的影响，同时，经济活动也反作用于国家间关系的演变及在政治结构中的位势。

东北地区位于中国在东北亚这一次区域中的核心部分，大连作为东北亚国际航运中心必将承载着更大的历史使命。因为在当今全球化时代，软实力的建设对一个国家、一个国际航运中心的兴衰尤为重要。在多元文明共存的今天，一个国家能否强大，发展之路能走多远，在很大程度上取决于其政治经济制度、社会精神、核心价值观及其国际吸引力。而作为国际航运中心，同时还应该具备与时俱进的海洋观，进而带动全社会海洋意识的昂扬。中国正处于民族复兴的历史时期，中共十八大把将中国建成海洋强国上升到国家战略的高度。而从世界范围来看，主要资本主义国家已进入后工业化时代，对海洋资源的争夺日益加剧。在此背景下，研究海洋观的转型及其在大连建设东北亚航运中心进程中的实践，以建设大连东北亚国际航运中心为契机和实践载体，建立海洋人文社会科学，实现社会整体海洋意识的昂扬，构筑与时俱进的海洋观，不仅符合国家的海洋战略，而且必将带动整个东北亚经济、政治秩序的整合，东北亚必将成为中国和平崛起的政治基础。

作为指导和约束一个民族或国家海洋整体行为及国民海洋行为的价值观念，当代海洋观应该包括海洋国土观、海洋安全观和海洋可持续利用观等三个方面。当代中国亟待实现海洋观的当代转型，并将其作用中华民族特性的一个有机组成部分。著名的海权论者马汉在《海权论》中就把“民族特性”作为影响国家发展海权的6个因素之一。在全球化时代，世界已经连成一片，世界的资本、技术、人才以及信息等生产要素得到了最大的解放并具有极大的主动性，哪里对生产要素具有吸引力，它们就会向哪里聚集，哪里就会成为新的增长点。因此，在政治多极化和经济全球化的现实世界里，各地区各民族之间进行广泛、多方位地接触和交流，已经成为保证人类社会可持续发展的必备前提。中国当前严峻的海权形势已为国人共识，中国要崛起，就必须打破海上枷锁，制海权已经成为中华民族不得不直面的现实课题，中华民族比以往任何时候都更需要构筑与时俱进的海洋观。

马汉认为，一个民族如果具备了民众从事商业贸易的强烈愿望、根植于海外贸易基础上的民族冒险精神以及支撑民族特性的强烈的海洋意识，那么将会极大地推动这个民族海权的发展。[①]为了使我国在未来的世界发展中占据制高点，提高全社会的海洋意识、强化海权意识显得弥足重要。国际航运中心城市及城市集群是实现国家海洋政策的重要载体和具体实践的主体。因此，国际航运中心城市及城市集群不仅首先是经济贸易交往活动的主体，同时还具有带动全社会海洋意识的使命。为此，国际航运中心城市及城市集群的社会主流应该主动地对世界多元文明给予充分认知和理解，提高国际认知能力，养成与时俱进的、能与世界文明接轨的主流海洋意识，实现海洋观的当代转型，进而成为海洋人文科学的构建者。在为国际航运中心实现世界发展目标，推动区域国际政治、经济、社会与文化的整体战略发展方面发挥作用，提供学理支撑，为把大连建设成东北亚国际航运中心预备精神世界更趋成熟的公民社会和开放的社会人文环境。

四、中国当代海洋观所应具备的特质

当代中国海洋观的转型体现在战略层面和具体构建层面。

在战略层面：中国经济已全面融入世界，对海洋的依赖亦越来越大，海洋对中国未来的发展意义重大。面对日益严峻的海洋环境，我们必须首先努力完善与发展我国的海洋体系，构筑我国的海权话语体系，在要恪守国际海洋法规的同时，还应为完善国际海洋法规提出建设性意见。同时制定国内有关海洋法规，以适应世界形势的发展。进一步明确领海基线的各基点，以及大陆架、海基线、专属经济区等相关的法律法规。同时，强化相应的海上执法建设，并使其常态化。必须努力建设一支强大的现代化海上武装力量，维护国家的海洋权益。同时，还应倾斜发展我国的海运业、渔业、造船业和海洋科学考察及港口设施建设。同时，为了确保战略资源的运输，不仅与沿海国家建立互利互惠的经贸关系，还应建立相互高度依赖支撑的战略关系，以此确保我国海上航行通道的畅通。

---

① ［美］阿尔弗雷德·塞耶·马汉著，范利鸿译:《海权论》，西安：陕西师范大学出版社2007年。

在构建当代海洋观层面：中共十八大首次将中国建成海洋强国上升到国家战略的高度，预示着中国海洋时代的来临。然而，我们不得不承认，我们社会整体的海洋意识仍然很薄弱。这对维护我国海洋主权完整、维护海权意识极为不利。随着我国海洋开发技术的进步，为了使我国的海洋经济可持续发展，增强全民海洋意识，构建与时俱进的当代海洋观已刻不容缓。本研究认为，作为东北亚国际航运中心的中心城市，大连人文社会科学界，应该率先着力构建海洋人文科学。

本文认为当代中国的海洋观应该具备如下特质：

一、摒弃“画地为牢”“以海为界”的保守、退让性思维，代之以主动、多元、包容的海洋观，建立海洋人文社会科学。画地为牢，以海洋为国家领土的终结点，这是古代狭隘的自然地理观的产物，也是大航海时代中国错失走向海洋的原因。为了提高全民族的海洋意识，人文科学工作者必须担当起建立海洋社会科学的责任。综合性高校、海事类高校和研究机构都应建立海洋研究中心或基地。弘扬海洋文化，对海洋领土的历史教育要常态化，并写进中小学课本。在造就全民族的海洋情结的同时，还要集中研究中国及世界的海洋发展史、海军发展史，研究世界大国的海洋观和海洋政策，研究各国的海洋文化，分析研究联合国及其他国际组织关于海洋法权的相关规定，结合自然科学对海洋资源的可持续性的研究，为国家制定具有高瞻远瞩性的海洋政策提供学理的支撑。

二、摒弃零和思维的海洋观，代之以合作、和平的海洋发展观。在全球化时代，一个国家的强弱，不仅在于船坚炮利，更取决于其政治制度、社会精神、核心价值观及其国际吸引力。全球化使资本、技术、人才、信息等生产要素得到了最大成功程度的解放，同时也使这些要素更具有了对其自身取向的主动性，哪里对生产要素具有吸引力，它们就会往哪里聚集，哪里就会随之实现国力迅速增长。因此，软实力对一个国家的兴衰更加重要。可以说，在未来全球化平台，哪个国家具有超强吸引力，哪个国家就是最强大的国家。如今，我们面临的一个事实是，相比近年来硬实力的快速提升，中国的软实力建设仍然相对滞后。因此，摒弃你得我失、你赢我输、你兴我衰的零和思维，构建人类命运共同体的思维框架，才能真正得到国际社会的尊重，赢得更大的发展空间。

三、摒弃被动性因应，代之以主动参与世界海洋秩序的重构，提高中国对国际问题的话语权。自15世纪上半叶西班牙和葡萄牙第一次分割海洋，人类至今已经历四次海洋格局的重构。[①]每一次重构都伴随着大国对海洋法规制度建立的话语权。前述晚清中国海防观念变迁的同时，国际海洋法对海权的界定也进入中国。因此，近代百余年是中国一直是接受国际海权法观念的百年，全无对海洋的任何话语权。在目前进行的海洋秩序重构中，中国不仅要依据联合国有关海洋的规约，坚守历史上属于中国的领海，还应在健全完善海洋法律、法规方面做出制度方面的建设性贡献。

综上所述，经过历史的变迁，中国的海洋观面临转型的时代命题。大连地处东北亚核心地带，大连建设东北亚国际航运中心不仅凸显了当代中国海洋观转型之于中国和平崛起的意义，而且也为当代中国海洋观的转型提供了实践载体和历史契机。

作者简介：安善花，女，大连大学历史学院副教授，主要从事中日关系史研究。

① 牛宝成：《人类对海洋的四次大分割》，《党政论坛》2000年第11期。

爱国自爱乡始——抗战时期金毓黻先生对东北史研究的倡导及践履

王夏刚

近代以来，随着西方资本主义国家在东方殖民活动的展开，中国的边疆危机日益加重，促使国人日益重视边疆问题，对西北边疆的研究很快成为热点，出现了祁韵士、徐松、龚自珍、魏源、张穆、何秋涛等一批关注西北问题的学者，和《蒙古游牧记》《朔方备乘》《新疆事略》《西域置行省议》等一系列研究西北历史问题的奠基性作品，而且对西北历史地理的关注，还引发了对元史的新探索，出现了洪钧的《元史译文证补》、屠寄的《蒙兀儿史记》、柯绍忞的《新元史》等著作。

相比较而言，对中国东北史的研究的起步要晚一些。[①] 九一八事变前，中国学者的研究成果并不多，主要有曹廷杰所著《东三省舆图说》《东北边防纪要》《西伯利东偏纪要》三书，而东邻日本对中国东北史的研究蔚然成为重镇，诚如金毓黻先生所言，"其搜材之富，立说之繁，著书之多，亦足令人惊叹，试检其国谈东洋史之专籍，十册之中，必有一册属于东北，论东方学术之杂志，十篇之中，必有一篇属于东北，总其部居，校其篇目，林林总总，几于更仆难数"[②]。日本学者在东北史研究方面，有很强的政治倾向，部分著作是为日本侵华战争提供历史根据的，九一八事变前后，"满蒙一体论""东北与中原分离论"等观念甚嚣尘上，混淆视听。

在这样的学术背景下和严重的民族危机面前，傅斯年、金毓黻、冯家昇等著

① 关于抗战时期东北史的研究情况，可参看拙作《抗战时期的中国东北史研究》，《大连大学学报》2005年第5期。

② 金毓黻：《东北通史》，重庆：五十年代出版社1943年，第2页。

名学者，掀起了东北史研究的热潮，并撰写了一批东北史研究的奠基性著作，对东北史的研究产生了重大的影响。但目前的抗战时期思想文化史的论著，对此关注不够，新近出版的《抗战时期史学研究》，对抗战时期的史学和史家进行了深入的研究，探幽发微，用力极多，可是遍观全书，竟未涉猎金毓黻的史学研究成果，兹搜集史料，对金毓黻先生在抗战时期，在浓厚的爱乡情结、强烈的民族使命感和学者良知驱使下，所进行的东北史研究加以评析，以期得出正确的结论。①

一、对日本史家中国东北史研究的关注

金毓黻先生的许多研究命题，是有感而发的，是针对当时一些日本学者对中国东北史研究的谬论而发的。他在《东北通史》引言里，就对日本学者的研究抱有警惕，他认为虽然日本学者对中国东北史的研究，材料、著作方面均相当丰富，但其中一些所谓学术研究，具有极强的政治意图，会造成“积非成是”，混淆视听。

在《中华民族与东北》一文中，金毓黻先生对日本学者当时的观点进行了列举。他说：“自日本人蓄意侵略我东北四省可（以）来，尝有满洲人非中国人的谬论，又谓中国人之至东北，为时颇晚，而其先有满洲人为之土著”，这些言论，在不考校原委是非的外国人士中，往往有迷惑性，使他们信以为真，影响甚大。“伪满洲国”成立后，编撰所谓“满洲国史”，硬说东北四省之地，为满洲蒙古二族人所原有，“伪组织的建立，是为满洲民族自决”。另外还编制满洲历史挂图，颁发各学校，使其与中国本土脱离关系。②

同时代的冯家昇先生在《日人对于我东北的研究近状》一文中，指出日本人对中国东北史的研究，有三点值得注意。第一，要注意他们的现代地志及地图，因为这两项特别对于军事政治是有深切关系的。第二，要注意他们的各种调查报

① 有关金毓黻先生对东北史研究的论述，可参考朱子方：《金毓黻先生对东北史的研究及其贡献》，《东北地方史研究》1987年第2期。

② 金毓黻：《中华民族与东北》，《亚洲世纪》二卷五期。

告，因为这是日本人的实际的工作，也是他们希望实现的计划。第三，要注意他们对于东北近代外交史的研究。因为这是日本人拥护他们“生命线”的言论。其中最可注意的是矢野仁一的言论。他一方面指出，日本学者对我国东北史的研究，不论古今，无不有突飞猛进的成绩，而我国在这方面的成绩，事事落后，令人叹息。另一方面指出，日本人的所谓研究，往往是侵略的先声，希望国人对此有清醒的认识。他说：“中日战前有‘朝鲜学’，朝鲜以灭，日俄战前有‘满鲜学’，辽省以陷；‘九一八’以前有‘满蒙学’，四省以亡。今之日人又高唱所谓‘东亚学’了，呜呼！剑及履及，事至迫矣，请看明日之东亚，将为谁家之天下？”①

基于对这种研究取向及宣传的危害性的清醒认识，金毓黻先生在其论著里，有些观点是用来批驳日本学者的谬论的，这种倾向亦存在于同时代的傅斯年、冯家昇②、顾颉刚等人的论著里，因此在分析金毓黻对东北史的研究前，有必要分析当时日本学者的观点，③诸多观点里影响较大的有“东北与中原本土分离论”和在渤海国问题上的研究，白鸟库吉、稻叶岩吉的论述在这些方面表现得最为明显。

（一）白鸟库吉与日本的中国史研究

白鸟库吉被誉为日本东洋史学的创始人，他曾创办了学术刊物《东洋学报》，并主持满铁的满蒙史迹调查工作，创立东洋文库为日本东方学奠定基础，主要著作有《西域史研究》《满鲜历史地理》等。

白鸟库吉主张对中国东北史以及朝鲜历史的研究要和实际的殖民侵略相结合，

---

① 冯家昇：《日人对于我东北的研究近状》，《禹贡》第五卷第六期。

② 冯家昇对当时日本人对中国东北史的研究成绩，有详细的说明，而对其中的倾向性，亦有清醒的认识。在《禹贡》第二卷第十期发表《东北史地之已有成绩》，专述日本人从文献方面对我国东北史的研究。在《燕京学报》第十九期上，发表《日人在东北的考古》，专从考古方面观察日本人对我国东北的研究。在《日人对于我东北的研究近状》一文中，他专门从现代社会、经济、风俗、地理、外交等方面着眼。

③ 日本学者对中国东北史的研究，学者既注意到其科学性和客观性的学术价值，又对其中的民族主义倾向，尤其是为日本的侵华战争提供理论根据上，加以阐述，研究论文主要有：解学诗：《从史学博士白鸟库吉到右翼狂人大川周明——满铁的“满鲜”历史地理调查和“满蒙狂”煽动》，《社会科学战线》2003年第3期；石之瑜等：《日本近代中国学：知识可否解放身份》，《中国社会科学》2007年第1期；蔡锐：《近代日本史学家的中国东北史研究》，《日本研究》1992年第2期；［日］山根幸夫著，顾铭学译：《日本关于中国东北史的研究》，《社会科学战线》1997年第6期；史筠：《白鸟库吉的蒙古史研究是为日本帝国主义的大陆政策服务的》，《内蒙古大学学报》1961年第1期。

他在给“满铁”首任总裁后藤新平的信里说：“从学术上来说，可以从两方面来论述对满洲韩国地区进行彻底研究之必要性：其一是从学术观点出发进行研究，其二是从经营满韩的实际需要出发进行学术研究。不用说，现在各种事业都应建立在坚实的学术基础之上。”①

在后藤的支持下，1908年1月在满铁东京支社内设置满鲜历史地理调查室（部）。1915年1月，后藤新平离职，新任总裁野村龙太郎、副总裁伊藤大八认为此历史地理调查室（部）的性质与以营利为目的的满铁宗旨不符合，将之废止，但是满铁仍然补助些许费用，由白鸟库吉等人于东京帝国大学内继续研究，一直持续到1937年。

在为“经营满韩的实际需要”的进行学术研究的目标下，白鸟库吉等人取得了丰富的研究成果，出版了《满洲历史地理》二册（1913）及其德文版、《朝鲜历史地理》二册（1913）等，以及《满鲜地理历史研究报告》15册。在他编写过几本关于“满洲历史地理”的著述里，白鸟库吉称东北并不是中国的一部分，而是满、汉、蒙三个民族“争霸”的地方。他的这一论点，成为日本殖民主义者把东北和中国关内分离开来的主要根据之一。

（二）稻叶岩吉等人的“东北与中原本土分离论”

稻叶岩吉在《满洲发达史》一书中歪曲了中原与东北的关系，主张“东北与中原本土分离论”，他认为自秦代起，直至蒙古人经营东北，东北一直是肃慎、夫余、鲜卑、黑水靺鞨、高句丽、契丹、女真、蒙古等“东方诸民族活动的历史”，这些民族同中原的交往属“侵略与被侵略”的关系，或者系互相“利用”。明代以后，明太祖才开始经营辽东，女真人为防御汉人的“入侵”，建设了“东部边墙”，其间虽有双方贸易、朝贡等往来，但多有争执，东方诸民族“倍遭荼毒”。直至女真建国，清兵入关，东北仍实行封禁政策，汉民族不得进入。经过上述“考证”，稻叶岩吉得出结论说：“满洲现在的三千万民众，全是侨民……或从陆地，或从海上侵入满洲内地，并非固有满洲人的发达”，这些汉人“并不是主人公满洲人邀请

---

① ［日］草柳大藏：《满铁调查部内幕》，哈尔滨：黑龙江人民出版社1982年，第52页。

而来，而全部是入侵者”，纯属满洲人者“不过200万”。

稻叶在发表“东北与中原分离论”的观点的同时，又考证了“东方诸民族”同日本民族的关系，指出自汉唐以来，双方便是“利害休戚与共”，甚至得出结论说，“古来夫余、高句丽、三韩以及日本全属于一个体系”。稻叶对东北历史的论调完全迎合了日本关东军分裂东北与中原本土的政治主张，因此，《满洲发达史》一书在日伪统治时期成为“东北与中原本土分离论”的代表作之一，被奉作“经典”，至1943年，先后十次再版印刷，造成了极坏的影响。①具有相同倾向的日本东京帝国大学教授矢野仁一，亦称东北为“满蒙人的住址”，汉族是侵略者，东北的历史就是“满蒙人驱逐汉族”，维护其“住地”的历史。他的《满蒙非支那论》，成为日本吞并东北的历史学根据。据冯家升先生的见解，矢野仁一有四篇文章在当时特别有名，一是大正十一年的《满蒙藏非支那本土论》（《外交时报》第三十五卷第一期），二是《满蒙非支那本来之领土》（《时报》第六十四卷第一期），三是《历史上满洲的支那主权无根据论》（《时报》第六十四卷第二期），四是《日本在满蒙的正当地位》（《时报》第六十卷第一期）。②

抗战期间，先后出现的《满洲发达史》《满洲国历史》《满洲国史通论》《满洲国国民道德概论》等著述，宣扬“满蒙在历史上非支那领土”的谬论，割裂东北同中原的联系，把一部东北地域史说成“满蒙民族驱逐汉族人”的历史。通过这种学术研究与理论宣传，日本殖民统治者旨在割断中国同东北的联系，制造民族分裂和民族隔阂，以达到为把东北从中国的版图上彻底割裂出去的行为提供所谓历史依据的目的。

（三）日本学者在渤海国问题上的研究

渤海国是唐至五代时期东北地区的一个少数民族政权，有长达200多年的历史，但因史料匮乏，未能展开深入研究。近代以来，在东北地区发现和发掘出一批渤海国的遗物和遗址，给了解渤海国的历史提供了新的珍贵资料，也使渤海国

---

① 王希亮：《日本对中国东北的政治统治》，哈尔滨：黑龙江人民出版社1991年，第155页。
② 冯家昇：《日人对于我东北的研究近状》，《禹贡》第五卷第六期。

史研究活跃起来。引起了国内外学人的关注。

1910年，日本学者白鸟库吉来到东京城进行考察活动，并采集到不少渤海文物，此后日本学者相继到来，特别在20年代日本成立东亚考古学会后，以该会名义到“满蒙”地区从事考察活动者越来越多。1934年夏，由原田淑人率领的日本东亚考古学会派出人员第二次来到了宁安东京城，随着考古发掘的进行，日本人对渤海国历史的研究也日益深入，出版了大量的著作。主要著述有鸟山喜一的《渤海史考》，津田左右吉的《渤海考》，松井等的《渤海国的疆域》，东亚考古学会编的《东京城》。

对渤海国的族属、渤海国与唐朝中央王朝、和日本之间的关系进行了深入的探讨，他们认为渤海国是高句丽人建立的，主张“满鲜一体论”。而对渤海与日本的关系，则认为渤海国是臣服于日本的政权。

这种观念，实际上和所谓“东北与中原本土分离论”“满蒙非支那本土论”是一致的，均是为了配合日本军国主义的大陆政策，把东北与中国一分为二，这些从人类学、考古学、语言学等方面挖掘出的历史根据，造成了蛊惑人心、扰乱视听的假象，引起了中国学者的强烈不满，出现了傅斯年、金毓黻、冯家昇等人的具有针对性的研究。

二、爱国自爱乡始——金毓黻先生研究东北史的初衷

作为东北本土学者，金毓黻很早就注意到东北史的研究，他一再强调爱国自爱乡始。他希望通过刊布、研究东北文献，使人对故土油然而生爱敬之心。他说：“今人竞言爱国，不知爱国，须自爱乡始；又竞言保存国粹，不知保存国粹，须自刊刻乡先正遗著始。”①

他指出研究东北文献的重要性一在于爱乡，“桑梓之义，根于人心之自然，非出于矫饰勉强也。凡故乡之田园庐舍，为吾人生长于斯歌哭于斯之地，觉其一山一石一草一木，皆为耳所常濡，目所常染，于是油然生其爱敬之心，一旦与之违

---

① 《金毓黻文集》编辑整理小组:《金毓黻学术年谱》,《学术研究丛刊》增刊1987年5月，第26页。

别，则有依依不忍之感，然此情虽出自然，不有人提撕之，启发之，使弥漫于胸中，涵泳于脑际，则必见他乡之景物而流连忘反，置其父母妻子于冻馁而不顾者，亦必有适他国而羡其风土之美文物之富，遂鄙夷其祖国而不屑置齿颊者。夫一方有一方之景物，一方有一方之特长。有心之士，搜罗爬梳，表而出之，兴味正复浓厚。”[①]一在于证史。研究东北文献的方法，一为分类，二为博考，三为求真。

通过对东北文献的刊布，使国人了解东北，不以蛮荒无文明来看待辽宁及东北。

1927年3月8日，在《致王岷源先生书》中，他说：“愚不自揆，妄思收集乡邦文献，布之当世，使知辽东非无名贤，文教不后于它省。后来之士，复知振踔自厉，以收绳蛰不坠之效。”[②]

金毓黻先生还希望在学问研究上，通过悉心努力，全力以赴，以东北学或辽学的创立成家立世。

1930年，他在日记中写道：研究学问宜有畴范，畴范既具，始悬一鹄以赴之，否则务博而不精，徒具学问之形式，未有能成家者也。他近年所揭橥的东北学，也可称作辽学，当以此立世。他希望能够“洗心藏密，温理故书，埋首十年，殚心撰述，思以尺寸之得，裨益天下后世”[③]。

在东北史的资料刊布及研究方面，金毓黻先生做出了重要的贡献。1927年，他编辑了《辽东文献征略》(内有论文三十篇）八卷出版。九一八事变后，他曾任伪满奉天省图书馆副馆长。1933年10月，任伪满“日满文化协会”理事，并负责编辑该会机关刊物《满洲学报》。1934年秋，改任伪奉天通志馆总纂。在此期间，他致力于东北地方史料的搜集整理工作，先后编辑出版了《渤海国志长编》二十卷，补遗一卷，《辽海丛书》十集，《文溯阁四库全书原本提要》三十二册，《奉天通志》一百册，《宣统政记》十三卷。[④]1936年7月，他逃出东北，后曾任南京中

① 金毓黻：《研究东北文献之重要及其方法》，《东北丛刊》1930年第5期。
② 《学术研究丛刊》增刊1987年5月，第36页。
③ 《学术研究丛刊》增刊1987年5月，第62页。
④ 金景芳：《金毓黻传略》，《史学史研究》1986年第3期。

央大学史学系教授，任教期间，出版《东北丛刊》，并在《黑白》半月刊撰有《辽海书录》，在《禹贡》半月刊撰有《辽海丛书总目录提要》。1940年编成他的《东北通史》上卷（古代史部分）1943年他将其所藏东北文献资料，编成《东北文献拾零》和《辽海书征》各六卷;《东北古印钩沉》一册，作为东北大学丛书出版。

三、东北史研究中的重要著作——《渤海国志长编》和《东北通史》

（一）《渤海国志长编》编撰始末

1931年3月，东北学社邀请上海陈彬和讲演，陈氏指出，日本之吞并朝鲜，非以武力为先锋，乃以学者为前驱，其势似缓，其力甚大。今日之经营满蒙，亦一用此法。彼邦之学者由历史上、地理上作种种证明，谓东北三省非中国之故土，其意欲歧东北与中国而二之，故不称东北而称满蒙。盖以研究之方法，为吞并之先声。金先生认为“此论甚谛”，发人深省。[①]并拟撰文以疏证之。他所撰述的东北史著作，就是用学术研究对日本军国主义和满蒙学派进行批驳，揭穿满蒙学派对我国东北历史研究过程中所捏造的谎言，维护了东北自古就是中国不可分割的领土的严正立场，以确凿的史实论证了“东北史，即中国一部之地方史”的观点。

九一八事变的爆发，成为金毓黻撰写《长编》的契机。事变后第四天，为防止金毓黻逃离沦陷区，日寇将他囚禁起来，在被囚禁期间，他开始撰写《渤海国志长编》。获释前，已粗略草成《长编》各卷。至1934年5月，第一帙样本印竣，《长编》问世。

在《长编》里，金毓黻认为渤海政权与唐中央政权是隶属关系。他根据渤海自高王大祚荣起，历世受唐册封，先后隶唐平卢节度使及平卢淄青节度使兼押等实际情况，明确指出渤海为唐朝的藩属，而且礼仪恭谨，朝贡相继，臣节不亏。据他在《长编·族俗考》中统计，渤海共朝唐一百三十二次。唐亡以后，朝梁五次，朝后唐六次，古时诸侯见天子，或臣见君皆曰朝，中国古籍中历载渤海与中原王朝的交往，皆称之为朝，其君臣名分和隶属关系早有定论。

---

① 《学术研究丛刊》增刊1987年5月，第53页。

在《长编》里，他指出渤海国和日本的交往是国与国的平等关系，渤海国并非臣服于日本的政权。按照诸侯大夫问于诸侯曰聘的定格，不应称之为朝，在《长编》中称为渤海聘日。在《东北通史》里他又重申了这样的观点，“日本稻叶岩吉氏尝日：‘渤海所以频与日本交通者，不外输彼国之产品，以向日本求售耳。’（见氏著满洲发达史初稿），此真衷于情实读书得间之言。夫渤海之于唐，受封纳贡，累世相继，无阙藩礼，偶有市易之事，亦必请而后行，与聘日本以市易为主旨者，又有不同，或据此以为渤海输诚日本之证，则大非矣。”①

尤其值得提出的是，金毓黻在编撰《渤海国志长编》过程中，尽管反对一些学者别有居心的观点，但对他们的符合历史事实的研究，还是予以褒扬并加以吸收。在《渤海国志长编》附录二征引书录里，他列举了自己引用的一些日文书目，并加以评价，反映了科学的实事求是的态度。如他认为白鸟库吉监修的《满洲历史地理》一书，“与本编有关者即为松井等所撰渤海之疆域一篇，此书通体皆精，又附图中之渤海时代疆域图亦余取以入本编，且加以修正者”②。

在书中，他大量征引了日本学者的研究成果，并给鸟山喜一的成果予以极高的评价，他说：“案近代人以渤海史事为具体之研究者，在中国则唐宴之渤海国志，在日本则为鸟山氏之渤海史考是也。此书撰于日本大正四年，计分两卷，上卷为本论，下卷为外篇，取材极富，采集日本古籍尤多，特以撰次于十余年前，尚有待订正之处，要其大体详密，民国十七年余在长春，曾倩邹君海瀛译成汉文。本编取材最多者，于唐著外，当推此书。”③

（二）撰写《东北通史》

抗战时期，金毓黻先生撰写了《东北通史》一书。该书上编1941年由东北大学石印出版，共6卷39章，始上古迄元末，是金毓黻长期从事东北古史研究的结晶。他依据大量的历史文献，“兼及金石、明器、图像”，并尽力利用新发现的考

① 金毓黻：《东北通史》，重庆：五十年代出版社1943年，第275—276页。

② 金毓黻：《渤海国志长编》，王有立主编“中华文史丛书之五十五”，辽宁金氏千华山馆刊本影印，台北：华文书局，第1182页。

③《渤海国志长编》，第1183页。

古资料，对东北的含义、东北史的范畴与分期及发展的历史轨迹做了开创性的概说，对于东北地理、民族、史事之考证十分翔实。

促使金毓黻先生撰写《东北通史》的原因有多种，他在《东北通史》的引言里提到三种，其一为希望能够像西北史的深入研究促进了蒙元史的研究一样，东北史的研究促进辽金史的深入研究。他呼吁国人重视东北史研究。认为可以促进辽金史的深入研究。为吾国史学界结一璀璨光华之果，他主张将对东北的研究总括为“东北史”，而不是东北地理，因为“举凡民族之消长，文化之衍变，政治之因革，皆非地理一词，所能包括，惟称之为史，乃能无所不包。且由研究一隅之史，进而改修一代之史，则其条目至多，分量至重，更非地理一词所能限，此又不待言矣”①。其二是防止日本学者的有倾向性的研究混淆视听。其三，在他之前虽有傅斯年等人的《东北史纲》面世，但该书第一卷出版后，尚无续出。

他认为当时关于东北史的著作“虽有多种，然能全部包举，为有系统之研究者，仅有《东北史纲》一书。惟是书于第一卷发行之后，迄未续出，无可依据”②。东北当时所面临的危机，“其足以使吾人触目惊心者，大非昔日日本学者牵强附会徒做理论探讨之比。而世界学者之认识东北，亦不仅如前者所云以日本著作为基础材料之比，是则今日研究东北史之重要，更倍蓰什伯于昔日”③。

四、有关东北史研究的重要观点

（一）辨析“东北”一词的含义

在《东北通史》上编中，金毓黻首先对“东北”的称呼进行界定，反对日本将中国东北称作“满洲”。他认为“今日之极无意义，极无根据者，则称东北为满洲是也”④。对于东北地区的称呼，他认为比较恰当的有五种，即辽东、辽海、安东、盛京、东三省，但只有称“东北”最为确切，用其他称呼亦可，但坚决反对

① 金毓黻:《东北通史》，重庆：五十年代出版社1943年，引言。
② 金毓黻:《东北通史》，重庆：五十年代出版社1943年，引言。
③ 金毓黻:《东北通史》，重庆：五十年代出版社1943年，引言。
④ 金毓黻:《东北通史》，重庆：五十年代出版社1943年，第9页。

用“满洲”一词来称呼东北地区，为什么不能将东北称为“满洲”呢？他指出“满洲”一词与地域无关，“满洲”一名，有两种含义：一为佛号曼殊之对音。……一为女真酋长之尊称，[①]均与地域无关。在学术研究上必须纠正在国内外研究中出现滥用“满洲”称呼的现象，尤其是中国不能自称东北为“满洲”。“满洲之名，既为酋长之称，本无与于地方，藉令清初曾用为部族之称，亦只限于旧建州之一部，东北地域至广，以偏概全，于义无当，一也。清初之国号，本号大金，太宗建号，乃立假名，今已知不衷情实，而犹沿用其称，是为以讹承讹，外人固无足责，自号宁不可哂，二也。且满洲满蒙诸名称，皆义由外铄，喧宾夺主，衡以孔子为政必先正名之义，不惟不可轻用，且宜力斥其非，必以东北立名，而内外之界始严。”[②]

他多次在名称上予以辨析。在《东北释名》一文中，他从方位、区域等方面对“东北”进行了辨析，得出五点结论：

一曰神皋全壤，制以中枢，自中驭外，分为八方，东北者，八方中之一方位也。

二曰舜肇十二州，禹别九州，画分诸州之方位，位于东北曰幽州，东北云者，谓在中国之东北部也。

三曰辽金二代，于泰州一带，设招讨统军诸司，冠以东北之称，此政区也，而以方位之名名之，明示此政区在中国之东北部耳。

四曰近顷辽吉江热四省，为东北，盖对西南西北诸区域而立名，以示中国一部之义，谓为别树一帜，割据自雄，非其义也。

五曰因东北区域，为中国之一部，则知立名之当，无逾于此，其他诸称，断宜摈而勿用，以符正名之旨。[③]

1943年，在《东北権名》中，金毓黻通过论证，得出五点结论：

1. 东北一词为概括名称，而非固定名称。

---

① 金毓黻:《东北通史》，重庆：五十年代出版社1943年，第9—10页。

② 金毓黻:《东北通史》，重庆：五十年代出版社1943年，第11页。

③ 金毓黻:《东北释名》，《东北丛刊》第一期。

2. 东北为对内所用之名词，而不得作为国际名词。

3. 国际名词应四省各用本名，亦可概称为东北四省，或东四省，而不得简称为东北。

4. 东北之称为对待满洲伪国而存在，他日于满洲之名，既绝对不用，则东北之称亦同时失其重要性。

5. 东北人之称为不词，应改称东四省人，或竟废而不用。①

在辨析“东北”一词前，金毓黻还对奉天省如何更名提出了自己的见解，认为奉天应改名为辽东。

在《奉天省名宜易称辽东议》一文中，他指出奉天省得名，盖取自唐代奉天承运之义，清世祖顺治十四年以沈阳为奉天府，其辖境仅为奉天省之一部分，不得以奉天为全省之总称。衡以共和国体，主权在民，且陪都之制久废，宜正名实，涤旧习，遏乱萌，而易其名。自汉迄明，中原人士称奉天为辽东，而关东、满洲等名非为专指，且有用夷变夏之意，皆不当。辽东之名适于燕代，后汉辽东属国都尉所辖兼及辽西。明代辽东都指挥使亦地跨辽水东西，而概名曰辽东，总之奉天为不适于时之称，必须易名，辽东为酌古准今之名，断宜沿用。②在《致王维宙书》中，他又重申此议，认为奉天不宜易名辽宁或渤海，辽宁是截取辽阳、广宁二郡之字以为省名，失于义当辞简，渤海初为汉郡，后为封号，所据之地与奉天无涉，而辽东久为定称，其封域亦有确指，合于义当辞简之意。③

（二）强调东北与中原的联系，反对“东北与中原本土分离论”

针对日本学者所谓“东北与中原本土分离论”的观点，他引用史料对此予以驳斥，从古籍所载来看，肃慎、扶余、东胡三族，是最早居于东北的民族。汉族虽不是东北的最早居民，但在史前，就已开始在东北活动。与其他各族并无差别，夫余族之大部，已入朝鲜半岛，不复属于东北。东胡族之乌桓、鲜卑、契丹三系，多与汉族同化，很难分辨。当时仅存的满洲、蒙古二族不惟与汉族逐渐同化，不

---

① 金毓黻:《东北榷名》,《说文月刊》第四卷合刊本。

② 《学术研究丛刊》增刊1987年5月，第44页。

③ 《学术研究丛刊》增刊1987年5月，第45页。

复可别，而且自康熙间与俄人订立《尼布楚条约》以后，满、蒙、汉诸族就开始了与外族相竞争的历史。[①]各民族的活动情况，“初则移植之汉族，与原有之诸族相争……继则东胡族与扶余族相争……继则汉族与扶余族相争……继则肃慎东胡二族，迭相争长……继则汉族与肃慎东胡二族相争……继则合东北诸族与外族争……考其已往活动之迹，大抵由分而合，自内及外，及一合不可复分之后，而外患亦日滋，如今日之东北是也”[②]。

（三）分析历史上少数族实行的两重体系之统治，认清日本在中国部分地区实行的统治策略的真相。

他指出日本当时在东北的两重体系的统治，正是借鉴了历史经验，而国人对此竟无知觉，令人痛心。“所谓二重体系，可分为二种。一为以蕃人之法治蕃。汉人之法治汉，如辽之北南二面，金之猛安、谋克，清之旗、民分署而治，皆是也。二为以蕃人临于华人之上，杂用汉蕃之法治之。如元代之达鲁花赤制，清于阁部置满官临于汉官之上，是也。今日本所用之制度，是为以蕃人临于华人之上，其于迁来之蕃人，亦仍用蕃法治之，是为两种兼采之制度。要之，其所用者，为二重体系而已。愚向谓日人最能熟读辽金元清四朝之史，且善为利用以侵略中国，所谓‘令以其人之道还治其人之身’者，正可借喻，而国人则于此四史熟视而若无睹，无怪乎滔滔之势而终莫之挽也。”[③]

（四）研究东北史的价值及迫切性

金先生指出自己在抗战时期研究中国东北史，就是要让国人了解东北历史，并为收复东北失地做准备。

> 兹乃俯仰一室，追述故乡往事，纂为一书，一如白发宫人追话开元遗事，娓娓而谈，使人忘倦，其意何居，岂非以艮维故乡川原汻美为吾族祖若宗之所启辟，子孙应念兹在兹永铭心版者乎。……试展兹编，前事具在，文献之

① 金毓黻：《东北通史》，重庆：五十年代出版社1943年，第29页。
② 金毓黻：《东北通史》，重庆：五十年代出版社1943年，第22页。
③ 金毓黻：《清代统治东北之二重体系》，《东北集刊》第二期。

足征，比于田产之质剂区画界至明白可数，是则蹊田而夺之牛者，终当返故物于旧主，余惟濡笔以俟之耳。①

金先生极力倡导研究东北史，还希望借此改变当时东北史研究重心在日本，而不在中国的现状。以预防“积非成是”的后果。他说：“今日有一奇异之现象，即研究东北史之重心，不在吾国，而在日本是也。姑无论其用意若何，所述有无牵强附会，而其搜材之富，立说之繁，著书之多，亦足令人惊叹，试检其国谈东洋史之专籍，十册之中，必有一册属于东北，论东方学术之杂志，十篇之中，必有一篇属于东北，总其部居，校其篇目，林林总总，几于更仆难数。”世界各国学者研究我国东北史，“必取日本之著作为基本材料”。因为我国“向无此类精详之专书，可供世界学者之考览”。②

日本学者对中国东北史的研究，本来就是以甲国人叙述乙国之事，观察不密、判断不公在所难免，但如果研究者本身就别有用意，那就会混淆视听，积非成是，并会造成极坏的影响。他对这种研究现状做一譬喻，说“譬之居家，室中之藏，土田之籍，牛马蕃息之数，戚鄙隆杀之等，主人概不之知。而其邻人或素昧平生之士，登其庭入其室，开其箧缄，一一而探索之，分类而晰载之，细大不捐，如数家珍，吾知其家之败可立待，且将辇其所藏以入于他人也。今日之情，何以异是”。作为主人，唯一的办法就是熟悉自己的所藏，而研究东北史就是熟悉“家藏”的过程，更显得刻不容缓。③

研究东北史，还可激发对辽金史研究的兴趣，促进辽金史的研究。“研究史以富于兴趣为主，若不富于兴趣，则其收获必不丰。研究东北史，而以改修辽金史，为预悬之标的，则其蓄愿既奢，兴趣必富，收获必丰。至不佞之撰此编，亦为唤起兴趣，以供研史之助而已。”④

---

① 金毓黻：《东北通史》，重庆：五十年代出版社1943年，“编印东北通史缘起”，第2页。
② 金毓黻：《东北通史》，重庆：五十年代出版社1943年，“引言”，第1页。
③ 金毓黻：《东北通史》，重庆：五十年代出版社1943年，“引言”，第3页。
④ 金毓黻：《东北通史》，重庆：五十年代出版社1943年，“引言”，第3页。

（五）理想中的“东北史”

金毓黻理想中的东北史，当不下四五百卷，体例将有如下几种：以历代东北大事为纪，用编年体，先举要语为纲，引群籍之语分注于下为目。东北人物传，凡属前代乡贤，有专传，有合传，除烈女方伎流寓之外，不别立其他名目。设舆地，政事，制度，典籍，民俗考。其中头绪纷繁，考所不能详者，则为之表。①

但在学校讲授，就要讲究提纲挈领、详略得当，“取历代之政治制度文化，分为若干时期，提要钩玄而叙述之，以阐明其因果之关系，”金先生在撰写《东北通史》时，就采取了“以年为经，以事为纬，”“用通史一贯顺叙之法，划分时期，撷要叙述。”②

结　语

综观金毓黻对东北史的研究，可以明显地感到其研究范围集中在对历史地理及民族关系的考证上，这是针对日本学者对史实的曲解而发的。《东北通史》的主线就是民族变迁的历史，他把东北历史划分为六个时期，即汉族开发时代，东胡夫余二族互竞时代，汉族复兴时代，靺鞨契丹蒙古迭相争长时代，汉族与蒙古女真争衡时代，东北诸族化合时代，从时期的划分可以看出，他的研究显然是以稻叶岩吉对东北汉族与诸族关系的歪曲为标的的。与日本学者将汉族与东北诸族的关系描述为“侵略与被侵略”的看法相反，他认为汉族与诸族既有竞争，又有融合，到了近代，满、蒙古、汉开始了共同对付外敌的历史，

在国难临头之时，金毓黻用学术研究的方式，表达了拳拳赤子之心，这是书生报国的特殊表达。他所提出的理论框架，他所进行的披荆斩棘开山的工作，为后来的学术研究起了奠基的作用。

① 金毓黻：《东北通史》，重庆：五十年代出版社1943年，第19—20页。
② 金毓黻：《东北通史》，重庆：五十年代出版社1943年，第20—21页。

学术活动

大连大学中国古代社会与思想文化研究中心学术活动备忘

2010年12月，葛志毅主编的《中国古代社会与思想文化研究论集》第四辑出版。

2011年3月，郝虹著《魏晋儒学新论：以王肃和“王学”为讨论的中心》由中国社会科学出版社出版。

2011年6月，王善军获国家社科基金项目1项，题目为“辽宋夏金时期的民族认同研究”，项目号：11BZS022。

2013年，王善军主编大连大学历史学论文选《海粟集》由世界图书出版公司出版。

2014年7月，教育部历史学类专业教学指导委员会暨全国高校历史系主任联席会议在大连召开，郝虹做主题发言。

2015年3月，王小健和王夏刚分别获得辽宁省教育厅基地项目1项，题目为“父系继承、母系继承与妇女地位研究”和“晚清学政劝学文献研究”。

2015年6月，王夏刚获国家社科基金项目1项，题目为“晚清学政与中国近代学术研究”，项目号：15BZS087。

2015年10月，王夏刚著《谭嗣同与晚清社会》由中国社会科学出版社出版。

2016年9月，段文艳获国家社科基金后期资助项目1项，题目为“近代华北乡村的民间信仰及其空间体系研究”，项目号：16FZS045。

2017年8月，“中国近现代史上的中外交流与互动”第九届“东方外交史”国际学术研讨会在大连举行，王夏刚在大会做主题报告。

2017年9月9日，于占杰在京参加“中国哲学的原创、诠释与转型”学术研讨会暨中国哲学史学会2017年年会。会议由中国哲学史学会和首都师范大学联合主办，首都师范大学政法学院哲学系及首都师范大学当代儒学研究中心承办。

2018年4月，郝虹主编的《中国古代社会与思想文化研究论集》第五辑出版。

2018年9月27日，王夏刚参加湖南省浏阳市政协主办的“谭嗣同研究系列作品研讨会”。

2018年10月13日，第六届“辽宁史学论坛”暨“辽海文化与东北民族交融”学术研讨会在大连召开，郝虹、王夏刚、王小健等参加，王夏刚在大会做主题报告。

2018年11月9日至12日，王小健在安徽芜湖参加第十七届中国社会史学会年会，该会议由中国社会史学会主办，安徽师范大学历史与社会学院承办。

2018年11月16日至18日，郝虹在云南昆明参加第十二届历史学前沿论坛，该论坛由《历史研究》编辑部和云南大学历史与档案学院共同主办。

2019年10月18日至19日，教育部历史学类专业教学指导委员会暨全国高校历史系主任联席会议在青岛召开，郝虹、王夏刚参加。

2019年10月26日，第七届“辽宁史学论坛”暨“萨尔浒之役400周年与全球化背景下的辽宁地方史研究”学术研讨会在抚顺召开，郝虹、王夏刚、何宇等参加，郝虹主持了分组讨论。

2019年12月，王小健著《华夏性别制度滥觞考》由陕西师范大学出版社出版。

2020年5月，王夏刚校注的廖平著《四益馆杂著》由华东师范大学出版社出版。

2020年10月，于占杰点校《钦定回疆则例》由辽宁民族出版社出版。该书系2017年度国家社会科学基金重大项目“《钦定理藩院则例》满蒙汉诸本整理与研究”（项目批准号：17DZA208）阶段性成果，被列为国家出版基金项目。

2020年，历史学院邀请国内著名学者，举办“中国东北史研究”系列讲座8场。

2021年3月，历史学院举办东北史学术研讨会，共有8位教师提交了论文，12位老师进行了研讨。

2021年6月18日，王夏刚参加复旦大学中国近代史青年学者读书班2021年第

2期《今天为什么读〈仁学〉——谭嗣同其人其学新研》，担任评议人。

2021年7月，王夏刚被评为国家社科基金认真负责的鉴定专家，这是其继2020年4月以来，第二次被国家哲社办评为认真负责的鉴定专家。

大连大学历史学院2020年中国东北史研究系列讲座纪要

2020年下半年，大连大学历史学院邀请国内著名学者，开设“东北史研究”系列讲座，其中线上讲座7场，线下1场，取得了良好的效果。

2020年8月5日，吉林大学文学院程妮娜教授主讲“中国古代王朝两种朝贡体系——以古代东北亚地区为中心”。主要内容为：中央与地方——两种朝贡管理体系；羁縻建置与朝贡国——两种朝贡成员身份；君臣与交邻——两种政治关系；行政建置与条约体系。

2020年8月6日，大连市文联副主席素素主讲“作家眼中的大连地方史”。主要内容为：大连地方史的中国背景——中华史地版图、东北史地版图、辽宁史地版图；大连地方史的沿革和特点——历史沿革、文化构成、总体特色。

2020年8月12日，吉林师范大学历史文化学院范立君教授主讲“近代关内移民与东北区域文化变迁”。主要内容为：全部近代史上空前的大举——近代关内移民东北概观；合力驱动——近代关内移民东北的动因；同化和异化——移民与东北区域文化变迁；新型关东文化——东北地区移民文化特征。

2020年8月12日，辽宁大学滕海键教授主讲“环境史研究的价值和意义及取向和动态”。主要内容为：什么是环境史，环境史研究的价值和意义，环境史研究的取向与动态。

2020年8月19日，东北师范大学历史文化学院李德山教授主讲“东北的历史沿革与古代民族”。主要内容为：东北的建置沿革，东北的民族文化（秽貊族系、肃慎族系、东胡族系）。

2020年8月19日，黑河学院远东研究院彭传勇研究员主讲“哈尔滨俄侨学者对中国东北边疆地区的调查与研究”。主要内容为：调查与研究的四个时期及基本概况，主要调查与研究机构，调查与研究成果刊发载体，关于调查与研究的评价问题。

2020年9月12日，吉林大学马克思主义学院刘信君教授主讲“改革开放以来中国东北史研究述评”。主要内容为：东北通史类著作成果显著；东北断代史、地方政权史及专史研究深入开展；东北文献资料的整理与出版取得了重大成就；东北地方史研究中存在的主要问题。

2020年11月18日，辽宁社会科学院历史研究所关亚新研究员主讲“利用档案资料，拓展东北史研究”。主要内容为：利用档案资料，开启新问题研究；利用档案资料，深挖老问题研究；利用档案资料，细品遗漏问题研究。

后　记

刊布同人的研究成果以行世，是“中国古代社会与思想文化中心”的一贯传统。此举既是学术传统的赓续，也可借以保留学术活动的雪爪鸿影。因此，我们克服重重困难，已经出版了5辑中心论文集。

本辑的主体部分是有关东北史的内容，这是基于地方院校服务地方的考虑。诚如郝虹院长在第5辑的序里所言：“地方院校服务地方是无可厚非的，学校生长于斯，发展也多需仰赖地方的养育，以学术反哺地方，天经地义。”服务地方不止于言，更要体现于行，我们最近采取了多项措施。一是在2020年暑期启动了“大连大学历史学院中国东北史系列讲座”，共邀请省内外名家举办线上、线下讲座8次。一是在2021年3月，举办了大连大学中国东北史研讨会。学者从辽西地区的史前文明、魏晋时期公孙氏的起源、大连近代城市记忆和城市规划、近代东北史研究等方面，多角度地探讨了中国东北史，其中多篇文章属于首发。爱国必自爱乡始，作为地方院校，我们在了解熟悉地方史，并进而服务地方方面，已能略尽绵薄之力。

本论文集还收录了研究中国思想文化的论文5篇，这些论文大多发表于国内名刊，是本中心学术实力的体现，也收录于此，以供批评借鉴。

王夏刚

2021年11月16日